2

알타이 스케치

산지 알타이 편

알타이 스케치

산지 알타이 편

동북아역사재단 엮음

동북아역사재단은 한국 민족문화의 기원과 형성 과정을 밝히기 위하여 알타이 지역의 선사·고대 문화를 조망하는 연구를 기획하였다. 한반도는 유라시아 대륙의 동남쪽 끝단에 자리하고 있으며 한반도의 서쪽에는 농경문화의 대명사 가운데 하나인 거대한 중국 대륙이 자리잡고 있고, 북쪽은 선비, 몽골 그리고 퉁구스 등 전통적인 유목민들의 활동 무대였다. 이 두 개의 서로 상이한 문화 집단은 남북으로 대치하면서 끊임없이 갈등과 충돌을 빚어왔으며, 이러한 현상은 곧바로 한반도에도 영향을 끼쳤다. 우리 조상들은 때로는 능동적으로 또 때로는 수동적으로 그들과 교류하면서 한국 민족의 정체성을 확립하여 왔다.

따라서 양 지역에서 피고 진 문화는 한국 민족문화의 형성 과정에 직·간접적인 역할을 하였음은 틀림없는 사실이다. 그중에서도 '알타이Altai(금산)'로 표상되는 북방 지역의 수렵·유목민들의 문화는 인종, 언어, 종교, 신화 등 여러 측면에서 일찍부터 우리 학계의 관련전문가들의 주목을 받았다. 그뿐만 아니라 근년에 들어서 이들 지역에서 발견되고 있는 각종 조형 예술품과 물질문명 유산들이 우리의 선사·고대 문화의 성격 규명에 필요한 주요 연구대상으로 재인식되고 있다. 이에 따라 알타이에서 발굴·조사된 선사 및 고대의 고고 유물과 유적 그리고 바위그림 등도 주목의 대상으로 급부상하였다.

그동안 '알타이'라는 말로 표상되는 지역의 민족과 문화에 대한 연구는 간헐적으로 이어져 왔으나, 한반도와 알타이 지역의 선사·고대 문화 사이의 직접적인 관련성을 논하려는 시도에 대해서는 조심스럽고 부정적인 시각이 여전히 남아 있다. 이러한 상황은 곧 '알타이'와 그 문화 세계가 우리들에게 변함없이 미스터리로 남아 있음을 의미하는 것이고, 여전히 알타이에 대한 객관적인 조망은 시급하고도 절실한 과제라는 것을 보여준다. 이러한 인식에 따라, 재단은 알타이를 무대로 피고 진 선사·고대 문화를 살펴서 정리하는 연구를 기획한 것이다.

이 연구를 통해서 알타이 지역에 처음으로 인류가 등장한 시기와 갖가지 물질문명의 흔적들을 남긴 집단들은 누구였는지, 그들은 언제부터 이 땅에서 살기 시작하였고 후속 세대와는 어떤 관계를 맺고 있었는지, 그리고 어떤 문명화의 과정을 거치면서 오늘에 이르렀는지 등을 밝혀보고자 하였다.

그리고 그 이유는 막연하지만 '알타이'라는 말이 주는 친근감의 근원과 알타이 문화와 한국 선사·고대 문화와의 상호 관련성 여부, 그리고 '중앙유라시아'라고 하는 광역의 문화권 속에서 한국 민족문화의 위치는 어디에 있는지도 밝혀보고자 하였다. 선사 및 고대에 한국 민족이 향유하였던 기층문화는 한반도에서 자생한 것인지, 아니면 이른바 '중원' 지역의 농경민 문화로부터 영향을 받은 것인지, 그것도 아니라면 북방 수렵 및 유목민계와 같은 갈래인지 살펴보고 싶었기 때문이다.

'알타이'는 러시아의 고르노Gorno 알타이 주, 몽골의 서부, 카자흐스탄의 동남부, 그리고 중국의 신장新疆 지역에 걸쳐 있는 총 연장 1,600km의 산맥 이름이다. 이 산맥은 산지 알타이에서 몽골의 고비 알타이까지 서북쪽에서 동남쪽으로 엇비스듬하게 뻗어 있으며, 최고 4,506m에 이르는 벨루하Belukha 봉과 4,370m에 이르는 후이텡Khuiten 봉 등을 비롯하여 해발 고도 4,000m에서 3,000m 급의 봉우리들이 즐비하다. 이 산맥을 중심에 두고 동쪽과 동북쪽으로 타누 올라Tannu-Ola, 동서 사얀Sayan 산맥이 뻗어 있고, 북쪽으로는 쿠즈네츠크 알라타우Kuznetsk-Alatau 산맥이 이어져 있다. 남쪽으로는 텐샨T'ien Shan과 카라코람Karakoram 등의 산맥이 이어져 있다.

이 산맥들은 일찍부터 동과 서, 남과 북을 차단하는 자연 경계가 되었으며, 동시에 두 개 이상의 성질이 다른 민족이 서로 교류하고 영향을 주고받던 마당이기도 하였다. 그러므로 이 산맥은 평화의 시기에는 서로 교류하는 중간(경계) 지역이었지만, 혼란의 시기에는 부수고 넘어야 할 장벽이었다. 그에 따라서 '천산북로'와 '초원로', 알타이와 항가이Khangai 산맥 사이의 '거대한 호수 저지대Ikh Noorot'n' 등은 중국의 농경민과 서북쪽의 유목민이나 대상大商들이 동서와 남북으로 교류를 하던 통로였다.

이와 같은 통로로 서쪽에서 동쪽으로 인도, 이란계 유목민들이 이주하여 왔는가 하면, 반대로 몽골과 투르크 그리고 선비계 유목민들이 서쪽으로 세력 확장을 꾀하던 길이기도 하였다. 나중에는 '한족漢族'이라 통칭되던 중국의 농경민들이 서북진을 꾀하던 곳이기도 하였으며, 당唐의 고선지 장군에 의한 서역 정벌은 오늘날의 이른바 '스탄' 국가들이 이슬람 세계로 재편되는 결정적인 빌미가 되기도 하였다. 이렇듯 알타이를 중심으로 한 주변 지역은 인종, 생업 그리고 종교적으로 서로 다른 민족들이 저마다의 독창성 있는 문화를 남겨, 다중의 문화가 중첩된 공간이다.

그럼에도 '알타이'로 불리는 광활한 산악 고원 지역의 거주민과 문화의 패턴은 일관성과 통일성을 띠고 있었다. 그것은 문명의 여명기부터 수렵·유목민의 세계였으며, 문화 주인공들이 바뀌고, 그때마다 새로운 기술과 사상이 도입되었지만 여전히 가축을 이끌고 물과 풀을 찾아 이동하는 생활 패턴을 고수했기 때문이다. 이 유목민들이 향유하였던 정신문화와 물질문명의 세계는 '중원' 지역 농경민의 문화와는 확연한 차이를 보여주었다. 주거지, 무덤축조 방식, 세계관의 표현, 각종 생활 이기의 외형, 운송 수단과 마구, 의복과 장신구 그리고 조형 양식 등에서 농경민의 문화와는 분명하고도 큰 차이를 보이지만, 유목문화권 내에서는 민족과 지역 그리고 시대 등이 달라도 언제나 동질성을 띠고 있었던 것이다. 바로 이런 이유로 알타이 산맥과 그 주변 지역에서 피고 진 문화의 성격이 무엇인지를 제대로 밝혀 보고자 한 것이다.

만약에 이 지역에 거주하였던 유목민들의 문명 세계를 제대로 파악

해낼 수 있다면, 무엇보다도 먼저 이들이 걸어온 문명화의 과정이 어떠하였는지 정리할 수 있을 것이고, 또 유목민족의 문명화 과정과 농경민족의 문명화 과정에는 어떤 유사성과 이질성이 있는지도 살펴낼 수 있을 것이기 때문이다. 그뿐만 아니라 한국 민족문화의 기원과 형성 과정은 과연 양자 사이의 어디에 속하는 것인지, 농경민의 문화소와 닮았는지 아니면 유목민들의 문화소와 같은 계통인지, 그것도 아니라면 제3의 기원 내지는 한반도 자생의 독창적인 것인지 등을 논할 수 있을 것이기 때문이다.

이를 위하여 우선 알타이를 몽골, 고르노, 신장, 카자흐 등 네 개의 권역으로 나누고, 각 권역별로 해당 지역에서 꽃핀 문화를 석기 시대부터 고대 투르크 시대까지 차례로 조망하고자 하였다. 가능하다면 해당 지역의 민족 구성과 언어 습속, 종교와 신화, 물질문명과 조형예술 등을 학제적으로 조망하여, 이들 각각의 구성 요소들이 특정한 민족과 시대 그리고 지역에 따라 하나의 문화 시스템에 의해 유기적으로 통합된 총화임을 밝혀보고자 하였다. 다시 말하자면, 특정 민족의 언어와 신화, 종교, 습속 등은 서로 분리 불가능한 유기체이며, 이를 기반으로 창출된 생활이기 등 물질문명과 조형예술 등에도 제작 주체의 의지가 고스란히 반영되어 있다.

이와 같은 인식에 의거하여 지난 2012년도에는 '바양 울기' 아이막을 중심으로 한 몽골 알타이 지역의 주요 민족 구성과 언어, 신화, 민속, 고고학과 조형예술의 세계 등을 몽골과 한국의 관련 전문가들과 공동으로 조사·연구하였으며, 그 결과물을 『알타이 스케치 1 – 몽골 알타이 편』으로 엮어내었다. 그리고 그 뒤를 이어 지난 2013년도에는 러시아의 고르노 알타이 지역의 선사·고대 문화를 역시 러시아의 관련 전문가들과 공동으로 조사하였으며, 이번에 그 결과물을 묶어서 『알타이 스케치 2 – 산지 알타이 편』으로 발간하기에 이르렀다.

산지 알타이의 선사·고대 문화는 모두 다섯 명의 전문가들이 공동으로 조사에 참여하였다. 석기 시대부터 청동기 시대까지는 알타이 대학교의 A. 쿤구로프A.Kungurov 교수가, 스키타이 시대는 상트 페테르부르크 소재 러시아과학아카데미 물질문화사연구소의 N. 보코벤코N.Bokovenko 교수가, 흉노시대는 알타이대학교 A. 티쉬킨A.Tishkin 교수가 그리고 이 지역에서 발견된 바위그림의 세계에 대해서는 모스크바 소재 러시아과학아카데미 고고학연구소의 E. 데블레트E.Devlet 박사가 맡아서 집필하였으며, 알타이와 한국 민족문화와의 상관성에 관해서는 필자가 집필하였다.

이 책은 모두 일곱 개의 장으로 구성되었다. 1장은 알타이 지역의 지형학적 특성을 간략하게 서술하였다. 2장부터 5장까지는 석기 시대부터 흉노 시대까지의 문화 현상을 고고학적 발굴성과를 기반으로 기술한 것이다. 독자들은 이 네 개의 장을 통하여 구석기 시대부터 기원 1세기 사이의 장구한 세월 동안 이 지역에 거주한 선사 및 고대 알타이인들과 그들이 남긴 문화의 흔적을 탐구해 온 고고학자들의 지난 약 100년간의 발자취와 성취를 살펴볼 수 있을 것이다. 그리하여 '시비리야치하'와 '데니소바' 등의 동굴 속에서 네안데르탈인과 호미니드과의 새로운 종이 발견되었으며, 그 유전적 분화는 64만 년 전으로 거슬러 올라가는 점 등을 비롯한 발굴조사와 연구의 현장을 생생하게 확인하게 될 것이다.

물론, 이 지역에서 획득한 고고학적 조사 자료를 토대로 석기의 제작과 발전 과정을 추적할 수 있으며, 이를 통하여 알타이 지역 석기 시대 인류의 도구 제작과 그 지향점이 무엇이었는지 살펴볼 수 있다. 청동기 시대의 문화는 앞 시대의 문화와 어떤 차이가 있으며, 그것은 다음에 이어지는 철기 시대나 흉노 시대의 문화들과는 어떤 연속성과 이질성이 있는지도 살펴볼 수 있을 것이다. 또한 이 지역으로 밀려들어 온 신문명의 쓰나미를 토착 거주민들은 어떻게 맞았으며, 흡수·배척하였는지 등의 문제도 살펴볼 수 있을 것이다.

6장은 산지 알타이 지역을 중심으로 한 인근 지역의 바위그림에 관해서 논한 글이다. 필자는 선사 및 고대의 알타이 주민들이 남긴 도상 언어로써 무문자 시대의 연대기를 만들고자 하였다. 구석기 시대부터 인류학 시대에 이르기까지 바위그림 속의 도상들을 고고학과 신화 그리고 토착 종교 등 각 분야의 연구 성과들을 토대로 시대별로 재구성하였으며, 그에 더하여 고대 신화와 전설의 세계를 아홉 개의 주제로 분류하였다. 따라서 이 도상 연대기를 통하여 알타이 지역에 거주하였던 인류의 문명화 과정과 각 시대별 주요 관심사가 무엇인지도 살펴볼 수 있다.

마지막으로 7장에서는 알타이 지역 문화주인공들의 정신문화와 물질문명의 세계를 비교하면서 한국 고대 문화와의 상호 관련성을 논하였다. 또한 한국과 알타이 지역 고대 미술 사이의 상관성에 대해서는 흉노와 투르크 시대의 암각화 속 마차와 말 형상 등을 고구려 고분벽화 및 신라 천마총에서 출토된 말다래 속 말 형상(천마도)과 비교하면서 이들의 제재와 양식이 서로 동질성을 띠고 있음을 지적하였다. 이러한 사례들을 통하여 한국의 선사·고대 문화는 일정 기간 동안 중원 지역의 농경민 문화보다는 북방 지역 유목민 문화의 속성을 더 강하게 드러낸다는 점을 살펴보았다.

이 과제에 참여한 공동 연구자들은 러시아 산지 알타이 지역에서 꽃핀 선사·고대 문화가 각 시기별로 이 지역의 문화 창달에 이바지하였으며, 그것들이 모두 온전히 이어져서 오늘의 알타이를 이룩하고 있음을 보여주었다. 더딘 문명화의 과정을 거치면서 이 땅에서 삶을 영위하였던 주인공들이 우리에게 남겨준 물질문명과 정신문화의 세계가 전해주는 메시지는 단절과 배척이 아니라 공존과 융합이었으며, 동시에 그 속에서 그들이 추구했던 이상은 혁신과 진보였음도 짚어낼 수 있었다.

비록 짧은 기간의 공동 연구였음에도, 산지 알타이 지역을 중심으로 오랜 기간에 걸쳐서 형성된 인류의 문명화 과정을 방대한 증빙자료를 기반으로 설명할 수 있었던 것은 연구자 개개인들이 갖고 있는 전문성과 오랜 시간 동안 축적한 현장 조사의 경험을 바탕으로 했기 때문이었다. 이 과제에 참여한 연구자들은 모두 저마다의 소중한 정보들을 아낌없이 제공하였다. 그것들 하나하나는 한때 이 지역에서 거주하였던 인류가 남긴 소중한 문화유산이며, 문헌 속 어디에서도 살필 수 없는 귀중한 정보를 제공해주고 있다. 그리고 이 정보들이 모여서 무문자 시대의 알타이 지역 인류사를 이토록 뚜렷하게 재구성할 수 있게 해 주었다.

끝까지 함께 조사하고 집필한 공동연구원들에게 지면을 빌려서 감사와 존경의 마음을 전하고자 한다. 공동연구원들의 노력이 없었다면, 아마도 산지 알타이 지역의 선사·고대 문화는 여전히 미스터리로 남아 있었을지도 모를 일이다. 물론 이들의 선구자적인 노력 덕분에 아직 설익었지만, 알타이와 한반도의 상관성 문제에 대해 조심스러운 언급도 할 수 있었다. 함께 한 공동연구원들과 러시아어 원고를 번역해 준 이재정 박사의 수고와 협조에 거듭 감사의 마음을 전하고자 한다.

아울러 이 책이 출간되기까지 함께 애써준 출판 관계자 여러분께도 깊은 감사의 마음을 전한다. 한 분 한 분의 정성을 대할 때마다 어떤 산고를 거쳐야 한 권의 책이 완성되는지 실감하게 된다. 거듭 감사의 마음을 표하고자 한다.

2014. 11

필자를 대표하여

장석호

차례

알타이 지역의 지형학적 특성

N.A. 보코벤코(러시아과학아카데미 물질문화사연구소 교수)

알타이(그림 1)는 시베리아의 산맥들 중에서 가장 고산지대이며, 특히 중앙부와 동부 산맥들은 3,000~4,000m 이상(그림 2)의 고도를 자랑하고 있다. 서쪽과 남쪽, 그리고 북쪽 산맥들의 높이는 프레드 알타이의 스텝 지역으로 가면서 점점 낮아진다. 알타이는 서쪽으로 칼바 산맥을 경계로 하고 있으며, 높이가 3,000~4,000m나 되는, 마치 거대한 바위가 튀어나온 것 같은 형상의 구릉지대가 북쪽에서부터 서시베리아의 저지로 이어진다.

동쪽에는 사얀 고원과 쿠즈네츠크 고원을 경계로 하고 있는데, 이 경계는 샤프샬 산맥과 아바칸 산맥을 가로지르고 있다. 이 산맥들을 따라 깊게 갈라

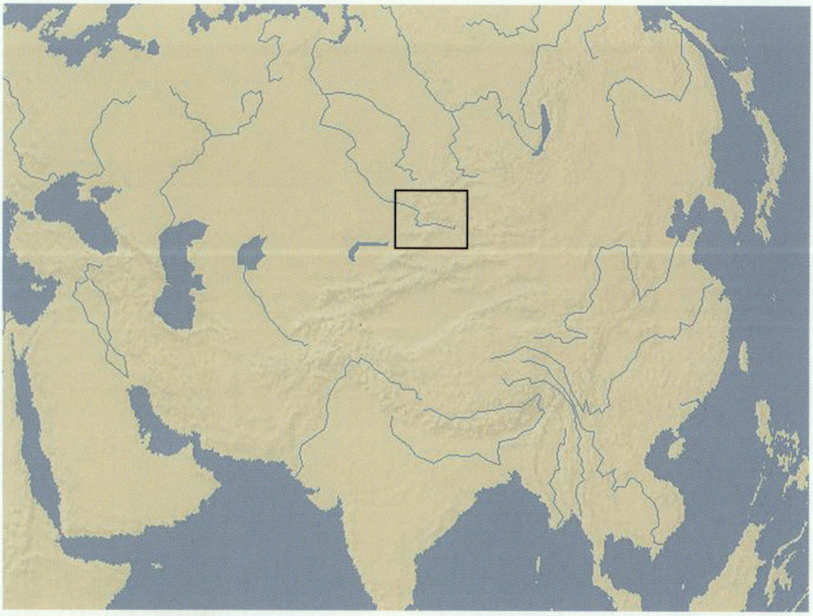

그림 1 알타이 지역을 표시한 지도

그림 2 알타이 산맥(우코크 고원)

그림 3 알타이 지역의 겨울철 가축의 설원 방목

진 협곡이 있다. 동남쪽 지역에서는 몽골 알타이 산계가 점점 좁아지고 낮아져서 사라진다. 그 외에도 알타이는 평지와 가파른 경사 지대가 반복해서 나타나면서 여러 단계의 층위를 형성하고 있는 것 외에도, 다양한 고도에 자연 방목장이 형성된 광대한 산간 분지가 특징적이다. 분지 중 가장 큰 것으로 추이강 유역의 쿠라 분지, 추이 분지, 카툰 강 중류 지역의 카탄다 분지와 우이몬 분지, 알타이 서북부 지역의 아바이 분지, 칸 분지, 우르술 분지 등을 들 수 있다(미하일로프, 1961년, 75쪽).

알타이의 기후는 바다와의 거리, 지형, 대기 순환의 특성 등으로 결정된다. 모든 산악국가들이 그렇듯이, 알타이는 수직 기후대(산기슭은 스텝 지대이고, 그 위는 타이가와 고산초원 지대이며, 그보다 더 높은 곳은 산악 툰드라와 빙하 지대이다)를 형성하고 있다. 알타이 지역은 대륙성 기후로서 대체적으로 따뜻하지만, 구릉지대는 여름철에는 비가 많이 내리며, 또 겨울철에는 춥고(영하 45도까지) 눈이 적게 온다.

고산 지대에는 기온이 자주 변하고 눈이 두껍게 덮여 있다. 고산 지대에는 5월 말에 눈이 녹고 8월이면 첫눈이 내린다(보리소프, 1975년, 219·220쪽). 그러나 이곳의 겨울은 차가운 대기가 자유로이 지나다니는 인접한 평야에 비해 따뜻한 편이다. 여름은 짧으며, 생육기간도 구릉지대에서는 약 160일 정도이고, 고산 지대에서는 최장 60일 정도이다. 날씨도 자주 변한다. 그러나 기후가 따뜻한 스텝 분지(우이몬 분지·카탄다 분지, 우르술 분지)에서는 구릉지대와 같이 생육기간이 150일에 이른다.

알타이는 습도 또한 지역마다 서로 다르다. 서쪽 사면은 습도가 매우 높다. 연 강수량이 500cm 이상이다. 알타이의 중앙과 남쪽은 매우 건조하다(특히 추이 스텝지역의 연 강수량은 100mm 정도다).

대부분의 강수량은 여름에 집중되어 있고, 약간이긴 하지만 가을에도 이루어진다. 서부 시베리아에 비하면 산지 알타이는 일 년간 강수량의 계절적 분포가 비교적 고른 편이다.

토양-식물대(스텝, 산림, 고산지대)는 지역마다 다르다. 습도가 높은 산지 알타이 서쪽과 북쪽에서는 초원 스텝이 우세하게 나타나며, 남동쪽 지역에는 숲이 거의 형성되어 있지 않다. 산간분지의 건조한 스텝지역은 고산초원과 산악 툰드라로 변한다. 남부 지역은 숲이 비교적 적게 나타난다.

토양-생물 표토층의 특성상 스텝은 프리오비 지역의 스텝과 비슷한데, 그곳보다 단지 돌이 더 많아서 산악 식물종이 우세하게 나타난다. 습도가 높은 지역에서는 두꺼운 부식층을 지닌 비염기성 흑토대가 형성된다. 다양한 종류의 풀과 쑥이 자라며, 관목 숲이 넓게 펼쳐져 있다.

알타이 산맥의 눈이 적게 내리는 지역, 특히 동남쪽 지역에서는 1년 내내 가축이 풀을 먹을 수 있다(그림 3).

알타이 지역의 석기 시대

A.L. **쿤구로프**(러시아 국립 알타이대학교 교수)

2

알타이인의 구석기 연구

알타이 지역의 고대사 연구는 지금으로부터 약 100년 전에 시작되었다. 이렇게 오랫동안 연구하였음에도 불구하고 알타이 지역의 석기시대에 대한 전문적이고 일반화된 성과는 실질적으로 없는 상태다. 어쨌든 알타이 지역의 석기 시대 연구사를 다루는 대부분의 학자들은 전통적으로 연구사를 세 시기, 즉 19세기 후반~20세기 초반, 1960년대~1970년대, 1980년대~1990년대로 나누었다.

첫 번째 시기

전문적인 수준의 알타이 지역 고대사 연구가 처음으로 시작된 것는 19세기 후반이다. 그러나 이전에도 고대 시베리아를 연구하는 학자들이 고대 알타이 지역에 관심을 두었다. 그중에서는 다니일 고트리브 메세르슈미트 박사(1685~1735년), 그와 제일 가까운 조력자인 필립 요한 타베르트 폰 스트라렌베르크(1676~1747년), 콜르이바노-바스크레센스크 공장의 광산 작업반장인 이반 이바노비치 레이베(1724~1782년), 과학아카데미 회원 표트르 시몬 팔라스(1741~1811년), 즈메이노고르 지역의 관리자인 광산 기술자 알렉산드르 이바노비치 쿨리빈(1798~1837년), 러시아 지질학자인 그리고리 페트로비치 겔메르센(1803~1885년), 과학아카데미 회원 표도르 표도로비치 브란트(1802~1879년), 역사학자인 알렉세이 세르게예비치 우바로프 백작(1825~1884년) 등이 있다. 이들이 최초로 알타이 서남부 지역의 여러 동굴에서 빙하시대에 살았던 동물들의 잔해를 발견하였으며, 이로 인해 이 지역을 좀 더 면밀하게 연구하게 되었고, 그 결과 이 동굴들 중 몇 곳에서 구석기 시

그림 1 알렉세이 세르게예비치 우바로프(1825~1884년)

대의 유적을 발굴하게 되었다(슌코프, 1987, 그림 1).

1881년 모스크바에서 A.S. 우바로프의 저서 『러시아의 고고학-석기 시대』가 출간되었다. 그는 과학아카데미 회원이자 동물학 박물관 관장인 솔로몬 마르코비치 게르첸쉬테인(1854~1894년)과 공동으로 러시아 내의 대형 포유류의 뼈 발견지 리스트를 작성하고, 그것을 자신의 책 제6장에 실었다. 이 장에서 A.S. 우바로프는 알타이 지역의 차르이쉬 강과 한하르 강에서 구석기 시대 유물들이 발견된 것은 이곳이 구석기 시대 원주민의 주거지였기 때문이라는 가정을 내렸다.

또한 A.S. 우바로프는 P.S. 팔라스와 A.I. 쿨리빈이 여러 시기에 걸쳐 기록한 자료들을 세세히 연구하여 카르스트 동굴이 원시인들의 주거지로 사용되었을 가능성이 높다는 결론을 내렸다.

"이 동굴들은 짐승이 살던 동굴일 리가 없다. 왜냐하면 이곳에서 발견한 맹수들의 뼈가 다른 동물들의 뼈보다 더 많이 나타나는 것도 아니고, 또한 과학아카데미 회원인 표도르 표도로비치 브란트의 기록물을 보면 뼈의 수가 얼마 되지 않는데, 이는 동물의 개체수가 그리 많지 않음을 말해주는 것이다."

A.S. 우바로프는 사람들이 매머드, 코뿔소, 기타 동물들의 뼈를 동굴로 가지고 온 것처럼 동굴에서 산 적이 없는 맹수들의 뼈도 역시 사람들이 가지고 온 것이라고 주장하였다(그림 2).

이 대담한 추론은 나중에 훌륭히 증명되었다. 알타이 지역의 석기 시대는 석기가 최초로 발견된 지 20년 뒤, 그리고 이 지역의 유적 몇 곳이 구석기 시

그림 2 자곤나야와 레투치이므이쉬 동굴(우스트 - 차그미르카 근처)

대의 것임을 공식적으로 인정받은 지 50년 뒤인 1981년에 이르러서야 비로소 미약하게나마 발굴 작업이 이루어졌다(비스틴가우젠, 1982 · 1995년).

20세기 초 지역 연구자인 미하일 디아노비치 코프이토프(1869~1932년 후), 세르게이 미하일로비치 세르게예프(1879~1947년), 알렉산드르 파블로비치 마르코프(1904~1976년) 등의 노력과 열정 덕분에 여러 유적들이 발견되었으며, 이로 인해 고고학자들이 이 지역에 관심을 가지게 되었다(세르게예프, 1939년; 라프쉰, 1982년a; 쿤구로프, 1992 · 1995년a).

이들이 발견한 유물들로 인해 국가 중앙 학술기관들이 게오르기 페트로비치 소스노프스키(1899~1941년)를 단장으로 하는 알타이 지역 조사단을 결성하였다. 이 조사단이 수년에 걸쳐 노력한 결과 여러 분야의 전문가들이 인정하는 최초의 석기 시대 유적들을 발견 및 발굴하게 되었고, 구석기 시대의 것

그림 3 우스티-칸 동굴

으로 편년되는 석기들을 수집하였으며, 또한 여기서 발견된 유물을 해석하려는 최초의 시도가 행해졌다(소스노프스키, 1940·1941년).

1950년대에 알타이 지역에서는 세르게이 이바노비치 루덴코(1885~1966년)를 단장으로 하는 산지 알타이 고고학 조사단이 발굴 작업에 착수하였다. 1954년에 이 조사단의 한 팀이 중앙 알타이 지역의 차르이쉬 강 상류 오른쪽 기슭에서 구석기 시대의 유적인 우스티-칸 동굴을 발견하고 연구하였다(그림 3). 그때 조사단은 우르술 강 분지(카툰 강 왼쪽 지류)의 투에크타 지역에서 쿠르간을 발굴하고 있었는데, 이곳에서도 석기 시대의 것으로 편년되는 석기들이 발견되었다.

구석기 시대 유적인 우스티-칸 동굴을 발견함으로써 알타이 지역의 석기 시대에 대한 고고학자들의 이해의 폭이 넓어졌으며, 구석기 시대의 연대 하한선을 몇 천 세기 이전으로 끌어올리게 되었다(루덴코, 1960년б; 크르일로바·파블류첸코, 1962년; 아니슈트킨·아스타호프, 1970년).

지역 연구자들 중에서 특히 나중에 비이 지지학 박물관 관장이 된 보리스 하트미예비치 카디코프를 주목할 필요가 있는데, 그는 1950년대 말에서

1960년대 초반에 조사 작업을 집중적으로 하였으며, 그 결과 몇 개의 구석기 시대 유적을 발견하였다(카디코프·라프쉰, 1978년, 라프쉰·카디코프, 1981년).

알타이 지역 구석기 시대 연구사의 첫 번째 시기는 전반적으로 사실적 자료를 수집하기 시작한 시기로 볼 수 있다. 최초의 간행물이 출간되었고, 발견한 유물들을 해석하고자 하는 시도가 있었으며, 알타이는 시베리아 고고학 지도를 보완하는 지역이 되었다(아브라모바, 1984·1989년).

두 번째 시기

알타이 지역의 구석기 시대 연구사의 두 번째 시기는 고대 아시아사를 연구하는 저명한 소비에트 학자 중 한 명인 알렉세이 파블로비치 오클라드니코프(1908~1981년)와 관련이 있다. A.P. 오클라드니코프를 단장으로 하는 고고학 조사단이 울라린크(그림 4)와 스트라쉬나야 동굴, 데니소바 동굴에서 발굴 작업을 수행하였다. 이 발굴 작업에서는 최초로 자연과학적 방법을 종합적으로 적용하여 문화층을 분석하였다(오클라드니코프, 1966·1972년, 1983년; 오클라드니코프·아다멘코, 1966년; 오클라드니코프, 무라토프·오보도프 외, 1973년; 오클라드니코프·아브라모바, 1974년).

그림 4 L.A. 로고진과 A.P. 오클라드니코프(오른쪽, 울라린크 유적)

1960년대에는 이미 수십 개의 구석기 시대 유적들이 발견되었으며, 서부 시베리아

지질 관리국의 지질학자들에 의해 조사되었다. 1976~1977년에 비이 지역의 고고학자인 보리스 이바노비치 라프쉰이 비이 강 분지와 카툰 강 분지, 오비 강 상류와 차르이쉬 강 하류지역을 탐사하였으며, 10개 이상의 구석기 시대와 중석기 시대 유적들을 발견하였다(라프쉰, 1982년 б).

이처럼 1980년대 초반에 고고학적 자료 수집의 시기는 끝났다. 두 번째 시기에 수집된 자료들은 알타이 지역 구석기 시대의 역사 기록학 데이터베이스를 현저히 확장시켰다. 알타이의 거의 반을 차지하는 광대한 지역에 구석기 시대 유적망이 형성되었다. 그러나 고산 지대인 남쪽을 포함하여 아직도 조사되지 않은 지역이 많이 남아 있다. 대부분의 유적에 대한 현장 조사는 임시 방편으로 이루어졌으므로, 그곳에서 획득한 자료들의 문화·연대를 해석하기에는 자료의 수준이 매우 낮았으며, 지역 내 뿐만 아니라 지역 간의 상관관계를 분석하는 데도 한계가 있었다.

세 번째 시기

알타이 지역의 구석기 시대 연구는 1980년대 이후부터 질적으로 완전히 새로운 시기를 맞이하였다. 이때부터 노보시비르스크 고고학자들이 계획적으로 산지 알타이 지역의 구석기 시대를 연구하였다. 데니소바 동굴, 카멘나야 동굴, 시비리야치하 동굴과 카라봄 유적, 우스티-카라콜 유적 등의 후기 구석기 시대 유적 그리고 추이 분지 같은 고산지역 유적들이 그것이다(데레비얀코·마르킨, 1987·1990·1992·1998년; 데레비얀코·페트린, 1992년; 데레비얀코·글린스키·데르가체바, 1998년; 데레비얀코·페트린·르이빈 외, 1998년; 데레비얀코·순코프, 2002년).

이보다 약간 이른 시기인 1978년부터 나중에 러시아 과학아카데미 시베리아 지부 고고학 및 민속학연구소의 연구원이 된 M.V. 순코프를 단장으로 하여 톰스크 대학의 구석기 시대 분과가 중앙 알타이 지역에서 발굴 작업을 하였다. 그들은 우르술강(카툰 강 왼쪽 지류) 계곡에 위치한 튜메친 고고학 복합체에서 무스테리안기 문화 유적지 세 곳을 발견하였다. 그러나 이곳에서 처음으로 구석기 시대 유물이 발견된 것은 1976년으로, 국립 알타이대학교의 고고학자인 블라디미르 알렉산드로비치 포스레드니코프에 의해서이다(순코프, 1987·1990년). 산지 알타이 역사, 언어, 문학 학술연구소의 연구원들이 알타이 지역에서 고고학적 연구를 시작하였다.

유리 페도로비치 키류신이 바르나울에 거주하기 시작한 1977년 이후에 국립 알타이대학교에서는 석기 시대를 연구하는 학파가 형성되기 시작하였다. 대규모의 현지 조사를 시행하였으며, 이때 고르느이 쇼리야, 추므이쉬강, 카툰 강 중류, 알타이 고산 분지 등지에서 많은 구석기 시대 유적 복합체들을 발견하였다(키류신·쿤구로프, 1983년; 쿤구로프, 1993·2002·2004년; 키류신·쿤구로프·네베로프, 1995년). 따라서 1980~1990년대에 학자들은 개념 정리와 해석이 필요한 방대한 사실적 자료들을 얻게 되었다. 현 단계의 알타이 지역 연구는 1990년대 초부터 시작되었다. 현재 학자들의 주요 과제는 보유하고 있는 자료들을 연구하고, 이를 통해 축적된 자료를 분류하고 가장 완전한 알타이 지역의 고대 석기 시대 유적지도를 제작하는 것이다.

알타이 지역의 무스테리안 문화기 이전과 무스테리안 문화의 발달

시베리아와 알타이 지역에 인간이 거주하게 된 것에 대한 새로운 견해를 제시하고 있는 노보시비르스크 구석기 학파의 전통은 A.P. 오클라드니코프에 의해 형성되었는데, 이 학파는 알타이 지역에서 초기 구석기 시대의 유적 복합체(울라린카, 카라마, 데비소바 동굴 하층 문화, 우스티-카라콜 유적의 19 문화층)를 찾았으며(그림 5, 6), 이 지역에 구석기 시대의 유적 복합체가 존재했음을 증명하는 자료들을 지속적으로 제시하였다(데레비얀코·순코프·볼리호프스카야 외, 2005년).

1980년대에서 1990년대에 무스테리안 문화기를 연구한 학자들은 산지 알타이 지역의 유적 연구에 집중하였다. 연구의 성과는 노보시비리스크의 연구자들이 발표한 수십 편의 논문과 개론서, 석·박사학위 논문 등에 실려 있다. 무스테리안 문화 유적들의 편년 작업이 최종적으로 마무리되었을 뿐만

그림 5 구석기 전기 유적(카리마, 아누이강 상류)

아니라 무스테리안 문화 전통이 나타나는 여러 지역에 관한 시스템을 작성하였다(데레비얀코·마르킨, 1992년; 마르킨, 1998년; 순코프, 2001년).

그림 6 석기(카라마 유적)

노보시비리스크 고고학자들이 산지 알타이 지역에 여러 개의 층위를 이루며 형성된 유적들을 연구하였는데, 이를 바탕으로 무스테리안 문화를 석기 공작소의 특성에 따라 몇 가지 유형으로 나눌 수 있었다(순코프, 2001년; 데레비얀코·순코프·아가자니얀, 2003년).

카라-봄 유형

카라-봄 유적, 우스티-카라콜 1 유적, 우스티-칸 동굴과 스트라쉬나야 동굴 등이 이 유형에 속한다. 이 공작소에서는 1차 박리 기술에서 르발루아 전통이 잘 나타나며, 석판 형태의 격지와 석판에 르발루아 식으로 가공한 석기의 비중이 높다.

데니소바 유형

튜메친-1, 데니소바 동굴(그림 7) 등이 이 유형에 속한다. 이 석기 공작소에서는 르발루아식 기술을 사용한 1차 박리 외에도 무스테리안식 박리가 특징

그림 7 데니소바 동굴

적이다. 톱니날-홈 모양이 주로 나타난다. 주요 용구로는 '샤란트' 형태, 대각선 형태, 각진 형태 등 다양한 형태의 깎개이다.

튜메친 유형

튜메친 2와 4 유적이 이 유형에 속한다. 이 유형 석기 공작소의 특징은 단일 작업면의 방사형 박리와 양면을 떼어낸 자갈돌이다. 1차적 박리에서 르발루아 기법은 나타나지 않는다. 비정형적인 형태로 떼어진 작은 격지로 톱니날 모

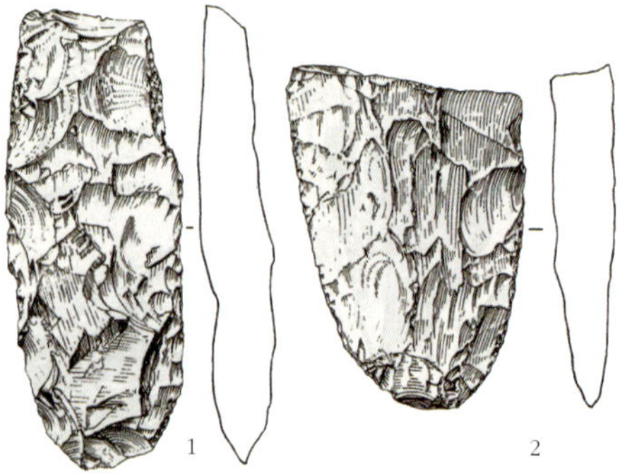

그림 8 양면석기(1, 2, 튜메친-4 유적 출토)

그림 9 시비리아치하 동굴(A.P. 오클라드니코프 기념)(1)과 이곳에서 발견한 네안데르탈인의 뼈

양, 홈날 모양, 부리 모양으로 제작한 석기가 우세하게 나타나며, 찍개도 존재한다. M.V. 순코프는 이 유형을 '양면을 가공한 자갈석기의 요소가 명확하게 나타나는 톱날 모양의 석기가 있는 무스테리안 문화'로 특징지었다(순코프, 2001년, 36쪽).

아누이 유형

아누이 3 유적, 우스티-카라콜 1 유적 등이 이 유형에 속한다. 이 유형의 공작소는 르발루아 기법을 주로 사용하였으나, 무스테리안 기법도 약간 나타나며, 형태학적으로는 이파리 모양의 양면 석기 유형도 존재한다.

M.V. 순코프는 이렇게 유형들이 갈리게 된 것은 고대 거주민의 특정한 그룹이나 독자적인 문화 전통을 소유한 인종들에 의한 것은 아니라고 생각하였다. 그는 석기 유형의 분화는 무스테리안 단일 문화 내에서 이루어졌다고 추

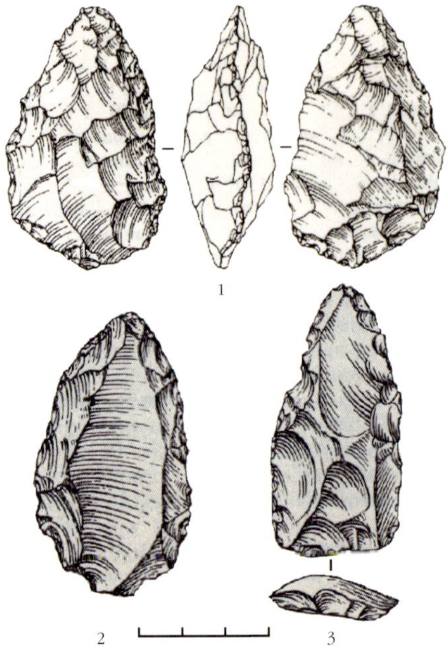

그림 10 무스테리안식의 촉(2, 3)과 양면석기(1)

정하였다(순코프, 2001년, 36쪽). 이 문화는 10만 년 전에서 44,000~33,000년 전 사이에 존재하였다.

위에 언급한 유형들은 모두 재료 이용에 있어서 르발루아 전통과 무스테리안 문화의 전통이 같이 나타나며, 양날 석기 가공 기법 사용이 주요 특징이다. 그러나 비교적 동일한 시기에 한정된 지역(주로 시야가 탁 트인 지역)에서 무스테리안 문화의 공작 기술 유형이 다양하게 발생된 이유는 아직 불분명하다. 최근 10년간 인류학적인 자료를 포함한 새로운 자료들을 획득하였는데, 이들을 통해 이 산지 알타이 지역 내에 또 다른 전형적인 무스테리안 문화가 존재함을 밝혀냈으며, 이를 '시비리야치하 유형'이라 칭하였다. 시비리야치하 동굴 유적과 차그이르 동굴 유적이 그것이다(데레비얀코·마르킨·즈이킨 외, 2013년, 그림 10~12).

알타이 산록지대에 형성된 무스테리안 문화 공작소에서는 공작 전통의 차이를 보이는 특징적인 기술 유형이 적어도 세 개가 있는데, 이 유형을 임의로 '다브이도보', '오딘초보', '솔톤' 등의 유형이라 부른다(쿤쿠로프, 2002년; 바르이쉬니코프·쿤쿠로프·마르킨 외, 2005년; 그림 3.17~3.26).

1

2

3

그림 11 차그이르 동굴(1), 문화층에서 출토된 석기(2)와 네안데르탈인의 뼈(3)

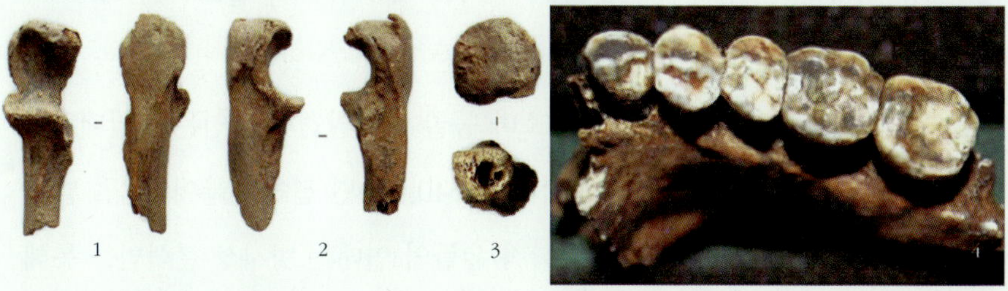

1

2

3

그림 12 네안데르탈인의 뼈(1~4), 차그이르 동굴

알타이 지역의 인류학적 발견

시비리야치하(A.P. 오클라드니코프 기념) 동굴과 차그이르 동굴에서 다량의 네안데르탈인들이 남긴 흔적들을 수집한 것 외에도, 알타이 지역의 데니소바 동굴에서 호미니드과의 새로운 종을 발견하였다. 이미 20세기 말에 분석 작업을 위해 자료들을 수집하기 시작하였다. 중기 구석기 유적층에서 어금니 세 개를 발견하였는데, 처음에는 이것들을 네안데르탈인의 것으로 간주하였다. 2008년 고고학자들은 어린아이의 손가락 뼈 일부를 발견하였으며(염기서열 분석 결과 여자아이의 것으로 판별됨), 나중에 발가락도 일부 발견하였다.

수집된 자료의 양이 너무 적었기 때문에 데니소바 동굴에서 발견한 것만으로 인간의 외양을 온전히 특정 지을 수는 없었지만 유전학적 조사를 하는 데는 충분한 양이다. 그 외에도 이 동굴에서 발견한 인류는 네안데르탈인 이후 두 번째로 출현한 호미니드과의 인류였는데, 이에 대한 미토콘드리아 게놈 해독을 마쳤으며, 핵 게놈 지도를 거의 완벽하게 작성하였다.

스웨덴 생물학자 스반테 파보가 소장으로 있는 막스 플랑크 진화인류학연구소 연구원들은 네안데르탈인의 미토콘드리아 DNA는 호모 사피언스의 것과 202개의 뉴클레오티드가 다른데 비해, 데니소바 동굴에서 발견한 손가락 뼈의 미토콘드리아 DNA는 현생인류와는 385개의 뉴클레오티드가 다르다는 것을 밝혀냈다. 이에 대한 논문이 과학 저널 '네이처' 지에 발표되었다(Krause et al., 2010년).

또한 핵 게놈 분석을 통해 데니소바 동굴에서 발견한 원인은 네안데르탈인과 좀 더 유사하지만 진화적 분화가 약 640,000년 전에 이루어졌음을 밝혔다. 알타이 지역에서 출토된 인류학적 유물의 연대는 방사성 분석법을 통해 40,000년의 것으로 판별되었다.

그림 13 우쉴료프-6 유적(고르나야 쇼리야)

유전학적 연구를 통해 데니소바에서 거주한 인종Homo sapiens altaensis과 호모 사피언스 사이의 교잡 흔적을 밝혀냈다. 데니소바에서 거주한 인종의 핵 게놈과 멜라네시아 원주민의 게놈 사이에는 약 5% 정도의 공통되는 유전자가 발견된다. 네안데르탈인의 유전적 '계승'은 유럽인과 파키스탄인에게서 가장 잘 이루어 졌으며, 데니소바에 거주한 인종과 유사한 특징을 가진 인종은 남태평양 지역의 거주민이다.

후기 구석기 시대

이른 후기 구석기 시대

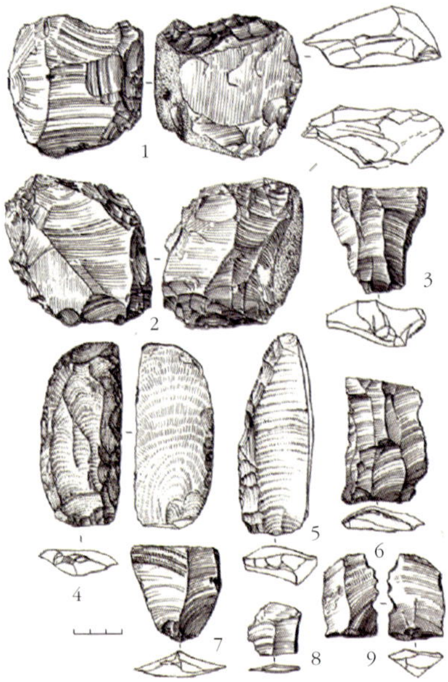

그림 14 우쉴료프-6 유적의 6문화층(3~9)과 7문화층(1, 2)에서 출토된 르발루아식 석핵과 석기

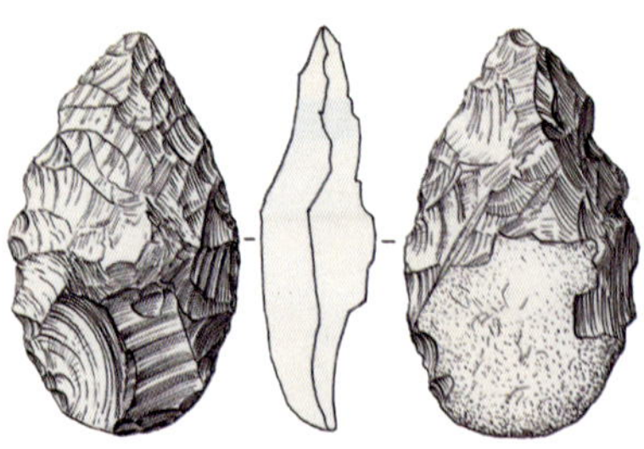

그림 15 우쉴료프-6 유적의 6문화층에서 출토된 양면석기

이른 후기 구석기 시대의 '오르냐 계통'의 공작에 관한 문제는 카라-봄(오클라드니코프, 1983년)유적과 카라-테네쉬 유적의 문화층(주거층위)을 연구할 때 처음으로 제기되었다(포고제바·카디코프, 1980년; 포고제바·몰로딘, 1980년, 그림 27, 28).

108.5m² 면적의 우쉴료프-6 유적과 고르나야 쇼리야 유적(쿤구로프, 1998년 a) 5문화층 속의 공작을 후기 구석기 시대 전기의 것으로 볼 수 있다. 이 층은 부서지기 쉬운 퇴적광상(점토 띠가 있는 황회색의 사질토양)의 여덟 번째 암석대에 형성되어 있는데, 2.8~3m 깊이에 있다. 공작으로는 후기 구석기 시대의 특징이 잘 표현된 석기 1,178점이 있다(쿤구로프, 1998년 b, 122·123쪽).

그림 16 다브이도프카-2 무스테리안 시기의 채석장 위치

크고 넓은 석판, 길이가 긴 세공품, 다양한 형태의 긁개, 양면석기, 르발루아식 박리의 흔적이 있는 다량의 석기들이 이곳에서 발견되었다. 이 석기 공작소에서는 산지 알타이 지역의 주요 유적인 카라-봄에서처럼, 전기 무스테리안 문화의 석기 공작소와 유사한 특징들이 나타난다(데레비얀코·페트린·르이빈 외, 1998년). 이것은 알타이 지역을 호모 사피언스가 살았던 지역으로 보는 '북아시아 시나리오'의 관점에서 후기 구석기 시대 전기를 연구하는 데 중요하다(데레비얀코, 2001·2010년б, 그림 29~32).

후기 구석기 시대의 번성기

이 시기의 유적들은 오랫동안 산지 알타이에서도 서부 시베리아의 남쪽에 인접해 있는 지역에서도 발견되지 않았으며, 연구도 되지 않았다. 산지 알타이

그림 17 다브이도프카-2 무스테리안 시기의 채석장

에 위치한 이 복합체는 공작 전통들과 여러 층으로 형성된 아누이-2 유적의 6~12문화층과 우스티-카라콜 1 유적의 5층을 주제로 연구한 A.V. 포스트노프의 박사 학위 논문에서 최초로 개략적으로 다루어졌다(포스트노프, 1998년).

이 복합체는 2만 7천 년에서 2만 3천 년 전의 것으로, 후기 구석기 시대 공작에서 전형적으로 나타나는 각주형의 방향성과 길이가 긴 긁개, 긁개 등이 발견된다. 연구자들은 소형 용구들의 비중이 높고 2차 가공의 섬세함을 그 특징으로 들었다. 산지 알타이에서 발견한 가장 오래된 이 시기 유물은 차르이쉬 강 중류 왼쪽 기슭에 위치한 울루스-타라바 유적에서 수습한 것이며, 이 유적은 1960년 말에서 1970년대 초에 E.M. 메드니코바가 발견하였으며, 그 일부를 조사하였다.

수습한 유물들(40점의 유물, 들소 이빨, 말 척골 파편, 정체가 불분명한 잔해 수십 점)은 그다지 많지 않은 정보를 제공해주지만, 1970년대에서 1990년대 사이에 알타이 지역에서 알려진 후기 구석기 시대 주요 복합체에서는 전혀 나타나지 않는 새로운 것들이다. 무엇보다도 각주형 작은 석판, 방사상 양면 박리를 한 몸돌로 제작한 자르개, 석판으로 제작한 밀개, 그리고 가장자리를 따라 마무리 손질을 한 긴 긁개가 그것이다.

간행물 속에는 이 유적의 연대를 후기 구석기 시대의 아주 이른 시기에 해당한다는 가설을 수록하였다. 1994~1995년에는 우쉴료프-6 유적의 깊이 1.6~1.9m 지점에 황회색의 황토류 사질양토층에 형성된 3문화층을 발굴하였다.

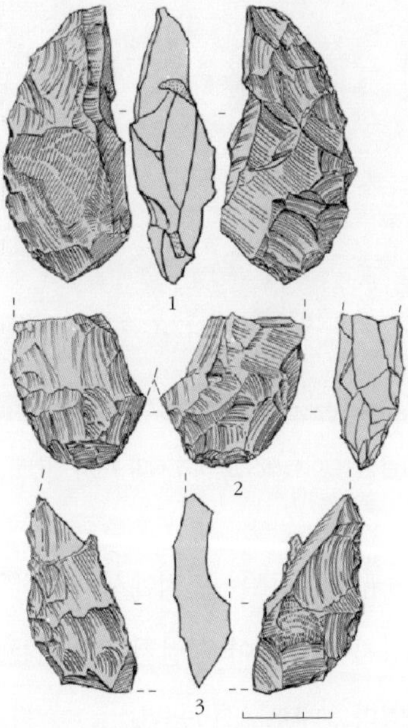

그림 18 다브이도프카-2 무스테리안 시기 양면석기(1~3)

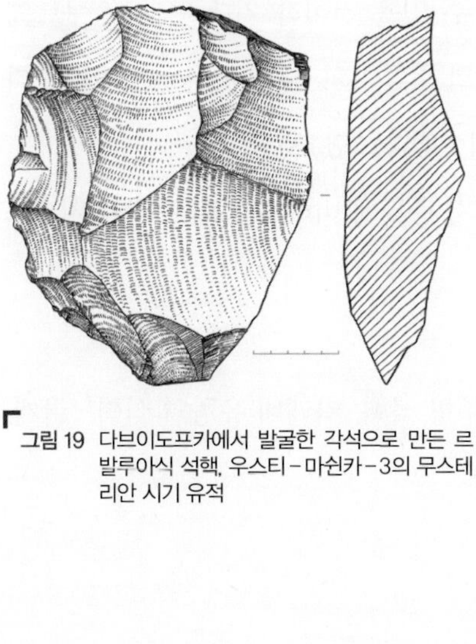

그림 19 다브이도프카에서 발굴한 각석으로 만든 르발루아식 석핵. 우스티-마쉰카-3의 무스테리안 시기 유적

그림 20 우스티-마쉰카-3의 무스테리안 시기 유적. 르발루아식 1차 생산물로 만든 긁개(1~4)

그림 21 토이트케스켄 5(2), 6(3), 7(1)유적(카툰 강분지, 무스테리안 시기)

$148m^2$에 이르는 면적에서 650점의 석기, 물소의 늑골로 만든 조립식 도구, 가장자리를 갈아서 날카롭게 만든 칼, 매머드의 앞니로 만든 인물상을 수습하였다(쿤쿠로프, 1996년).

또한 물에 씻겨서 무너진 5개의 지상 아궁이와 깨진 부싯돌 무더기도 발견하였다. 이 층은 사르탄 시대 후기의 2문화층과 유사한 것이므로, 이를 통해 우쉴료프 문화의 발달 단계를 추적할 수 있을 것이라 기대하였다(쿤구로프, 1992·1993·1996년). 그러나 사르탄 문화기 후기의 2문화층은 3문화층 보다 그 아래 지점에 형성된 4문화층과 더 비슷했다(그림 28).

3문화층은 후기 구석기 시대의 나머지 층들에 비해 다음의 특징을 지니고 있다.

- 1차 박리 기법은 유사 각주형, 각주형 석핵, 카레네 유형의 석핵–긁개, 방사형 몸돌에 행해진다.

• 홈날이 대칭적으로 가공된 석기가 대부분이다.
• 긁개가 나타나지 않을 때는 다양한 형태의 긴 긁개가 절대적으로 우세하게 나타난다.
• 매머드의 앞니, 뼈와 황토를 이용하여 도구를 만들었다(연마한 황토석 조각과 주철 조각이 발견되었다, 그림 30).

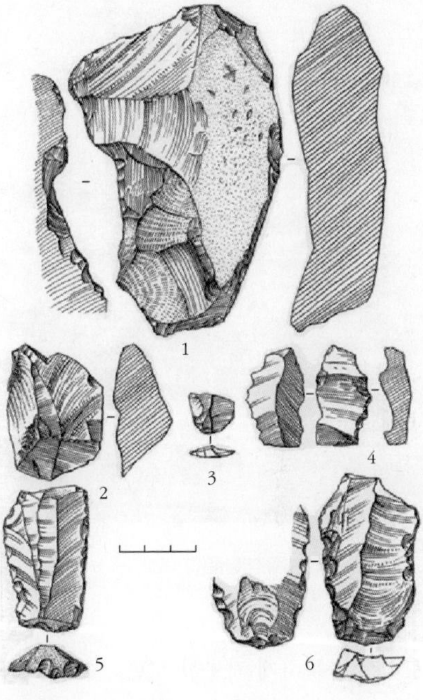

그림 22 석기들(트이트케스켄-5 유적의 작업장)

3문화층은 유물에서 보이는 성질과의 유사성 때문에 앞에서 이미 언급한 울루스-타라바 유적과 함께 '말타' 문화 전통에 속한다. 이 유물의 유형은 알타이 지역의 다른 후기 구석기 시대의 유적에서 나타나는 성질과 비교할 때 차이가 있지만, 후기 구석기 시대 중기의 유적들(아친스카야 유적, 쉐스타코보 유적, 말타 문화의 유적들)과는 상당히 비슷하다는 점이 이와 같은 가설을 세우는 데 결정적인 역할을 하였다.

이와 함께 동일한 장소에 형성된 3문화층과 좀 더 이른 시기의 것인 4문화층(2.1~2.6m 깊이에 놓인)에서 출토된 유물들 사이에서도 유사성은 나타나지 않는다. 그러나 5문화층, 4문화층, 2문화층에서는 1차 박리 기법, 석기, 2차 가공 부분에 확연한 유사성을 지닌 유물들이 발견되었다. 게다가 2문화층에서는 말타 유적에서 보이는 신기술 몇 가지(마무리 손질한 홈날이 있는 석판, 가장

그림 23 카라봄 유적 발굴(1979년)

자리를 뭉툭하게 가공한 석판, 여러 부분의 타격과 작업을 한 면에 다양한 형태로 행한 박리)가 결합된 유물들이 나타난다.

A.L. 쿤구로프는 바로 이 요소들을 근거로 하여 우쉴료프 문화를 분리하였다. 1993~1996년에 프레드 알타이 지역에서 약 2만 년에서 2만 5천 년 전의 것으로 편년되는 후기 구석기 시대 중기의 공작소가 새롭게 발견되었다. 후기 구석기 시대 유적들을 지속적으로 연구함으로써 토치카-2, 크리보노기, 우스티-카랄카 등의 여러 유적들을 발견하게 되었다(쿤쿠로프·마르킨·1995·1998년).

알타이 지역의 후기 구석기시대

G.P. 소스노프스키는 M.D. 코프이토프가 발견한 유물들이 이른 시대의 것으로 확증되었음을 이미 앞에서 언급하였다(라리체프, 1972년; 라프쉰, 1982년a; 순코프, 1987년; 쿤구로프, 1995년a). G.P. 소스노프스키는 비스크 시 근처

에서 발견된 구석기 시대의 유적들을 톰스크 유적 및 예니세이 강 유역의 유적들과 함께 후기 구석기 시대의 유적 그룹에 포함시켰다. 이 견해는 실제로 1980년대 중반까지 별다른 수정 없이 인정되었으며, 『소련의 고고학』 시리즈 중 「소련의 고고학」 편에 수록되었다(그림 31·32).

J.A. 아브라모바는 스로스트키 유적이 1만 2천 년에서 1만 3천 년 전 사이에 형성된 것으로 추정되는 후기 사르탄 시대의 유적들, 즉 니콜라예프카-II 유적, 코코레보-III 유적, 베르흐올렌스키 산 유적들과 연관이 있다고 여겼다(아브라모바, 1984·1989년; 데레비얀코·마르킨, 1998년).

1970년대 후반에서 1980년대 초반에 B.I. 라프쉰은 B.H. 카디코프가 발굴한 후기 구석기 시대의 유물 중 일부, 특히 마이마 유적군의 유물들을 학계에 소개하였으며, 이 유물들은 알타이 지역의 후

그림 24 석기(카라-봄 유적)

그림 25 후기 구석기 시대 전기 문화층에서 출토된 석기(우스티-카라콜 유적)

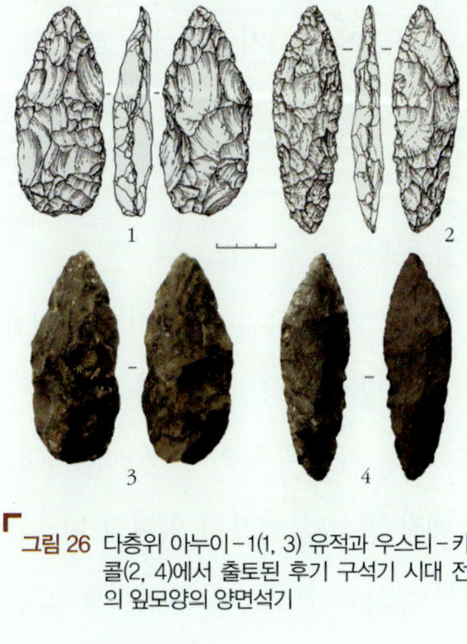

그림 26 다층위 아누이-1(1, 3) 유적과 우스티-카라콜(2, 4)에서 출토된 후기 구석기 시대 전기의 잎모양의 양면석기

그림 27 아누이강 분지의 카라콜 유적

기 구석기 발달기에 제작된 것이라는 가설을 제시하였다. 또한 그는 알타이 지역에서는 석기 제작과 관련하여 두 개의 전통, 즉 소형 석기와 대형 석기의 전통이 발달하였다고 주장하였다.

1980년대 초반 A.L. 쿤구로프는 알타이 산록지대의 후기 구석기 시대 문화를 연구하기 시작하였다. 그는 알타이 지역의 후기 구석기 시대 문화를 지역별로 나누었다.

쿠윰 문화

자갈돌 석기 제작의 여러 기법을 사용하여 이 유형의 석기를 제작하였다. 한면 또는 방사상 양면 박리를 한 몸돌, 늑골제 도구 등이 있다. 물론 다양한 찍개, 대패, 자르개 등의 대형 석기들도 제작하였다(그림 29·30).

제작 방식과 석기의 외형상 니즈네 카툰 문화의 유물들과 유사한 후기 구석기 문화층 연구는 노보시비르스크 고고학자들에 의해서 데니소바 동굴 유

그림 28 구석기 시대의 다층위 우쉴료프-6 유적(1990년 발굴)

적에서 이루어졌다. 특성이 잘 드러나는 석기 외에도 이곳에서는 뼈로 만들었거나 돌로 만든 훌륭한 장신구들이 발견되었다(그림 36). 1990년대 초반에 고르느이 쇼리야 산맥의 서남지맥에 위치한 후기 구석기 시대 공작소를 연구함으로써 '우쉴료프'라고 불리는 또 다른 구석기 시대의 문화를 분류하게 되었다.

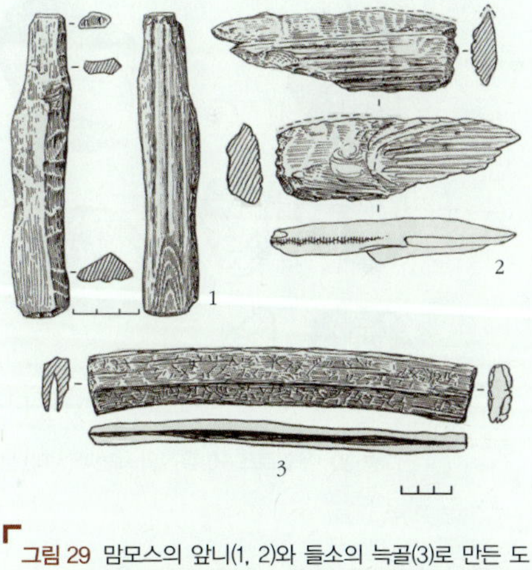

그림 29 맘모스의 앞니(1, 2)와 들소의 늑골(3)로 만든 도구, 구석기 시대의 다층위 우쉴료프-6 유적, 세 번째(말타) 문화층

이 공작 전통에 속하는 유적군은 니즈네 카툰 유적과 접해 있는 고르느이

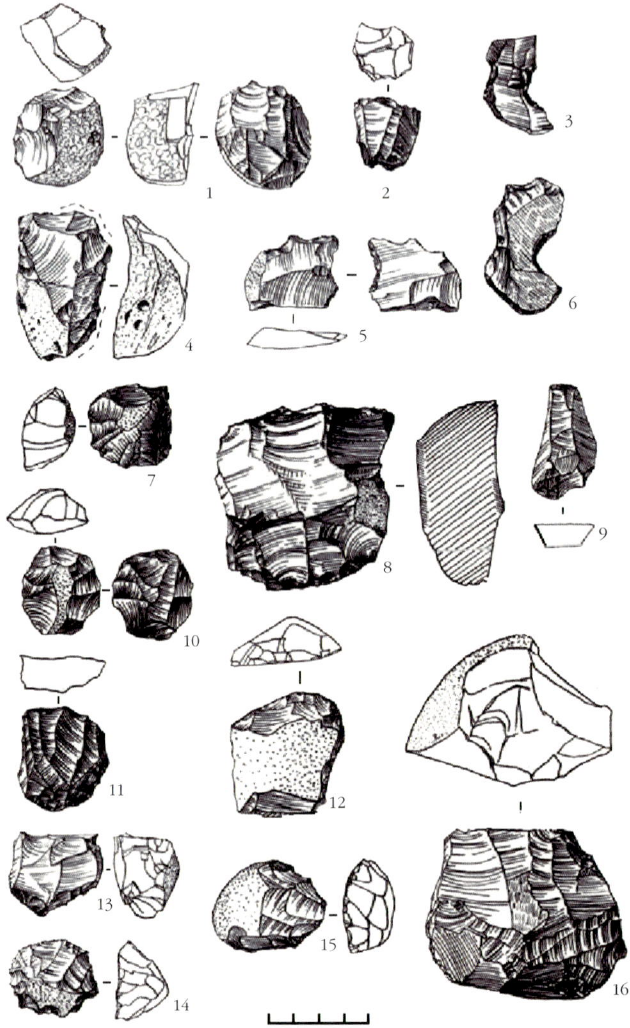

그림 30 우쉴료프-6 유적의 세번째(말타) 문화층에서 출토된 석기(1990년 발굴)

쇼리야와 살라이르 지역에 소재하고 있다(그림 37). 고르느이 쇼리야 공작소에서 나타나는 재료의 1차 박리와 2차 가공, 그리고 석기의 특징들은 매우 독특하다(바르이쉬니코프·쿤구로프·마르킨 외, 2005년; 키류신·쿤구로프, 1983년; 쿤구로프, 1987a·1993·1994в·1996·1998a·2004·2005년a). 그 지역에서 생산되는 편암을 이용하여 1차 박리를 하였으며, 카툰 강 분지의 문화들에서 보았던 것처럼 몸돌에서 떼어낸 크고 작은 격지들이 보인다.

제작상의 첫 번째 단계에서는 전통적으로 방사상 석판을 만드는 데 주력하였으며, 두 번째 단계에서는 여러 부분의 타격과 다양한 형태의 평편한 몸돌을 만드는 작업을 하였다(그림 38). 니즈네 카툰 문화와 쿠윰 문화의 석기에서는 이와 같은 제작 방식이 나타나지 않는다. 이 외에도 석기, 특히 석판 가공품에서도 현저한 차이를 보인다.

한쪽 가장자리를 뭉툭하게 만들고 가로로 덩어리를 가공한 것이 대부분이다. 증거물 분석을 통해 이런 종류의 석기는 작살류의 결합식 촉임을 밝혀냈다. 카툰 강에서는 곧게 뻗은 자르는 날이 있는 결합식 촉이 널리 분포되어 있다(쿤구로프, 1997년a ; 마르킨, 1998년).

베르흐네에 프리추므이쉬에 위치한 후기 구석기 시대의 유적들(쿤구로프, 1995년б; 쿤구로프·마르킨, 1995년)에서는 원석을 이용한 공작소의 특징이 나타나는데, 이 유적들은 박리 기법과 석기의 특성상 니즈네 카툰 유적군에 속한다.

1990년대 말에서 2000년대 초에 국립 알타이대학교가 발굴 작업을 하였으며, 그 결과 후기 구석기 시대 유적들이 분포된 새로운 지역, 즉 루드느이 알타이 지역을 발견하였다(쿤구로프, 2002년; 그루쉰·쿤구로프, 2003년). 이곳은 전통적으로 수렵 지역이었을 뿐만 아니라 원자재 산지였다. 이 지역은 원료의 질이 좋고 채굴이 용이하였기 때문에 이곳에 거주한 민족들은 꽤 이른 시기부터 북부 알타이의 산지 및 산록 지대에 분포해 있는 벽옥, 각석, 반암, 시금석 그리고 기타 규소가 포함된 광물들을 채굴하여 이런 광물이 없는 삼림 스텝 지역으로 수출하는 독특한 '부차적인 전문성'을 지니게 되었다.

이 외에도 프레드 알타이 평지, 프리 오비 고원, 프레드 알타이 등의 여러

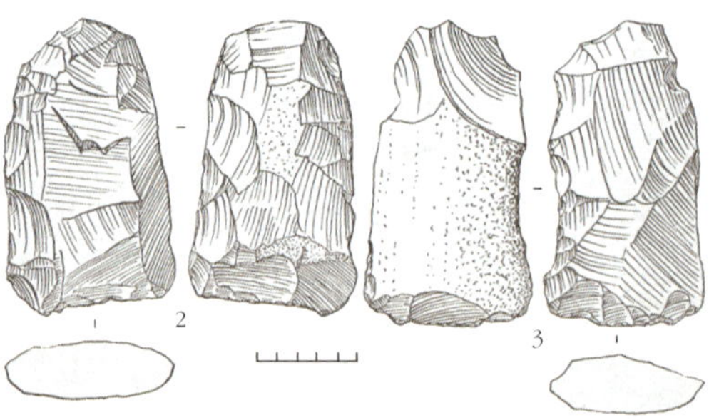

그림 31 스로스트키 유적(1, 카툰 강 하류) 중세시대의 쿠르간들 발굴 도중에 출토된 돌도끼(2, 3)

지형대를 면밀히 탐구함으로써 후기 구석기 시대의 수렵인들이 채광지가 없는 스텝 지역으로 이동한 흔적을 발견하였다(모흐나투쉬카-1 유적, 솔로비이나야 루카 유적, 카바니예 유적 등 쿤구로프, 1990 · 2002 · 2005년a; 키류쉰 · 쿤구로프 · 티쉬킨 · 쉬파코바, 2000년). 이는 이른 씨족 사회의 경제활동과 경제활동의 지역적 특성을 재구성하는 데 필요한 자료를 제공해 주었다. 지금까지 다음과 같은 구석기 시대 유적의 여러 유형들이 발견되었다.

- 개방형 주거지(상시형)
- 동굴 주거지(상시형)
- 임시 수렵용 개방형 주거지(상업용)
- 임시 수렵용 동굴형 주거지(상업용)
- 사냥터와 동물을 최초로 포획한 장소
- '뼈와 살을 분리하는' 작업용 임시 수렵 주거지
- 광물을 함유한 원석 산지에 세운 공작소(산개형)

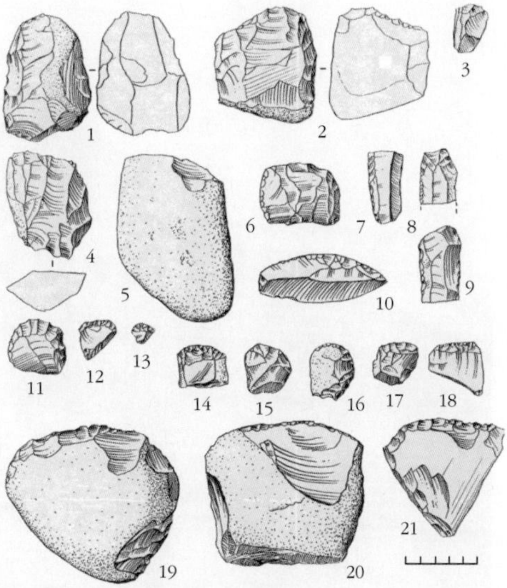

그림 32 스로스트키 유적의 석기(1~4)

- 기반암 산지에 설치한 채석장
- 기반암 산지와 그 근처에 설치한 채석장 및 작업장
- 수렵인들이 거주한 흔적이 있는 기반암 산지와 그 근처에 설치한 채석장 및 공작소
- 기반암 산지에서 멀리 떨어진 곳에 지어진 상시 주거지 및 공작소
- 알타이 스텝 지역에 있는《탐사형》임시 주거지와 그 특수성
- 제사(의례) 장소

고고학자들은 알타이 스텝 지역과 삼림 스텝 지역에서 극소수의 구석기 시대 유적들을 발견하였는데, 이 유적들은 수렵할 때 임시로 사용한 주거지다. 모흐나투쉬카-1 유적, 솔로비이나야 루카 유적, 부를린스코에 호

그림 33 발샤야 크이르크일린스카야 동굴(후기 구석기 시대)

그림 34 발샤야 크이르크일린스카야 동굴(후기 구석기 시대, 2007년 조사)

수 유적 등이 그것이다(쿤구로프, 1990·1993·2005년a; 키류쉰·쿤구로프·티쉬킨·쉬파코바, 2000년; 겔멜·쿤구로프, 2007년). 이는 서부 시베리아의 프레드 알타이 지역에는 석기 제작에 필요한 원석이 없었음을 말해주고 있다.

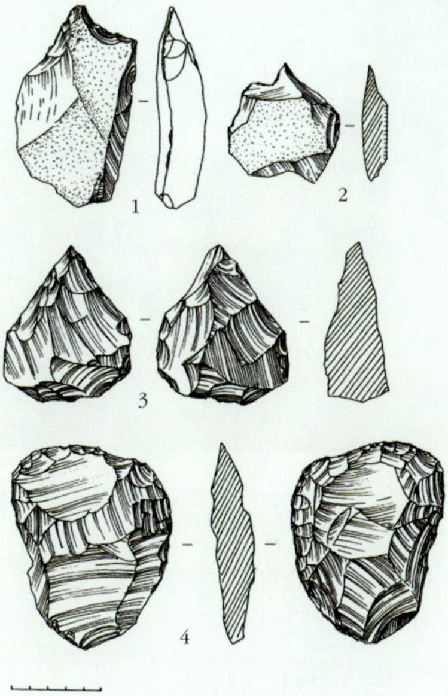

그림 35 니즈네카툰 문화의 석기(1~4)(우로자이나야 유적)

비록 구석기 시대의 이 지역에는 생물학적 자원이 풍부했지만 사냥꾼들은 이곳에 오래 정착하지 않았다. 이를 통해 구석기 시대에는 광물을 함유한 비광석 자원이 묻힌 스텝 알타이 일부 지역, 즉 동부 카자흐스탄, 루드니이 알타이, 프레드 알타이 평야, 살라이르, 카툰 강 분지, 비이 분지 등에서 전통을 형성하는 경향이 있었음을 알 수 있다(그림 39).

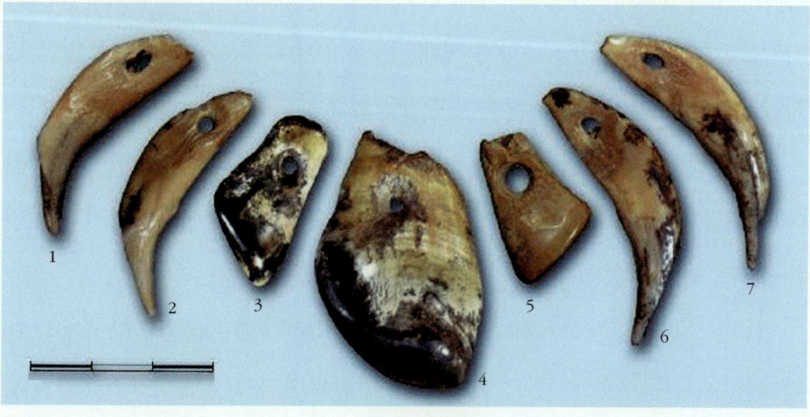

그림 36 알타이 구릉지대에서 발견한 후기 구석기 시대의 작살촉(1~3), 창(4, 5)

그림 37 후기 구석기 시대의 우쉴료프 문화가 나타나는 유쉴료프-1 유적 소재지

중석기 시대

서부 시베리아 남쪽 지역의 중석기 시대에 관한 문제를 제기한 학자는 A.P. 오클라드니코프이다. 그는 이전에 발굴 작업이 이루어지긴 했지만 완전히 조사되지 않은 유적 복합체를 연구하였는데, 알타이 지역에는 중석기 시기가 나타나지 않았으며, 아파나시예보 문화인들이 이곳에 출현하기 전까지는 박리기술과 석기의 특성상 구석기 시대(아구석기 시대) 유물들에서는 특별한 변화가 나타나지 않았다는 결론을 내렸다(오클라드니코프, 1966년).

이 가설은 앞에서 언급한 『소련의 고고학』 「소련의 중석기」 편을 포함한 여러 개설서에 게재되었다. '소련의 중석기' 속에는 이미 잘 알려져 있지만 해석상의 오류가 있는 우스티-세메 유물이 수록되지 않았다(그림 40).

알타이 지역의 중석기 시대에 대한 문제는 1980~1990년대 사이에 U.F. 키류쉰, A.L. 쿤구로프, V.T. 페트린, V.I. 몰로딘, V.P. 세미브라토프, S.A. 예프레모프 등에 의해 다시 제기되었다(몰로딘·페트린, 1990년; 쿤구로프,

1993·1997a·2001년; 예프레모프, 1998·1999년; 키류쉰 U.·키류쉰 K.·쿤구로프, 1998년).

이 시기에 알타이의 산악 지대와 평야 지대에 발견된 중석기 시대 전통의 발전 과정을 기술한 중요한 자료들이 많이 발간되었다. 편년 작업이 이루어졌으며, 중석기 시대 전통의 기원과 발전의 결과를 기술하였다. 카툰 강 분지의 우스티-세메 문화를 분류하고 증명하였다(쿤구로프·카디코프, 1985년; 쿤구로프, 1993·1997년a; 세미브라토프, 1994년).

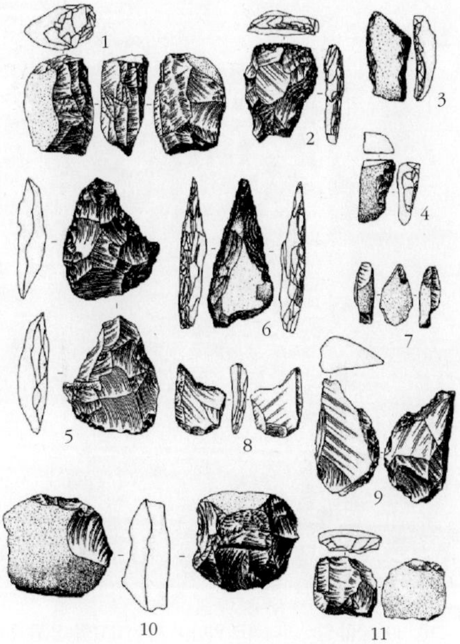

그림 38 우쉴료프-6 유적의 2문화층 석기(우쉴료프 문화)

중석기 시대의 가장 오래된 문화층은 트이트케스켄-3에 형성된 6문화층과 5문화층인데, 이 문화층들은 트이트케스켄 강 세 번째 단구의 화석 토양과 모래층에 형성되어 있다(그림 42). 그 다음으로 오래된 것은 우스티-세메의 중간층에 형성된 문화대와 우스티-비이케 3문화층이며, 이들은 카툰 강의 두 번째 단구의 사질 토양 아래층에 형성되어 있다. 가장 늦은 시기의 것은 우스티-쿠윰 유적, 우스티-비이케 유적의 2문화층, 베르흐-텔테흐멘 유적, 트이트케스켄-2 유적의 8문화층, 트이트케스켄-3유적의 4문화층, 우스티-세미유적 상층에 놓여 있는 공작소들인데, 현재 지반의 아래층과 사질토양의 표토가 일치한다. 이 공작소들의 편년은 석기를 분석함으로써 보충되고 수정되었다. 이 유적들에는 단일한 문화 전통의 기술적·유형적 특성들

그림 39 국립 알타이대학교 알타이 지역 고고학·인류학 박물관의 구석기 시대 전시실

이 나타난다. 층위학 자료들을 바탕으로 석기들의 특성 변화를 연구함으로써 이 전통의 문화·연대적 발전 과정을 추적할 수 있었다.

첫 번째 단계

중석기 전기 시대의 것으로 1만 2천 년에서 1만 년 전으로 편년된다. 트이트케스켄 3 유적의 6문화층과 5문화층의 유물들이 대표적이다. 이 단계의 전형적인 유물들의 특징은 카라 투르크 유적(카디코프·라프쉰, 1978년), 우스티-세메 유적과 우스티-쿠윰 유적(쿤구로프, 1994년6)의 아래에 형성된 문화층(쿤구로프·카디코프, 1985년)의 후기 구석기 시대 유적 및 유물들과 많은 공통점이 있다는 것이다. 도구들의 외형에 변형이 있긴 했지만, 이 유적들은 많은 면에서 공통적인 특성을 갖고 있다.

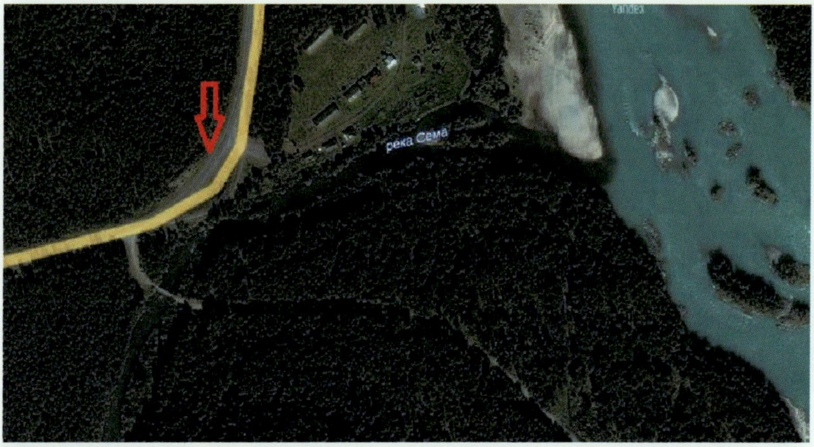

그림 40 카툰 강 하류 분지의 모습(부분)

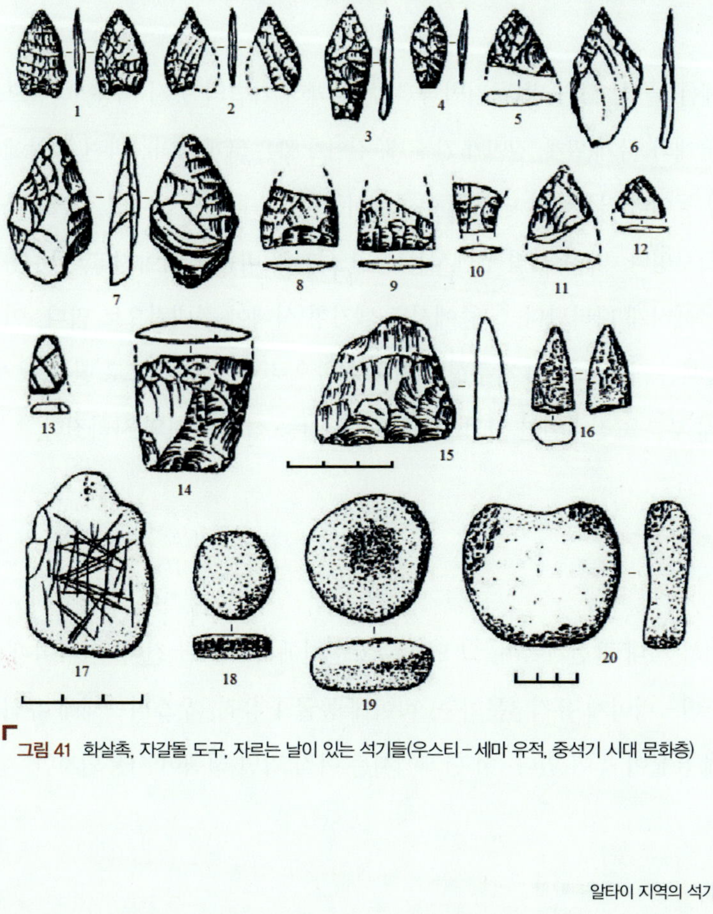

그림 41 화살촉, 자갈돌 도구, 자르는 날이 있는 석기들(우스티-세마 유적, 중석기 시대 문화층)

그림 42 트이트케스겐 강 하구지역에 형성된 중석기 시대와 신석기 시대의 유적지(카툰 강 분지)

예를 들면, 평면 박리 기법과 각주형 박리 기법의 동시 사용, 박편으로 만든 긁개와 긁개(밀개, 길이가 긴 긁개, 길이가 짧은 긁개 등의), 박편 중앙에 뚫은 구멍 등이다. 물론 이 단계의 유물에서는 후기 구석기 시대의 유물들과 차이점도 보인다. 박리 기법 면에서는 평면 석핵의 비중이 낮아지고, 각주형 석핵이 우세하게 나타난다. 그중에서도 쐐기형 석핵이 절대적으로 많다. 이 유적 복합체는 작은 크기의 각주형 석판을 기반으로 한다. 석판으로 만든 석기에서는 배 부분을 잔손질한 석기들이 많다. 자갈돌 석기는 거의 사라졌다.

두 번째 단계

중석기 시대 발전기이며, 그 연대는 1만 년에서 9천 년 전이다. 마이마 유적, 우스티 – 비이케 유적 3문화층, 비이케 동굴 1 유적, 우스티 – 세메 유적 중간층에 유물이 놓여 있다. 이 단계에서는 아직 평면 석핵이 사용되지만, 형태적으로는 평면 석핵이 보이지 않고, 또 수적으로도 매우 적게 나타난다. 이와 함께 각주형 박리 기법이 급격하게 발전하였다. 석핵의 주요 유형은 각주형의 단일 타격면을 가졌으며, 정면이 뾰족하거나 약간 뾰족하게 되도록 박리한 것인데, 이것은 이전에 보이지 않았던 특징이다.

석기에서도 석판으로 제작한 도구의 수가 증가(52~54%)하였다. 등 부분의 가장자리 한쪽 혹은 양쪽을 손질한 석판, 배 부분을 가공한 석판, 세로 가장자리 한쪽을 잔손질한 석판, 갈판, 뾰족머리 석기(첨두기), 자르개 등이 있다. 격지 석기는 약 50가지 정도의 형태 변화가 있는 소형 긁개를 제외하고는 유형의 다양함이 사라지며, 그 수도 적어졌다. 격지로 만든 양날 화살촉의 비율과 목록은 증가하고 있다.

세 번째 단계

중석기 후기인데, 9천 년에서 8천 년 전으로 연대가 편년된다. 이 단계의 유물들은 우스티-쿠윰 유적, 우스티-비이케 유적의 2문화층, 베르흐-텔테흐멘 유적, 트이트케스켄-3 유적 4 문화층(그림 43·44), 우스티-세메 유적의 위쪽 문화층, 니즈네 트이트켄 동굴-1 유적의 5문화층에서 출토된다.

이 시대의 유물에는 선행 단계에서 특징적으로 나타난 다양한 형태의 각주형 석핵은 그대로 보전되었으나, 평면 석핵은 완전히 사라졌다. 도구도 역시 이전 단계에서 제작한 유형들을 그대로 사용하였다. 이 단계의 가공품들로는 양면칼, 마름모 형태의 화살촉, 박리된 면이 많고 넓은 날을 가진 자르개, 이전에는 없었던 조립식 낚싯바늘대(이음낚시바늘대)와 같은 연마된 석기 등이 있다.

그림 43 트이트케스켄-2(1)와 트이트케스켄-3(3)(트이트케스켄 강 하구, 중석기 시대)

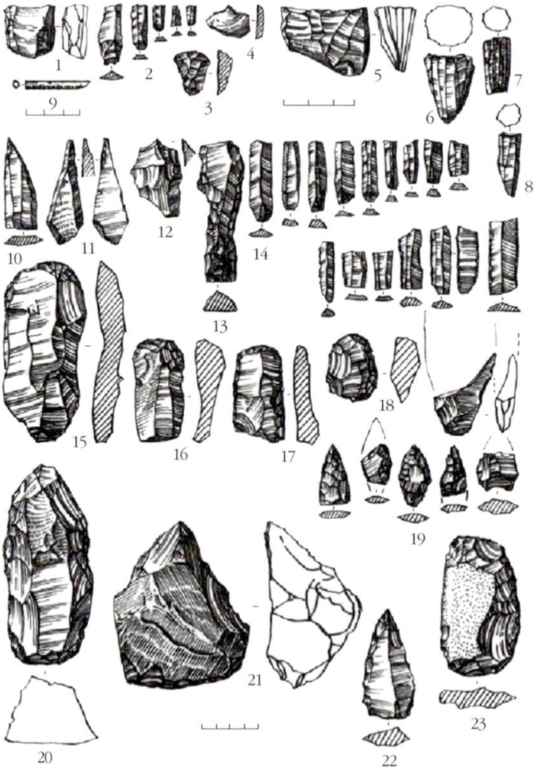

그림 44 석기(트이트케스켄-3 유적의 중석기 문화층)

네 번째 단계

중석기 말기인데, 8,000~7,000년 전의 것으로 편년된다. 트이트케스켄-2 유적의 8문화층에서 유물이 출토되었다. 박리 기술은 이 시기에 최고로 발달하였다. 타격면이 2개인 석기의 비중이 높이지고, 쐐기형 석핵의 비율이 낮아졌는데, 오로지 쐐기 모양과 유사한 유형만 나타난다. 석판으로 만든 석기들이 대부분이다(83%).

석판의 배 부분을 잔손질한 석기들이 우세하게 나타난다. 격지로 제작한 석기 유형은 이전의 것과 같지만 석기의 소형화가 지속적으로 진행되었다. 이 단계의 유물들은 이른 홀로세 문화 전기의 전통 발달 과정 중 마지막 단계의 특징을 보여주고 있다. 사실상 이 유물들은 이미 신석기 시대 유물 또는 몇몇 연구자들이 칭하듯이 '토기 없는 신석기 시대' 유물로 볼 수 있다(그림 45).

채석을 할 수 있는 산지는 없지만 석기를 만들기에는 적합한 산지 알타이와 그와 인접한 스텝 지역과 평지에 사람들이 거주하게 되었음을 이미 언급하였다. 이 지역에 사람들이 거주하게 된 시기는 각주형 석판과 큰 돌 하나

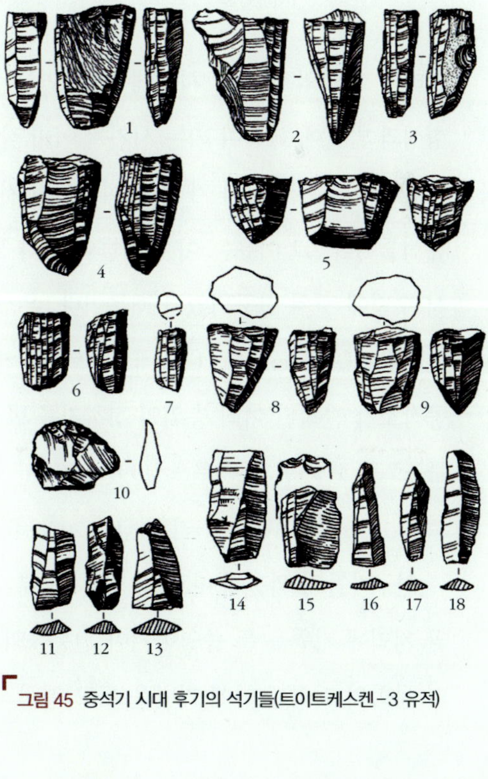

그림 45 중석기 시대 후기의 석기들(트이트케스켄-3 유적)

로 석기(단검, 창촉, 긁개 등)를 제작하는 오래된 구석기 시대의 결합식 석기 제작기술이 완전히 사라진 때부터다.

이에 관한 연구는 거의 이루어지지 않았는데, 그 이유는 프레드 알타이 평야 지대에서는 아직 중석기 시대의 유적들에 대한 발굴 조사가 이루어지지 않았기 때문이다. 현재 보유하고 있는 유물들을 통해서 동부 카자흐스탄, 서부 시베리아, 프리 이르트이쉬에 등의 여러 지역의 주민들이 구석기 시대에는 아무도 살지 않았던 지역으로 동시에 이주하였음을 추정할 수 있다. 유적별로 우세하게 나타나는 광물이 다르다는 점이 이를 증명해준다.

신석기 시대

알타이 지역의 신석기 시대에 관한 연구는 매우 무질서하게 이루어졌지만, 형성과 발달에 핵심이 되는 시기는 이미 잘 알려져 있다. 신석기 시대의 문화 복합체에 관한 연구가 가장 잘 이루어진 것은 카툰 강 분지에 위치한 몇 개의 유적들이다. 그 이유는 이 유적들이 댐과 도로 건설 예정지에 위치하고 있어서 수년에 걸쳐 연구되었기 때문이다. 우스티-쿠윰 유적, 트이트케스켄-2, 3, 6 유적(그림 46, 47), 니즈네트이트케스켄 동굴 1 유적 등에서 주거와 경제 공작소가 간직된 여러 층위의 정착지를 발굴하였다(쿤구로프, 1991년; 키류쉰, 쿤구로프, 1995년; 쿤구로프, 1997a · 2005б · 2012년; 키류쉰 U. · 키류쉰 K. · 쿤구로프, 1998년; 키류쉰 U. · 키류쉰 K., 2008년).

연구자들의 의견에 따르면, 카툰 강 분지의 신석기 시대 문화는 동북부 몽골 지역에 기원을 둔 중앙아시아 전통들의 영향을 많이 받은 중석기 시대 말기 문화의 지역 유형에 기반을 두고 형성되었다. 지역 주민들이 북쪽으로 이

그림 46 유적 카메쇼크-2(비이 강 하류 분지, 신석기 시대)

그림 47 다층위 트이트케스켄-6 유적(카툰 강 하류 분지)

주하게 된 이유는 아마도 기후가 점점 건조해졌기 때문일 것이다. '스레드네 카툰'이라 칭하는 카툰 강 지역의 신석기 문화에서는 전반적으로 소형 석기 공작이 발달하였고, 초기 형태의 토기가 출현하였으며, 또한 어로용구 등 돌을 갈아서 만든 도구들을 사용하였다.

U.F. 키류쉰과 K.U. 키류쉰은 트이트케스켄-2 유적에서 여러 층위의 주거지를 연구하였고, 주거지의 층위별로 신석기 전기, 신석기 중기, 신석기 후기 시대로 분류하였다. 신석기 전기(7문화층과 6문화층) 방사능측정법으로 기원전 7,000년기 말~6,000년기 초에서 기원전 5,000년기 초반으로 편년하였다. 신석기 발전기는 기원전 5,000년기 중반에서 후반 사이에 형성되었다. 신석기 후기는 기원전 4,000년기 첫 세기에 시작되어 4천 년기 말에 끝이 난다. 현재 여러 층위 유적 복합체들과 이미 보유하고 있는 유물들 사이의 상관 관계를 밝히는 작업이 이루어지고 있다(그림 48~51).

연구자들에게 있어서 가장 어려운 과제는 주거지와 우스티-이쉬 무덤군, 솔로네츠-5 무덤군, 카멘나야 동굴 유적과 니즈네 타트케스켄 동굴-1 유적의 단독 무덤 등의 무덤 유적들 간의 상관 관계를 밝히는 일이다(키류쉰·쿤구로프·스테파노바, 1995; 키류쉰·쿤구로프·카디코프, 2000; 마르킨, 2000, 쿤구로바, 2005).

서부 시베리아의 프레드 알타이 지역의 신석기 시대는 무계획적으로 조사되었으며, 연구자들에게 해답보다는 많은 질문을 던지고 있다. 그러나 알타이의 삼림 스텝 지역에 나타나는 이 시기의 특수성을 다음과 같이 정리할 수는 있다.

1. 알타이의 서남부 경계 지역에서 소형 석기 공작과 함께 몇 가지 신석기 전기 유적들이 나타나는데, 이 유적들을 '루브초프스크 문화'라고 부른다

그림 48 토기(트이트케스켄-2 주거지에서 출토)

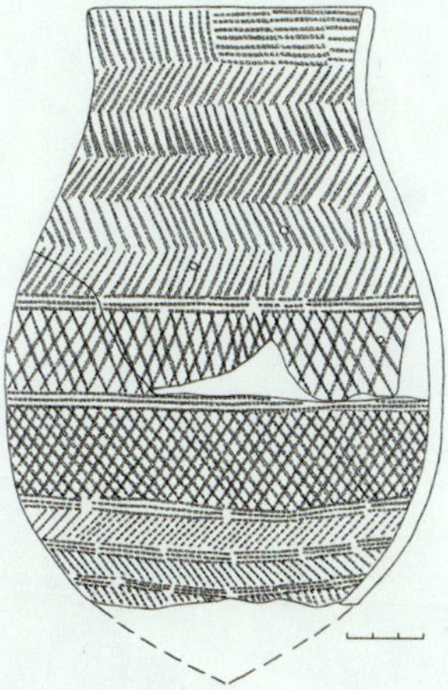

그림 49 신석기 시대 토기의 재구성(도면, 트이트케스켄-2 주거지)

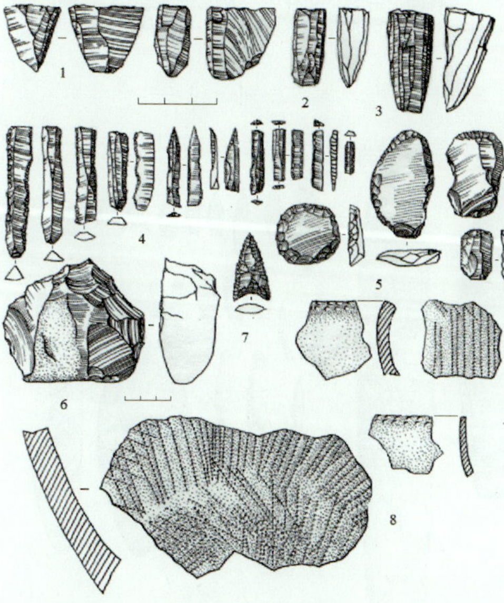

그림 50 석기(1~7) 및 토기(8)(트이트케스켄-2 주거지)

그림 51 무늬가 있는 석제 드리개(트이트케스켄-2 주거지, 신석기)

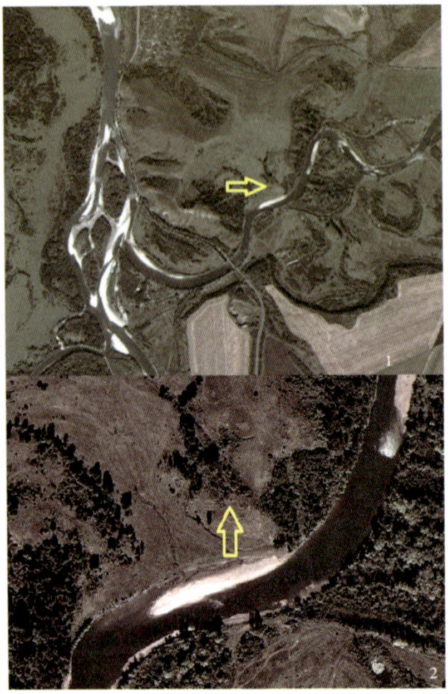

그림 52 카툰 강 하류 분지에 위치한 우스티-이샤 신석기 시대 매장지

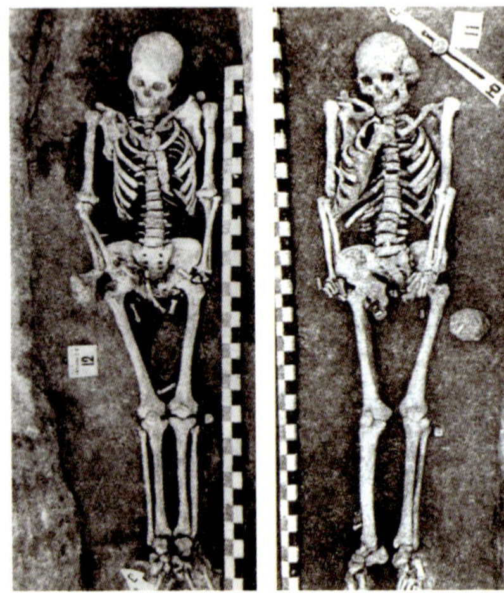

그림 53 우스티-이샤 매장지에 있는 무덤 1과 2(1960년대에 B.X. 카디코프에 의해 발굴)

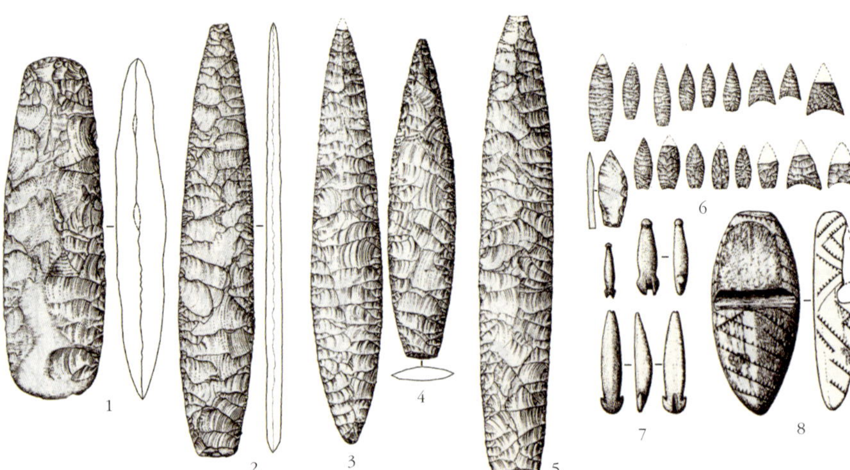

그림 54 석기(1~8)(신석기 시대)

(쿤구로프 · 온니코프 · 티쉬킨, 1998년). 원자재와 석기의 특성상 이 문화의 분포권을 동부 카자흐스탄으로 볼 수 있다.

2. 살라이르 지맥과 고르느이 쇼리야(산지 알타이주 동북 지역)에서는 신석기 전기와 신석기 중기의 코르나차크 문화가 전파되었다. 소형 석기의 특성을 지닌 유물과 함께 갈아서 만든 자르개, 돌로 만든 슴베가 있는 화살촉이 널리 분포되었다. 또한 그 지역에서 생산되는 질이 좋지 않고 부서지기 쉬운 실트암을 많이 사용했다는 특징이 있다(쿤구로프, 1997년 **6**).

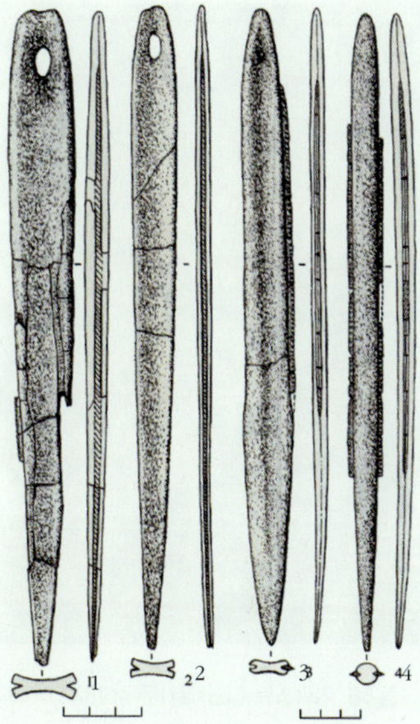

그림 55 뼈로 만든 부착식 단검(우스티-이샤, 신석기 시대)

3. 알타이 변경 지역의 신석기 시대 '중기' 유적들은 공작기, 박리 기법, 토기군에서도 매우 다양한 특징을 지니고 있다. 아마도 이 지역의 신석기 문화 전통은 이 문화가 형성된 지역뿐만 아니라 정상적인 경제활동을 하는데 필요한 비광석 광물 원료를 공급해 주는 지역과도 직접적인 연관이 있을 것이다.

이미 앞에서 언급한 바와 같이 이 지역에서는 비광석 광물 원료가 생산되지 않고, 토기, 뼈 또는 나무로 만든 도구들이 이 광물을 완전히 대체하지는 못했다. 이 때문에 알타이 지역의 신석기 시대 '중기' 복합체를 임의로 '오비 강 상류지역 신석기'라는 용어로 칭하게 되었을 것이다. 그러나 이 시대에 대한 연구는 계속 진행되고 있기 때문에 이 지역의 신석기

그림 56 카르스트 집합체(카툰 강 분지, 타브다 동굴들)

그림 57 타브다 동굴 유적(카툰 강 하류, 신석기 시대)

문화 편년 문제에 대한 해답을 성공적으로 찾을 수 있을 것으로 기대한다(그림 56~62).

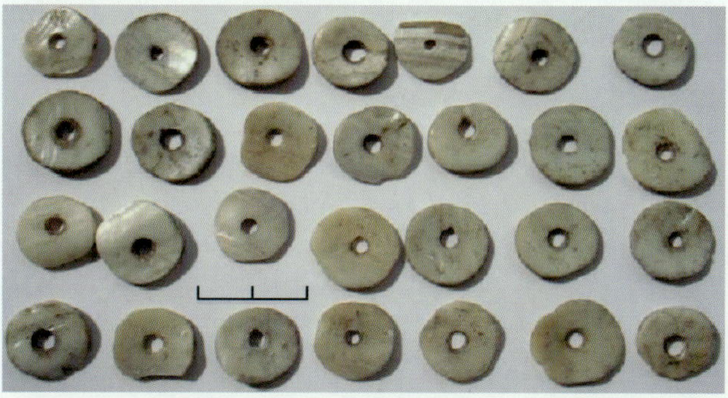

그림 58 민물조개 껍질로 만든 옷에 다는 장신구(타브다 동굴, 신석기 시대 문화층)

그림 59 타르바간 앞니로 만든 제품(타브다 동굴, 신석기 시대 문화층)

그림 60 규석으로 만든 화살촉(타브다 암굴, 신석기 시대 문화층)

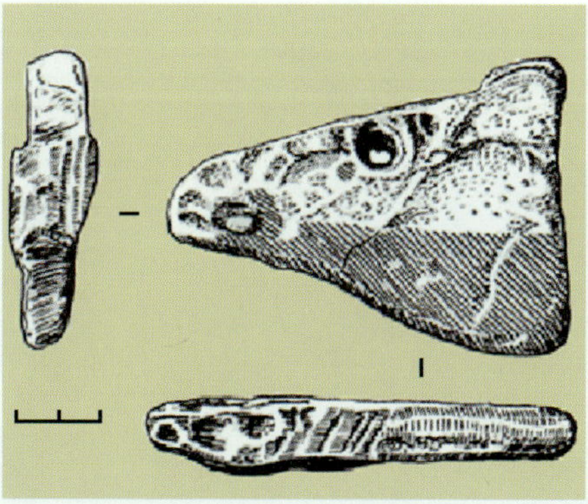

그림 61 큰 사슴 머리 석상(즈메이노고르스크)

그림 62 석제 다리미(산지 알타이, 신석기 시대)

청동기 시대의 알타이

A.L. **쿤구로프**(러시아 국립 알타이대학교 교수)

3

볼쉐므이스 문화

기원전 4,000년기 초 산지 알타이에는 금석병용기 문화가 형성되었는데, 알타이 삼림 스텝 지대의 이트쿨 호수에 위치한 볼쉐므이스 무덤군의 이름을 따서 그것을 볼쉐므이스 문화라 부른다. 1970년대에 고고학자들은 이 유적의 유물들을 분류하고 특징을 파악하였으며(키류신 U., 1991·2002년), 기원전 3,000년기의 것으로 편년하였다. 1980년 중반 카툰 강 분지(그림 1)에서 여러 층위의 우스티-쿠윰 유적, 트이트스켄-2, 3, 6 유적, 말르이 두간 등 유적을 발굴할 때 연구자들은 그때까지 파악하였던 것보다 훨씬 더 이른 시기에 형성된 볼쉐므이스 문화층을 발견하였는데, 이 문화층은 기원전 4,000년경에 형성된 것이었다. 학자들은 이 문화를 석기 시대와 청동기 시대 사이에

그림 1 니즈네 트이트케스켄 동굴-1이 위치한 카툰 강 계곡

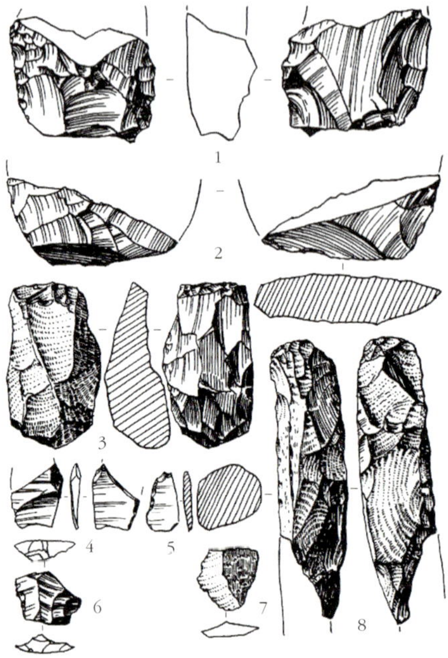

그림 2 양면 가공한 석기(트이트케스켄-6 주거지의 볼쉐므이스 문화층)

형성된 산지 알타이 지역의 금석 병용기 문화에 바탕을 두고 있다고 결론을 내렸다. 기원전 4,000년기 후반의 볼쉐므이스 문화 주체는 산지 알타이를 떠나 구릉지대로 이주하였다(키류쉰·쉬미트, 2001년).

볼쉐므이스 문화는 수렵과 어로를 생업으로 하는 경제활동을 하였다. 남아 있는 뼈로 미루어 보아 사슴, 가지가 많은 큰뿔 사슴, 말, 야크 등을 사냥하였음을 알 수 있다. 트이트케스켄-2와 우스티-쿠윰 주거지는 최대 면적이 360m² 까지 이르는데, 움집은 땅을 파고 그 바닥에 기둥을 세워서 만들었으며, 실내는 구획이 되어 있었다. 움집 주변에는 지상에 세운 작업용 건물터들도 많이 남아 있었다.

물질 문화에서도 선행한 금석병용기의 전통이 매우 뚜렷하게 나타난다. 그러나 도구에서는 흥미로운 변화가 있었다. 각주형 석판 공작과 양날석기, 격지로 만든 도구 등은 눈에 띄게 사라졌다(그림 2·3).

석기 시대와 청동기 시대 사이에 나타난 이런 현상은 구리로 만든 연장들이 제작된 것과 관련이 있을 수 있다. 좀 더 오래 사용할 수 있고 내구성이 있으며 녹이거나 단련하여 재사용할 수 있는 철제 도구는 즉각 각주형 석판의 대용물이 되었다. 볼쉐므이스 문화 유물들 중에서는 아직 구리로 만든 도구가 발견되지는 않았으나, 석판의 수량이 급격히 줄어들고 또 그 질도 떨어지는 것으로 볼 때 구리로 만든 도구들이 보편화되었으며, 생활에서도 광범위하게 사용되었음을 짐작할 수 있다.

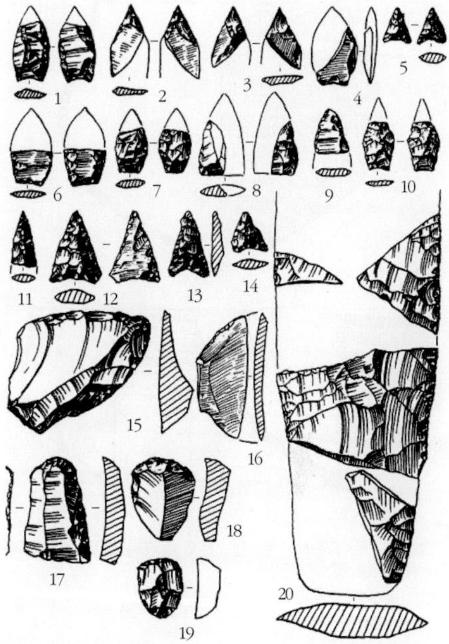

그림 3 화살촉(1~14), 긁개(15~19)와 거대한 양날 검의 파편(20)(트이트케스켄-6 주거지의 볼쉐므이스 문화층)

구리 도구와 함께 돌로 도구를 만드는 전통은 계속되었는데, 화살촉, 창, 도끼, 손도끼, 끌, 긁개, 모피 정제에 사용되는 도구 등은 철로 만들지 않았다. 쪼거나 갈아서 만든 도구들이 있는데, 그것들은 주로 낚시 용품이며, 그 속에는 특히 이음낚시 바늘에 다는 추도 있다. 다양한 크기의 공이와 돌 그리고 뼈로 만든 공예품들을 가는 데 사용되는 도구들은 매우 평범하다.

볼쉐므이스의 토기는 바닥이 약간 뾰족한 무 모양을 하고 있다. 겉면 전체에 가장자리가 타원형이고 바닥이 볼록하게 휜 형태의 민무늬 스탬프나 빗살무늬 스탬프로 찍어서 시문한 가로무늬띠가 나타난다. 이런 형태의 스탬프를 앞에서 뒤로 굴리듯이 찍으면 독특한 그림이 만들어 진다(그림 4).

산지 알타이 지역의 볼쉐므이스 문화에서 나타나는 매장의식은 독특한 무덤 유적인 니즈네 트이트케스켄 동굴-1에서 발견한 것 외에는 알려진 바가 없다. 이 동굴은 부서지기 쉬운 지층에 형성된 그리 크지 않은 석회암 수평 동

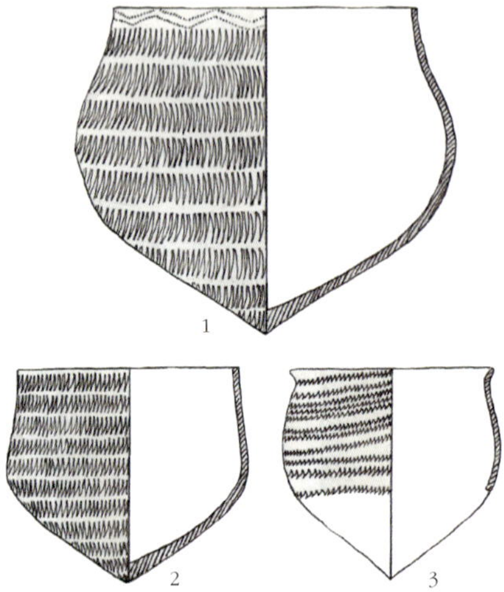

그림 4 토기(트이트케스켄-2, 6 주거지 출토, 볼쉐므이스 문화)

굴인데, 면적은 약 25m²이고, 해발 535m의 높이에 위치해 있으며, 동굴 입구는 북쪽으로 나 있다. 1989~1990년에 발굴 작업을 하면서 동굴 내부를 전부 조사하였다. 그 결과 중석기 말기에서 중세기에 걸쳐 형성된 문화층들을 발견하였다. 그러나 이 동굴의 주요 유물은 기원전 4,000년기 전반으로 편년되는 무덤이다(키류쉰·쿤구로프·스테파노바, 1995년). 피장자는 40~45세 정도의 남자로 자작나무 껍질로 만든 덮개에 쌓여있었다. 피장자의 상태로 보아 재 매장된 것으로 보이는데, 그 이유는 뼈들이 해부학상의 순서

그림 5 샤먼 무덤(니트제트이트케스켄 동굴-1)

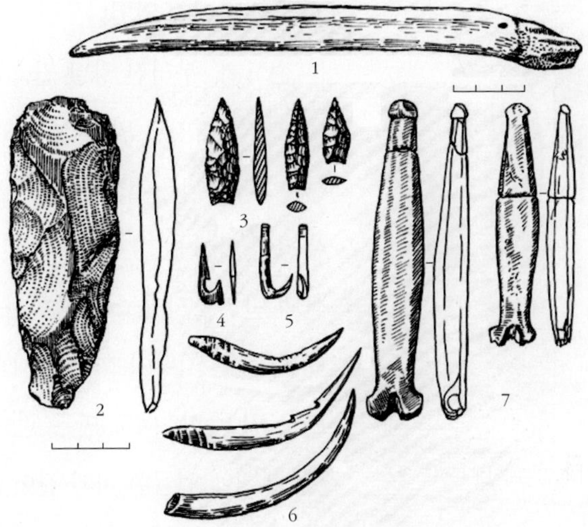

그림 6 샤먼 무덤 출도 유물(니트제트이트케스켄 동굴-1)

와 맞지 않게 놓여 있기 때문이다(그림 5 · 6).

다른 장소에 있던 동물들에 의해서 떨어져 나간 신체 조각들을 이곳으로 옮겨 매장한 것 같은 인상을 준다. 무덤 바닥에는 후두부와 아래턱 위에 세워진 두개골이 발견되는데, 얼굴이 서북쪽을 향하고 있다. 서남쪽으로 내려오면 다리를 쭉 펴고 몸을 웅크리고 있는 피장자가 보인다. 그 아래쪽으로는 척추와 왼쪽 어깨뼈와 왼쪽 흉곽이 보이며, 서북쪽으로 손가락이 없는 왼팔이 놓여 있다. 두개골의 후두부 뒤에는 왼쪽 발이 있고, 동북쪽에는 손가락이 있는 오른쪽 팔이 놓여 있다.

몇 개의 뼈 끝에는 동물의 이빨자국이 나 있다. 무덤에는 200점 이상의 돌, 뼈, 뿔, 이빨 등으로 만든 물건들이 나타나는데, 다량의 포유류(15종)와 맹금류(주로 발톱이 있는 발을 가진)의 뼈 조각들도 발견되었다. 뼈무더기에서 불곰(5마리), 늑대(2마리), 야크, 붉은 사슴, 사슴, 노루(3마리), 검은꼬리가젤, 말, 야생 양, 비버(2마리), 땅다람쥐(2마리), 흑담비 등 다량의 이빨과 이빨 파

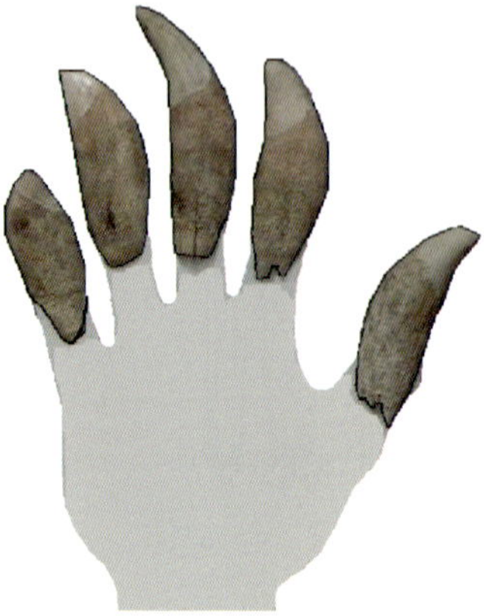

그림 7 '샤먼의 장갑'(니즈네 트이트케스켄 동굴-1)

편들이 흩어져 있었다.

손도끼, 부러진 양날 칼, 숫돌, 돌화살촉 27점, 격지로 만든 석기 55점, 낚시바늘추 8점(5점은 사향사슴 송곳니와 뼈로 만든 촉과 함께 발견), 뼈로 만든 이음낚시바늘과 단일낚시바늘 5점, 큰사슴의 뒷다리뼈로 만든 지팡이(그림 6의 1), 노루 어깨뼈로 만든 칼, 뼈로 만든 핀 등도 발견되었다. 위에 언급한 바와 같이, 다섯마리의 곰에서 나온 송곳니가 흥미롭다. 이빨을 두 쪽으로 쪼개서, 내부를 깎아냈다. 이것은 아마도 '샤먼의 장갑' 가운데 일부였을 것이다. 시베리아의 몇몇 민족들은 곰 발을 발톱이 달린 그대로 가죽을 벗겨 이런 장갑을 만들었다(그림 7).

니즈네 트이트케스켄 동굴-1 유적의 무덤에서 출토된 유물들은 독특하고 지금까지도 그와 유사한 유물이 나타나지 않았다. 땅다람쥐 앞니로 만든 촉과 결합시켜 새 뼈로 만든 작은 낚시바늘, 사향사슴 송곳니로 만든 촉이 달린 뚜르개, 노루 어깨뼈로 만든 칼, 손가락 부분에 곰의 송곳니가 달린 샤먼의 장갑 등이 그것이다. 무덤에서 나온 석기들은 쿠윰 강에서 트이트케스켄 강 사이에 있는 카툰 분지 일부 지역에 위치한 취락의 볼쉐므이스 문화 유물과 매우 닮았다. 연구자들은 이 무덤을 처음에는 '성스러운 곳'(산정상, 나무)에 묻은 샤먼을 일정 시간이 지난 후 '어두운 곳'으로 옮겨 매장한 샤먼의 무덤으로 해석하고 있다.

같은 종족의 사람들이 샤먼과 함께 그의 의복, '곰'장갑, 여우지팡이(뼈 끝 부분에 여우 얼굴을 새긴), 수렵 및 어로 용구, 신비한 효력을 내는 약초 등을

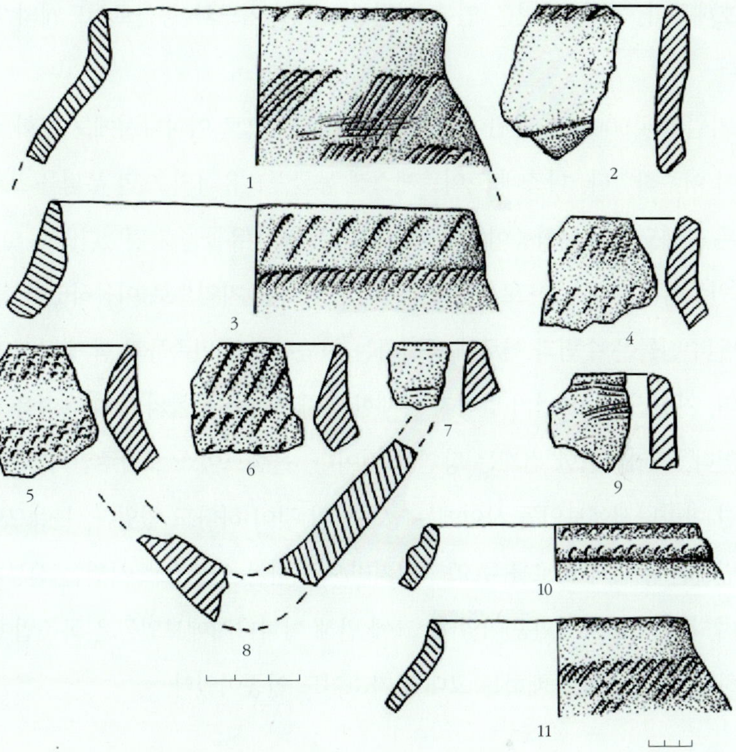

그림 8 토기(아파나시에보 문화, 니즈네 트이트케스켄 동굴-1 무덤)

같이 묻었다. 다량의 동물 뼈는 아마도 주술을 행할 때 사용하기 위해 샤먼 옷의 구성 요소로 달았을 것이다. 모자와 가슴장식, 카프탄(또는 다른 종류의 상의)에는 '천상의 세계'를 상징하는 '신성한' 동물의 뼈를 매달았다. 이런 동물은 발굽이 있는 포유류와 맹금류이다.

바지와 신발에는 '지하 세계'를 상징하는 굴에 사는 동물과 맹수의 뼈를 달았다. 굿이나 주술 의례를 행할 때 샤먼은 성스러운 여행을 떠나 신과 교신하기 위해 상징물을 이용하였다. 여우지팡이와 곰 다섯 마리의 힘이 깃든 샤먼의 장갑은 여러 세계를 돌아다닐 때 샤먼을 도와주고, 또 악령들로부터 보호해준다. 죽은 샤먼은 인종 형질상 코카소이드와 몽골로이드계의 혼혈이다.

기원전 4,000년기 중반에 산지 알타이 지역으로 아파나시에보 문화 주체들이 이주하였다. 니즈네 트이트케스켄 동굴-1 유적의 샤먼 무덤을 포함한 모든 볼쉐므이스 문화층이 아파나시에보 문화의 유물들로 덮였다(그림 8).

원주민은 빠른 속도로 구릉지대와 삼림 스텝 지역으로 이동하였다. 쫓겨난 원주민들은 수렵과 어로에 종사하는 친족관계의 민족들과 함께 살게 되었으며, 기원전 3,000년기 말까지 존재한 볼쉐므이스 문화의 후기 유형을 형성하였다. 드라마틱한 전개는 당연한 것이다. 볼쉐므이스 토착주민과 새로 유입한 아파나시에보인들 사이에는 공통적인 것이 하나도 없었다. 볼쉐므이스 주민들은 수렵과 어로를 주요 생업기반으로 하는 인종으로 샤먼을 신봉하였으며, 혼혈인종(우랄인종)이었다. 그에 반해 아파나시에보인들은 목축업에 종사하였으며, 불을 숭배하는 고대 코카소이드 인종이었다.

아파나시에보 문화

남부시베리아의 청동기 문화(기원전 4,000년~기원전 2,000년)이다. 이 문화의 명칭은 아파나시에프 산(예니세이 강 중류 지역의 하카시야 공화국에 위치한 바테니 마을 근처)의 이름을 딴 것인데, 바로 이곳에서 1920년에 이 문화의 무덤군을 최초로 발굴하였기 때문이다. 이 문화 유적들은 알타이와 하카스코-미누신스크 분지 같은 주요 지역 외에도 동부 카자흐스탄, 서부 몽골, 신장 등지에도 분포되어 있다.

산지 알타이와 구릉지대에서는 77개의 무덤군이 발견되었고, 그중 65개

그림 9 매장지

무덤군이 발굴되었다. 대략 200여 곳의 무덤을 발굴하였다(그림 9~11). 그 외에도 아파나시에보 유물들이 있는 40곳 이상의 취락지와 동굴, 그리고 테레크타 산맥의 지맥에 위치한 블라디미로보프카 채광장(그림 12) 한 곳을 발견하였다. 광산은 알타이 외곽지와 알타이 공화국의 경계지역에 위치하고 있으며, 접근하기 어려운 곳이다.

고대 채광작업은 해발 2200m 높이의 영구동토지대에서 이루어졌는데, 그 덕분에 많은 유기물로 만든 물건들, 예를 들면 나무로 만든 완충 장치가 달린 큰 황소 뿔 쐐기, 뿔이 많은 큰 사슴 가죽 조각, 가죽 띠, 나무로 만든 뾰족한 못(그림 13) 등이 보존될 수 있었다. 구멍이 뚫린 돌로 만든 도끼와 큰 충적암으로 만든 수십 점의 공이-분쇄기도 발견하였다(그림 14). 이곳에서 채취한 황화광석에서 구리를 만들기는 어렵고, 또 힘이 많이 든다. 그러나 아마도 아파나시에보 야금기술자는 금속을 얻는 다른 기술을 몰랐기 때문에 처음

그림 10 보이트이겜 매장지에서 출토된 아파나시에보 돌-울타리(카툰 강 기슭)

그림 11 니즈니이 튜메친-1 매장지의 돌 울타리(우르술 강변)

그림 12 블라디미로프카 광산

부터 산화광석 산지를 이용하지 않은 것으로 보인다(키류쉰·쿤구로프·티쉬킨, 2002년).

연구자들은 아파나시에보 문화의 매장 유적들만을 우선적으로 연구하였다. 이 무덤 유적들은 좀 더 후기에 만들어진 쿠르간 및 그 울타리와 분명히 차이가 난다. 가장 유명한 무덤군들은 엘로 마을 변두리(우르술 강 상류), 카툰 강 중류와 하류(살디야르-1, 보이트이겜, 트이트케스켄-6, 비이케 등), 우코크 고원을 포함한 알타이의 고

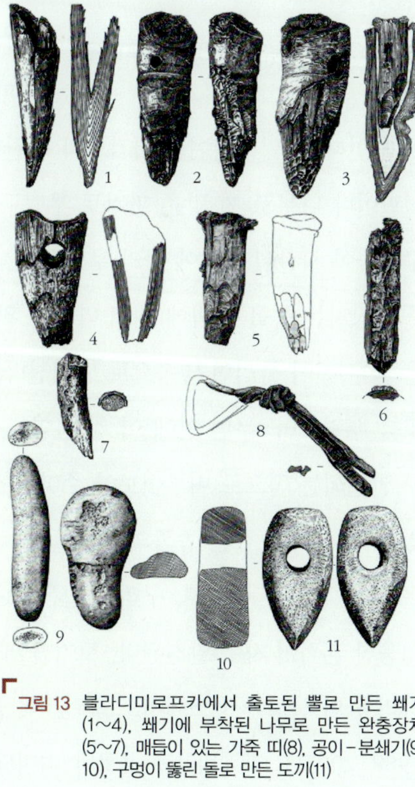

그림 13 블라디미로프카에서 출토된 뿔로 만든 쐐기(1~4), 쐐기에 부착된 나무로 만든 완충장치(5~7), 매듭이 있는 가죽 띠(8), 공이-분쇄기(9, 10), 구멍이 뚫린 돌로 만든 도끼(11)

그림 14 블라디미로프카 광산에서 출토된 돌로 만든 공이-분쇄기

산지대에 위치해 있다. 최근에는 알타이 산맥의 구릉지대와 낮은 산지에 형성된 아파나시에보 문화의 여러 무덤군(페쉐르킨 로그, 포크로브카-4)을 발견하고 연구하고 있다(보로도프스키, 2006년; 슐가, 2010년).

무덤 위 구조물은 수직으로 거대한 돌기둥을 세우거나 또는 거대한 돌로 울타리를 세우는 방법 등 환상 형태를 갖추고 있다. 몇몇 무덤에서는 무덤 위에 중간 크기의 돌덩어리와 바위로 피라미드 모양의 구조물을 세운 흔적이 보인다. 무덤구덩이는 사각형과 타원형이며, 울타리 중앙에 위치해 있다. 석판이나 나무로 짜 맞춘 판자로 무덤구덩이를 덮었다. 그래서 중앙에 쌓은 구조물이 시간이 지남에 따라 무덤으로 내려앉았다.

피장자는 등을 바닥에 대고 다리를 위쪽으로 오므리고 있는데, 다리를 묶은 얇은 천이 풀리면 옆쪽으로 떨어진다(그림 15). 일반적으로 피장자에게 황토를 뿌렸으며, 무덤 안에 이 천연 염색제(그림 16)가 뭉쳐 있는 무더기가 자주 발견되는 점으로 미루어보아 주머니에도 따로 황토를 넣었음을 짐작할 수 있다. 피장자와 같은 종족의 사람들은 토기, 간혹 돌로 만든 화살촉, 금속으로 만든 장신구, 돌, 뼈, 구리로 만든 도구들을 같이 묻었다. 매장할 때 불을 이용한 흔적이 자주 발견된다. 토기를 메울 때도 불을 사용하였으며, 무덤 울타리 안의 신성한 장소에서도 목탄, 재, 불에 달궈진 땅바닥이 발견된다(라린, 1988·2005년; 데레비얀코·몰로딘·사비노프 외, 1994년; 블라디미르·마마다코

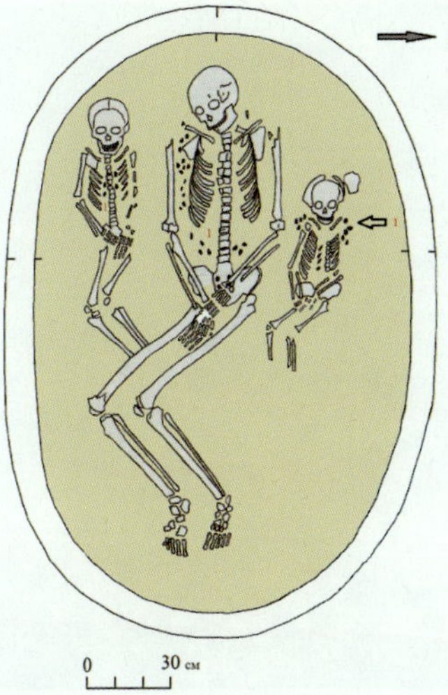

그림 15 살디야르-1 매장지(카툰 강 중류)

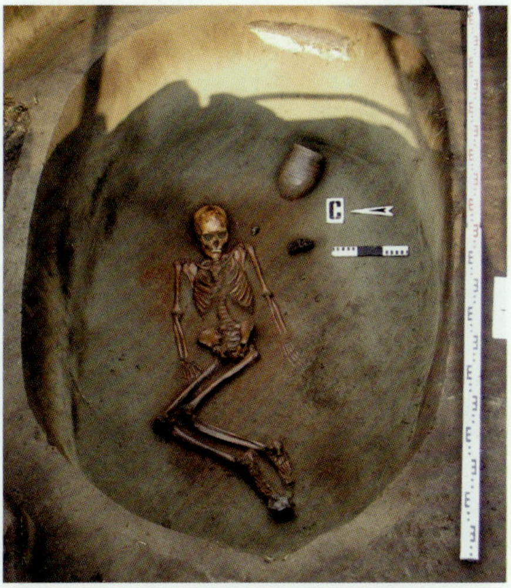

그림 16 트이트케스켄-6 매장지(아파나시에보 무덤)

프·츠브 외, 1999년).

무덤군에 비해 취락지 연구는 한참 늦었다. 왜냐하면 취락지가 아주 한적한 곳에 위치해 있었기 때문이다. 아파나시에보 문화의 주체가 유목생활을 영위하였기 때문에 연구자들은 오랫동안 이들의 취락지가 전혀 존재하지 않는다고 생각하였다. 현재 아파나시에보 문화층은 산지 알타이의 여러 층위 유적들과 데니소바 동굴, 카멘나야 동굴, 니즈네 트이트케스켄 동굴-1, 차그이르스카야 동굴 유적 등에서 나타난다(데레비안코·몰로딘,1994년; 쿤구로프·스테파노바, 2004년). 발르이크투율, 우즈네지야, 말르이 두간, 포드시뉴쉬카 취락지 등이 가장 잘 연구되었다(포고제바·루이쿤·스테파노바 외, 2006년).

이 유적지들을 연구할 때 토기, 석기, 야생 동물과 가축의 뼈, 생활과 주거지 쓰레기들이 많이 발견되었다. 아파나시에보 민족들은 수직으로 돌기둥들을 세워 만든 무덤 울타리를 몇 배로 축소한 것 같은 구조로 화덕을 지었다(그

그림 17 우즈네지아-1 주거지의 화덕

그림 18 우르술 강 상류의 첫 번째 메젤릭-1 매장지의 돌울타리 발굴

림 17 · 18). 이는 산지 알타이의 고대 목축민들은 불 숭배와 같은 종교관을 갖고 있었음을 증명해 주는 것이다.

아파나시에보 문화 유적들에서 출토되는 대부분의 유물은 토기이다. 바닥이 뾰족한 계란형의 그릇들이 대부분이고, 간혹 크기가 다양하고 바닥이 둥근 모양의 항아리들도 발견된다(그림 19). 향로-램프와 바닥이 평편한 그릇은 거의 나타나지 않는다(그림 20). 그릇에는 무늬가 그려져 있는데, 일반적으로 그릇의 주둥이 가장자리에서부터 밑바닥까지 무늬가 그려져 있으며, 간혹 그의 2/3나 반까지만 스탬프로 눌러찍은 가로 띠무늬가 여러 열로 그려지기도 했다. 다양한 방법으로 톱날모양의 스탬프나 빗무늬 스탬프로 시문하였으나, 아파나시에보 문화의 대표 문양은 갈지자(之) 무늬의 스탬프로 시문한 것이다.

토기 외에도 금속으로 만든 장신구(그림 21), 귀걸이, 구리 칼(그림 22), 창촉(그림 23), 송곳, 용기의 가장자리 덮개, 돌과 동물의 뼈나 이빨로 만든 구슬과 드리개, 여러 세공품(그림 24~26)들이 발견되었다.

그 다음으로 많이 나타나는 것은 돌로 만든 제품이다. 아파나시에보 문화의 돌세공과 석기는 볼쉐므이스 전통의 것과는 확연히 차이가 난다. 이 도구들은 우즈네자-1, 말르이 두간(쿤구로바, 스테파노바, 1998년, 쿤구로프, 스테파노바, 2004년, 쿤구로프, 2006년) 취락지의 유물 복합체에서 대표적으로 나타난다. 유물 복합체는 '격지' 유형, 자갈돌 유형, '박기-마연' 유형으로 나뉜다.

아파나시에보 문화의 첫 번째 유물 복합체 유형에서는 모피 정제용 도구(다양한 유형의 긁개), 뼈와 나무로 만든 긁개, 새기개와 새기개형 칼, 끌 모양의 도구들이 우세하게 나타난다. 격지와 석판 모양의 1차 생산물을 얻기 위해 주로 카툰 강 충적토에 있는 규판암, 작은 규암 또는 다른 광석에 1차 박리를 하였다. 이

그림 19 알타이 지역의 매장지들에서 출토된 아파나시에보 토기

그림 20 알타이 지역의 아파나시에보 무덤에서 출토된 토기로 만든 향로

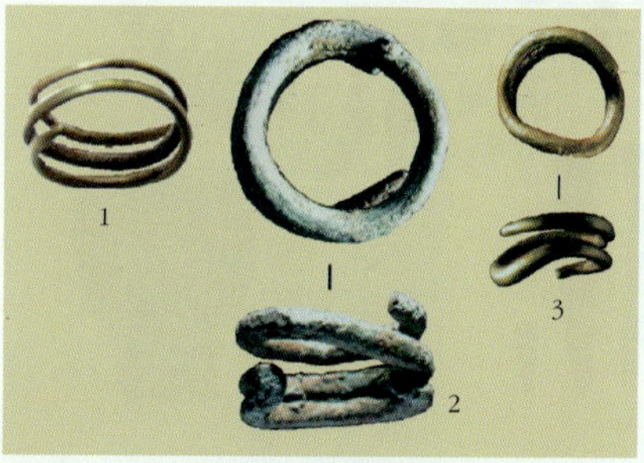

그림 21 우르술라 강 분지(1)에 위치한 우루스킨 로그 매장지에서 출토된 금제 귀걸이(1)와 차르이쉬 강 중류 분지에 위치한 포크로브스키 로그-1 매장지에서 출토된 구리 장신구(2, 3)

그림 22 구리칼(우르술라 강 분지 우루스킨 로그 출토)

그림 24 장신구(살디야르-1(1), 우스티-쿠윰(2), 우루스킨 로그-1 매장지(3)에서 출토)

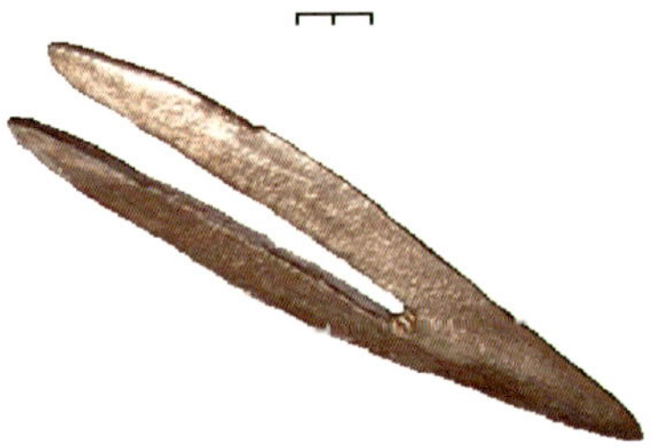

그림 23 구리 창 투겁(카툰 강 분지 비이케 출토)

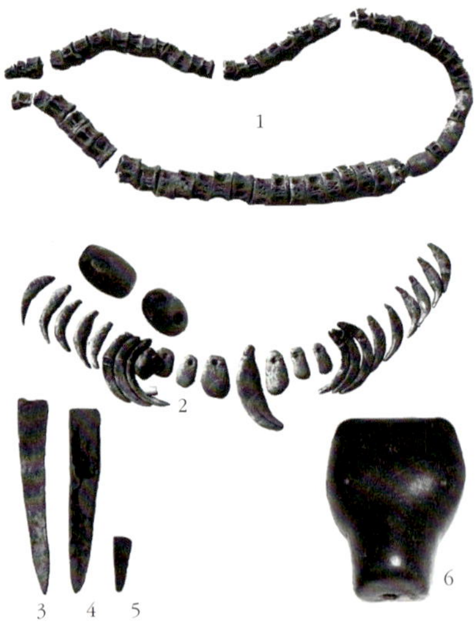

그림 25 장신구(1, 2), 구리칼(3~5), 곰머리 조각(6): 쿠윰 강 하구 매장지(E. M. 베르스 발굴)

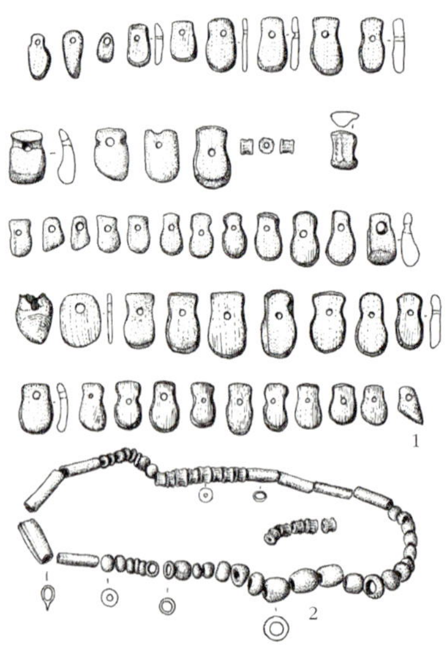

그림 26 뼈(2), 돌(2)로 만든 장신구(살디야르 매장지 출토)

박리는 타격면을 무계획적으로 때려서 돌 조각을 떼어내는 원시적인 박리였다.

돌세공의 전통을 밝힐 수 있는 특정한 유형은 나타나지 않는다. 실제로 1차 생산물을 만들 때나 2차 가공을 할 때 이용된 각각의 도구들은 형태적 특성상 유일한 것이다. 이와 같은 특징들은 이 유형의 공작이 아파나시에보 공동체의 생활경제에서 부차적인 것이고, 이렇게 만든 도구는 사용하고 나서 버리거나 필요한 다른 도구로 변형하는 등 '일회용'으로 사용되었음을 의미한다. 도구 사용에 있어서 이런 독특함은 앞 시대에는 나타나지 않은 것이다. 일정한 형태로 제작되는 유일한 도구는 매우 정밀하게 가공된 규석으로 만든 화살촉이다(그림 27).

두 번째 유형은 필요한 도구를 얻기 위해 자연석(자갈, 둥근돌)을 '부차적'으로 사용하는 전통인데, 금석병용기에 발생하였다. 이런 전통은 목축을 생업으로 하는 알타이 지역의 산지 문화와 삼림 스텝 문화에서 중세기까지 존재하였다(아브둘가네예프 · 쿤구로바, 1993년; 쿤구로프, 1994년a). 둥글고 편평한 자갈과 타원형의 자갈이 이 공작 유형에 속하는데, 이 자갈들은 연마기, 공이, 금속가공용 도구로 이용되었다.

그림 27 화살촉(우르술 강 분지 메젤릭1 매장지 출토)

그림 28 공이와 막자사발(우즈네자1 취락지 출토)

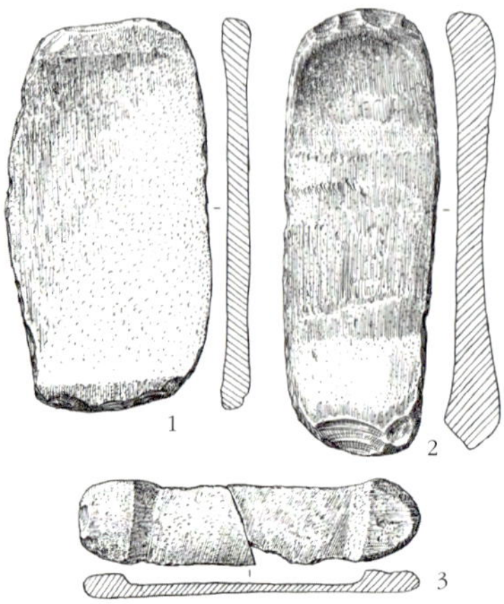

그림 29 갈판의 아랫돌(1)과 윗돌(2, 3)(우즈네쟈 지역, 아파나시에보 취락지 출토)

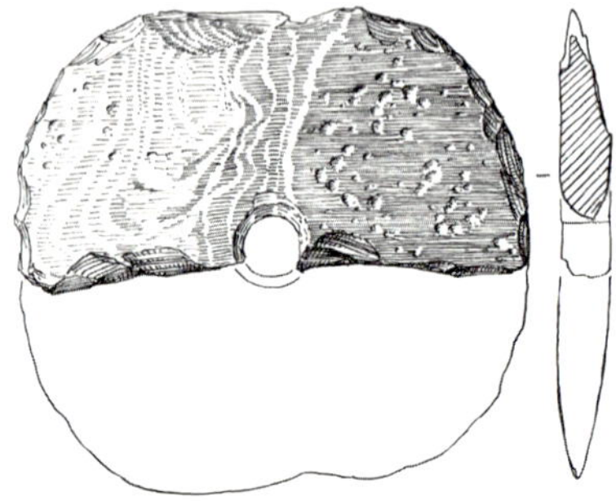

그림 30 구멍이 뚫린 편암제 원판형 추(우즈네쟈-1, 아파나시에보 취락지 출토)

자갈로 만든 1차 생산물 몇 개는 사용하기 직전에 변형을 주었을 뿐, 전체적인 특성에는 변화를 주지 않았다. '온전한 돌'로 만든 연장의 형태를 놓고 판단하건대 이들은 나무를 쪼개는 데 사용하는 끌, 까뀌, 쐐기 그리고 괭이 등이다. 이와 같은 석기들은 이전 시기에는 거의 사용하지 않았다.

아파나시에보 문화의 세 번째 유물 복합체 유형은 알타이 지역에 쪼기와 갈기, 천공 등 이전과는 다른 방법으로 큰 석기를 제작하는 혁신적인 기술이 발생한 것과 관련이 있다. 갈판과 갈돌로 구성된 곡물을 빻기 위한 도구(그림 29), 중심부에 구멍이 뚫린 평편한 원판형 추(그림 30), 구멍이 뚫린 도끼(그림 31)를 예로 들 수 있다.

'아파나시에보' 문화기에 이 지역에서는 이런 유형의 석기들은 존재하지 않았으며, 이런 형태 또한 처음 나타나는데, 아마도 이 형태는 이 석기들의 원형일 수도 있다. 신석기 시대와 금석병용기 시대 문화들에서 나타나는 연마 도구는 단지 돌이나 뼈를 연마하는 데 사용되었을 뿐 청동기 시대처럼 이런 다양성과 높은 품질을 갖추진 못했다(키류쉰·쿤구로프·스테파노바, 1995년). 아파나시에보 문화의 연마 도구(그림 32)와 공이(그림 33)는 매우 다양하고 정교하게 가공되었다.

우즈네쟈-1과 말르이 두간 문화군의 유적들은 볼쉐므이스 문화와 아파나시에보 문화의 특성에 대한 이전의 결론을 공고히 해주고 있다. 비록 볼쉐므이스 문화의 각주형 공작이 쇠퇴하기 시작하긴 했지만, 돌세공 기술자의 주요 기술은 보존되었다. 이는 알타이 지역의 다층위 취락지에 형성된 후기 신석기 시대의 문화층

그림 31 구멍이 뚫린 돌로 만든 도끼들(차르이쉬 강 분지 출토)

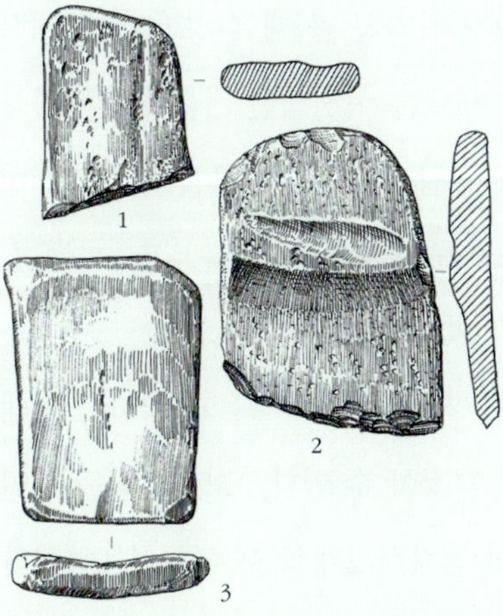

그림 32 단단한 재료를 갈기 위해, 그리고 돌, 뼈, 금속으로 만든 도구들을 손질하는 데 사용한 연마제들

그림 33 자루가 있는 공이(우즈네쟈-1 아파나시에보 취락지)

그림 34 바르나울 시의 국립 알타이대학교 고고학 · 인류학 박물관에 전시된 아파나시에보 문화의 진열품

과 금석병용기 문화층에서 유사한 생활연장들과, 1차 박리를 적용한 돌들이 발견됨으로써 확증된다. 모피 손질용 격지는 신석기 시대와 금석병용기에서 거의 동일한 형태로 나타난다.

볼쉐므이스 문화와 아파나시에보 문화의 돌세공 기술은 완전히 다르다. 1차 박리한 독특한 석기와 조잡하고 거친 2차 가공, 석재 수정과 석기 제작에 있어서 주변 지역에 기원을 두지 않은 새로운 혁신적인 기술 발생하였다는 것은 아파나시에보 공작에 다른 인종이 참여하게 되었음을 다시 한 번 확인해 주는 것이다(라린, 2005년; 보로도프스키, 2006년; 쿤구로프, 2006년; 118 · 119쪽; 포고제바 · 르이쿤 · 스테파노바 외, 2006년).

아파나시에보 문화의 연대적 경계는 비교적 유사한 유물들과 방사성 연대 측정법으로 얻은 80개의 자료를 바탕으로 결정할 수 있다. 몇몇 무덤들의 연대를 결정하기 위해 서로 다른 연구실에서 검사한 2개의 자료를 이용하였다(키류쉰 · 포스레드니코프 · 피르소프, 1981년; 오를로바, 1995년; 스테파노바, 2008년). 그로 인해 산지 알타이 지역의 아파나시에보 문화를 기원전 28세기~기원전 25세기로 편년할 수 있었다(폴리야코프, 2010년, 164·167쪽).

| 카라콜 문화

1976년 온구다이 주의 오제르노에 마을(우르술강 분지)에 클럽을 건설하던 중 무덤이 붕괴되었다. 노동자들의 말에 의하면 피장자는 석관에 등을 아래로 하고 누운 자세를 취하고 있었으며, 머리는 서쪽을 향한 상태로 놓여 있었다. 건축 노동자들은 바닥이 평편한 빗살무늬가 그려진 단지 형태의 토기, 구리 판 조각, 삽 제작용 거푸집을 발견하였다(포고제바·카디코프, 1979년, 80쪽; 아브둘가네예프·키류신·카디코프, 1982년).

연구자들은 매장의식과 발견된 물건들의 외적 특징상 오제르노에 마을에서 출토된 유물을 청동기 시대 발전기(기원전 2,000년)의 것으로 분류하였다. 그러나 매우 관심을 끄는 숭배의 의미를 지닌 물건이 어느 문화에 속하는지에 대한 결정을 내릴 수 없었는데, 이는 알타이 지역에서는 이와 유사한 유물이 발견되지 않았기 때문이다. 붕괴된 지역의 연구가 진행되고 있을 때인 1979년에 A.P. 포고줴바와 B.H. 카디코프는 구덩이에 축조된 석관들 속에서 세 개의 석판을 발견하였다.

이 석판에서 적색 황토로 그린 그림이 발견되었는데, 이 석판 그림을 통해 연구자들은 오제르노에 마을 근처에 위치한 무덤군이 산지 알타이 지역의 바위그림들과 예니세이 강 중류 지역의 미누신스크 분지에 형성된 오쿠네보 문화에서 흔히 나타나는 주제와 연관이 있다고 보았다(포고제바·카디코프, 1979년, 80~84쪽; 쿠바레프, 1988년).

1979년 온구다이 주의 카라-코바 1 무덤군에서 석판을 수직으로 세워서

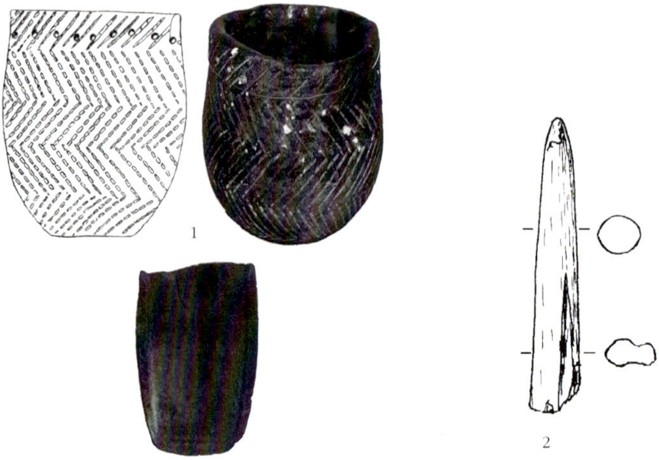

그림 35 오제르노에 매장지. 붕괴된 무덤에서 출토된 유물(1－도자기 용기, 2－뼈로 만든 제품, 3－도끼－삽 제작용 거푸집)

만든 사각 돌널 무덤을 발굴하였다. 석관 속에는 자작나무 껍질로 만든 덮개에 둘러싸인 어린아이가 묻혀 있었다(스테파노바·츠이브, 1996년, 59~63쪽). 1985년 온구다이 주 카라콜 마을 중심지에 문화센터를 건설하던 중 쿠르간이 파괴되었다. 나중에 노보시비르스크 고고학자들이 이곳을 발굴하였으며, 카라콜 문화에 속하는 무덤 세 구와 아파나시에보 문화에 속하는 무덤 한 구 등 총 4구의 무덤을 조사하였다.

'카라콜인'들은 석관에 매장되었는데, 주검은 등을 아래로 하고, 머리를 서쪽으로 향하게 놓여져 있었다. 모든 무덤에서 황토가 발견되었으며, 무덤 두 구에서는 그림이 그려진 석판들도 발견되었다. 무덤에서 출토된 유물은 매우 적다. 구멍이 뚫린 곰 발톱 5점과 뼈로 만든 촉이 전부다(그림 35－2). V.D. 쿠바레프는 수집한 유물을 책으로 발행하면서, 알타이 산맥에 독특한 문화 공동체가 존재했을 가능성에 대해 언급하였다. 그러나 이 문화를 분류하는 것은 아직 시기상조라 여겼다(쿠바레프, 1988년, 142~144쪽).

유물은 계속 축적되었다. 산지 알타이 지역의 고고학자들이 1989년에 쉐발리노 주의 베쉬-오제크 마을에서 들판을 개간할 때 파괴된 무덤을 조사하였다. 이 무덤은 새기거나 색을 칠한 그림들이 있는 6개의 석판을 수직으로 세워 만든 석실 내부에 있었다. 석실 바닥에는 등을 바닥에 대고 몸을 쭉 편 자세를 취하고 있고, 머리를 서쪽으로 향한 어른의 유골이 놓여 있었다. 그 옆에는 청동으로 만든 칼의 파편과 구멍이 뚫린 시금석이 발견되었다(쿠바레프·라린·수라자코프, 1992년, 45~47쪽). 1991년에 V.I. 몰로딘은 이미 잘 알려진 자료들을 바탕으로 삼아 이 유물들을 알타이 지역 청동기 시대의 발전기에 형성된 카라콜 문화라고 분류하였다(몰로딘, 2002년).

산지 알타이에는 암각화와 유물 발견지를 제외하고도 청동기 시대의 유적이 20곳이 넘는다. 비록 발굴한 무덤군의 대부분이 파괴되었고, 매장의식이 완전히 재구성되지 않았음에도 불구하고, 이 시기의 유적들에 전형적으로 나타나는 특성들을 파악할 수 있다. 무덤은 돌과 흙으로 만든 쿠르간으로, 사각형과 유사한 모양의 울타리가 있으며, 지표 위에는 특별히 눈에 띄는 점이 없다.

아파나시에보 문화의 초기 축조물 위에 카라콜 문화의 무덤을 만들었을 수도 있다(오제르노에, 카라-코바-1, 제4울타리, 울리타-1, 제1무덤). 구덩이 바닥에 놓은 석곽에 피장자를 안치하였다. 석판들을 꼼꼼하게 짜 맞춰서 묘실을 만들었는데, 평편한 돌로 그 위를 덮었다. 피장자는 등을 아래로 하여 쭉 편 자세로 놓여 있으며, 머리는 서쪽을 향하고 있었다. 주검은 황토를 뿌려 덮었으며, 얼굴에는 아마도 화장化粧을 했을 것이다. 간혹 주검이 자작나무 껍질로 싸여 있기도 하였다.

출토된 생활 용품의 수량은 매우 적다. 토기, 삽 제작용 거푸집 한 짝, 어딘가에 매달기 위해 구멍이 뚫려 있는 시금석, 청동으로 만든 칼의 파편, 돌로 만든 자르개, 곰 발톱 등이 발견되었다. 석곽의 벽에는 새기거나 쪼아 그린 그림들과 다채로운 색으로 그린 그림들이 뒤덮여 있었다. 인간 모습을 한 존재, 큰 사슴, 산양, 개, 새 등이 함께 구성되어 있는 신화적 장면도 보인다. 이 그림의 특별함은 덧그려진 형상들이 많다는 점이다.

위에 언급한 것들을 종합해서 판단하건대, 석곽, 등을 바닥에 대고 몸을 쭉 핀 자세를 취하고 있는 피장자, 황토와 자작나무 껍질, 그림이 그려진 석판 사용, 빗살무늬가 시문되고 또 바닥이 편평한 단지 모양의 토기는 카라콜 문화의 매장지(오제르노예, 카라콜, 베쉬-오제크, 카라-코바-1, 제4 테두리, 살디야르, 제33 무덤 등)에서 나타나는 중요한 특징으로 볼 수 있다.

카라콜의 무덤에 묻힌 화려한 유물에 비해 주거지에서는 유물들이 눈에 띄지 않는다. 1976년과 1978년에 체말 주 카라-테네쉬 마을에서 발굴하면서 발견한 토기 중의 일부는 산지 알타이에서 나타나지 않는 유형이었다. 바닥이 편평하고 벽이 두꺼운 단지 형태의 그릇, 막대기로 무늬를 새겼거나 혹은 간혹 눌러 찍은 빗살무늬, 서로 겹쳐있는 형상, 마름모, 격자무늬에 윤곽이 약하게 드러나는 항아리 등이 그것이다. 발굴에 참여한 학자들의 견해에 따르면, 이 토기들은 베르흐느이 프리고비 지역의 삼림 스텝 지대에 형성된 청동기 시대 발전기의 문화들과 비슷하다(포고제바·카디코프, 1980년, 199~216쪽; 포고제바·몰로딘, 1980년, 92~98쪽).

1978~1979년에 투로타크 주의 레베지 1마을에서 윤곽이 약하고 벽이 얇으며 바닥이 편평한 큰 토기가 발견되었는데, 이 토기에는 스탬프로 눌러찍은 빗살무늬, 연속적으로 그린 선 무늬, 여러 줄로 나란히 그린 홈 무늬가 시문되어 있다. 이 유적을 발굴한 연구자들은 이 토기들을 서부 시베리아의 남쪽에 형성된 '선先안드로노보' 청동기 시대의 유적들에서 출토된 유물들과 비교하였다(라프쉰·몰로딘·페트린, 1982년).

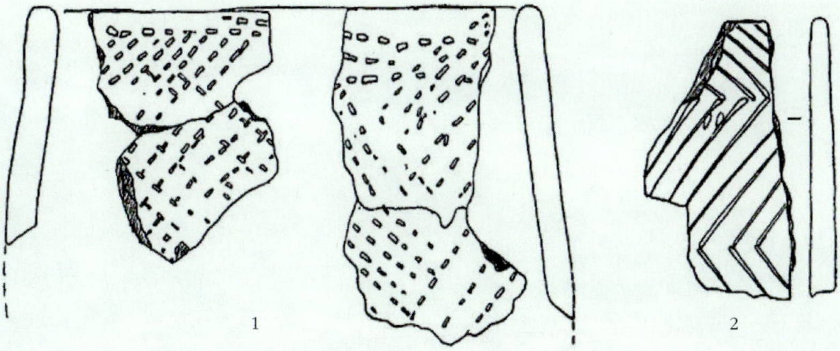

그림 36 카라콜식 토기(카툰 강 하류 트이트케스켄 다층위 취락지 출토)

이와 유사한 토기는 다층위 동굴 유적들, 예를 들면 데니소바 동굴의 홀로세층에서 자주 발견된다(데레비얀코·몰로딘, 1994년). 1980~1990년대에 아파나시에보 토기와는 차이를 보이는 청동기 시대 발전기의 토기가 카툰 강 분지에 위치한 수십 개의 유적(트이트케스켄-2, 3, 6, 우스티-쿠율, 말르이 다간, 보이트이겜-2 등)에서 발견되었다(그림 36·37).

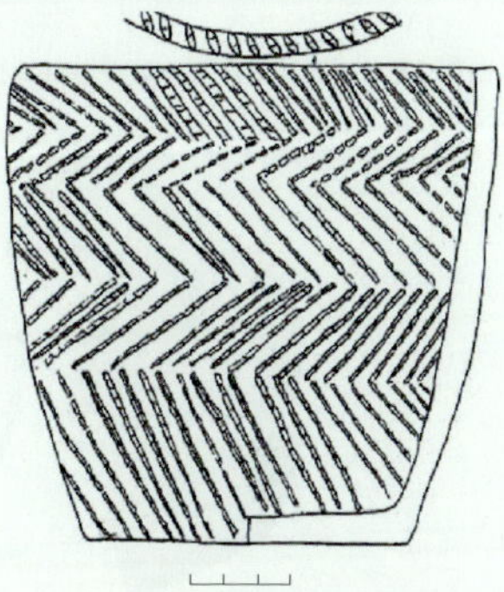

그림 37 토기(보이트이겜-2 매장지, 카툰 강 분지 쿠르간 5)

바르나울 시의 고고학자들은 다층위 주거지인 트이트케스켄 6 유적에서 대규모의 발굴 작업을 한 후에야 이 지역에서 얻은 자료들을 최종적으로 판별하였다(그림 38). 이곳에서는 토기, 독특한 돌로 만든 조형물들(그림 39), 다량의 돌로 만든 건축물과 화덕의 흔적(그림 40~42)이 놓인 독특한 문화층이 발견되었다.

석판, 격지, 부스러기로 만든 석기는 나타나지 않는다. 마연된 도구들도

그림 38 카툰 강 하류 분지에 있는 트이트케스켄-6 취락지

그림 39 무늬가 시문된 자갈(1~6)(트이트케스켄-6 취락지, 카라콜 문화층 출토)

전혀 발견되지 않았다(이런 석기는 선행 문화에서 전형적으로 나타났다). 가공된 석기로는 숫돌, 절구공이, 석촉, 갈판이 있다. 석재(둥근 돌과 자갈돌)의 형태 변형도 최소한으로 이루어졌다. 이와 유사한 생활 연장은 아파나시에보 문화의 '두 번째 유형'에서 찾을 수 있는데, 이 연장은 알타이 지역에서 목축업을 영위한 민족들 사이에서는 철기 시대까지 사용되었다. 주거지가 발견되지 않는다는 것은 카라콜 인들이 이동하며 생활하였음을 증명해준다. 토기는 바닥이 편평하고 윤곽이 약하게 드러나는 것과 기하학적 무늬, 격자 무늬, 전나무 무늬, 찍어서 만든 여러 형태의 무늬가 시문된 큰 단지만이 나타난다.

이것과 거의 흡사한 토기가 카라 테네쉬, 레베지 1 등의 유적에서 발견되었다. 연구자들은 이 토기를 청동기 시대의 발전기에 제작된 것으로 분류하였으나, 어느

그림 40 트이트케스켄-6 취락지에 형성된 카라콜 문화층 일부

그림 41 트이트케스켄-6 취락지에 형성된 카라콜 문화층에 있는 용기 무더기

그림 42 트이트케스켄-6 취락지에 형성된 카라콜 문화층 발굴시 확인된 토기 무더기

문화에 속한 것인지에 대해서는 언급하지 않았다. 그러나 지금은 이 토기가 '카라콜 문화'라고 불리는 기원전 2,000년 초반에 형성된 매우 독특한 문화에 속한 유물이라고 말할 수 있다.

옐루니노 문화

이 문화는 U.F. 키류쉰에 의해 1970년대 말에 알타이 삼림 스텝 지대의 취락지와 무덤군(옐루니노 묘지-1, 츠간코바 소프카-II, 스타로알레이카-II, 코스텐코바 이즈부쉬카 마을, 코로비야 프리스탄-III 마을 등)에서 발견된 유물들을 바탕으로 분류되었다. 이 문화는 청동기 시대 초기에서 발전기(기원전 2,000년 전반)의 투르빈-세이마 형태의 문화 유형에 속한다(U. 키류쉰, 1991·2002년; 키류쉰·그루쉰·티쉬킨, 2003년). 옐루니노 유적들이 분포된 주요 지역은 알타이의 구릉지대와 서부 시베리아의 남쪽 지역, 카자흐스탄의 동부지역 등이다(그림 43~52).

그림 43 콜르이반 호수 외곽지역에서 발견한 옐루니노 문화에 속하는 돌로 만든 인물상(1)과 이 시기의 무사(복원)

'옐루니노인'들은 주로 집 주변에 가축을 방목하는 경제생활을 영위하였기 때문에 산악 지역은 그들의 관심을 끌지 못했다. 고고학자들은 다층위 취락지를 조사할 때 옐루니노식 토기를 발견하였으며, 우연히 발견한 청동 무기들 중에서 옐루니노식 무기들도 발견하였다.

독특한 토기군은 카툰 강 분지에 위치

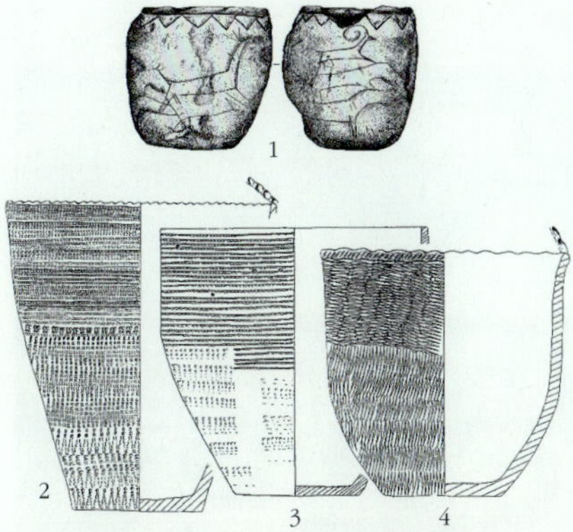

그림 44 알타이 구릉지대와 접해있는 알타이스키 크라이 여러 지역에서 출토된 옐루니노 문화에 속하는 돌로 만든 용기(1)와 도자기 용기(2~4)

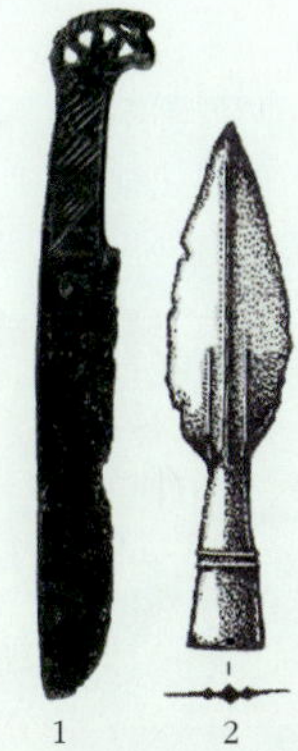

그림 45 세이마-투빈 청동주조 전통으로 제작된 옐루니노 문화의 무기들. 1-옐루니노 마을과 프리오비예 상류에서 출토된 곡괭이 모양의 전투용 칼, 2-카툰 강 하류 분지에 위치한 소우즈가 마을에서 출토된 투겁식 창

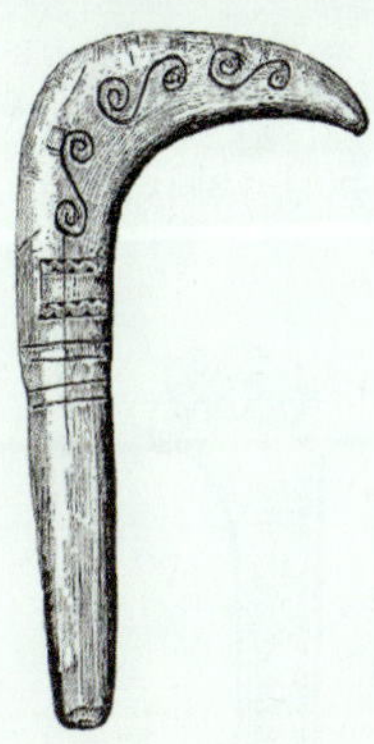

그림 46 추므이샤 상류 분지(살라이르)에서 출토된 옐루니노 문화에 속하는 뿔로 만든 제품(샤먼의 지팡이 끝장식?)

그림 47 청동기 시대 발전기에 제작된 금속으로 장신구를 주조하고 옷에 매다는 장신구를 찍어내는 데 사용한 돌로 만든 주형

한 우스티-쿠윰, 트이트케스켄 6유적, 사르이-벨 마을에서 그리고 아누이 강변에 위치한 데니소바 동굴과 스트라쉬나야 동굴 등지에서 발견되었다. 전형적인 옐루니노식 청동제 무기는 차르이쉬 강 중류의 분지에 기원을 두고 있다. 말 모양의 자루 끝장식이 있는 거대한 칼은 차르이쉬스코예 마을 근처에서, 투겁창은 차그이르카 마을에서 발견되었다.

그림 48 콜르이반 호수에 있는 콜르이반-1 유적의 옐루니노 문화의 야금기술자 취락지(루드느이 알타이, 2013년 발굴)

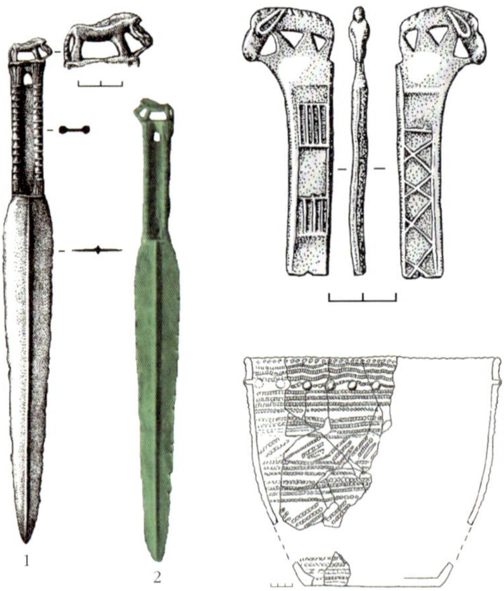

그림 49 말장식이 달린 청동단검과 토기(옐루니노 문화, 2000년대 초반 차르이쉬 강 분지에서 발견)

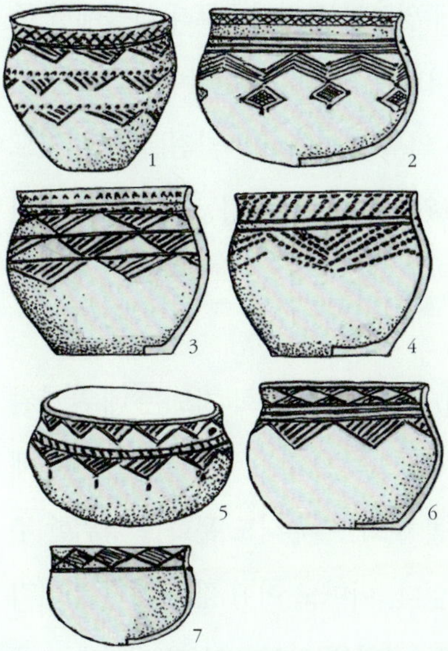

그림 50 토기(이르멘 문화 매장지 출토)

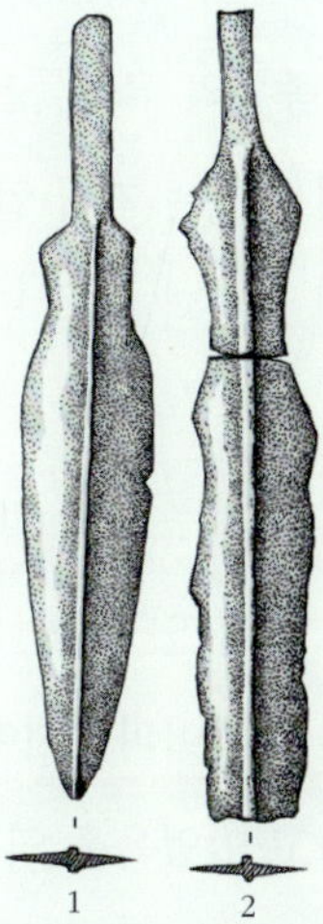

그림 51 청동검1(쿠윰 강)과 2(우즈네자 강, 안드로노보 문화)

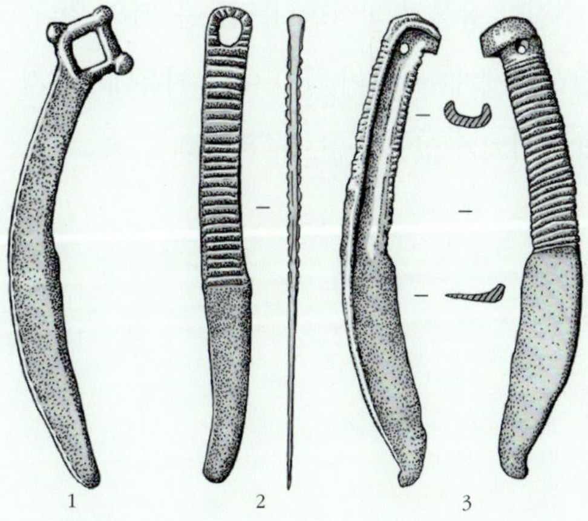

그림 52 체르가 마을(1), 아크타쉬 마을(2), 데니소바 동굴(3)에서 출토된 청동기 시대 후기에 제작된 청동칼.

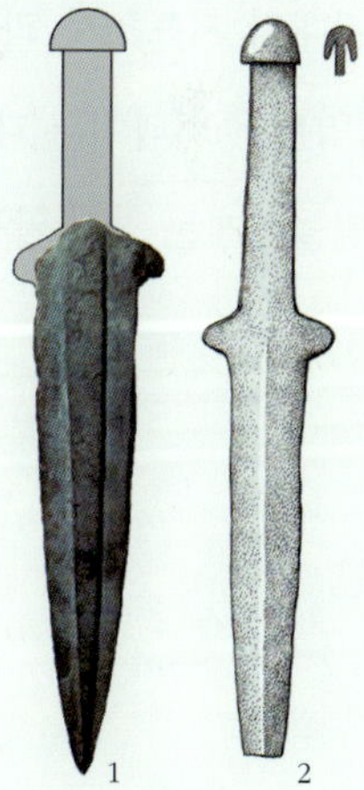

그림 53 청동검(1. 베르흐-아프슈야흐타 마을, 2. 디예크티에크 마을 출토, 청동기와 철기 시대)

알타이 공화국의 우스티-코크신 주에 위치한 우스티-무타 마을에서 주민이 말 모양의 자루 장식이 있는 옐루니노식 청동칼의 손잡이를 발견하였다. 이런 종류의 유물들은 그 수가 적고 일부 지역에서만 발견된다. 아마도 이 문화의 주체는 가끔 알타이 분지로 나왔으며, 무기는 청동기 시대의 발전기에 산지 민족과 스텝 민족들 사이의 교환이나 교역을 통해 획득한 것으로 추정된다.

청동기 시대 초기와 발전기에 산지 알타이의 인종 문화 지도는 매우 불완전하다는 여러 연구자들의 견해는 옳다(몰로딘, 2002년). 현재는 이 시기에 산지 알타이에 아파나시에보 문화, 카라콜 문화, 옐루니노 문화를 영위한 주민들이 살고 있었음을 의심하는 사람은 없다. 아마도 어떤 짧은 시기에 여러 문화의 주체들이 공존하였으며, 서로 교류하였을 것이다(아브둘가네예프·포스레드니코프·스테파노바, 1997년).

산지 알타이 지역 청동기 시대의 발전기와 그 후기에는 낮은 산악 지대와 구릉지대의 지표조사 과정에서 수집한 유물과 파악한 유적들은 거의 없다. 이 지역은 스키타이 시대 초(기원전 11세기/8~6세기)까지 어떤 이유에서인지 목축민들에게는 경제 활동지로서의 가치가 없었던 것으로 보인다.

알타이 지역 스키타이 시대의 문화

N.A. 보코벤코(러시아과학아카데미 물질문화사연구소 교수)

4

유라시아 스텝 지역은 고대의 여러 민족들의 역사적 운명을 결정짓는 데 큰 역할을 한 아주 독특한 무대였다. 서쪽에는 타이가와 거대한 산림지대로, 남쪽에는 산과 사막들로 둘러싸인 이 지역은 고대 민족들이 동에서 서로 이동이 가능하게끔 하였던 곳이다. 카르파트 산계, 카프카스 산계, 우랄 산계, 샤안-알타이 산계에는 여러 종류의 유용한 광물들, 특히 다양한 종류의 금속성 광물(구리, 주석, 금, 은 등)들이 있는데, 이는 금속 가공 기술의 발달과 도구 개량을 활성화시켰다.

스텝 지역에는 독특한 종의 식물계와 동물계가 형성되어 있으며, 이들이 주변 환경에 적응하고 재생산하는 데 안정적인 체제를 갖추고 있었다. 그렇기 때문에 목축을 생업으로 하는 고대 공동체들에게 가장 적합한 경제 체제가 형성되었으며, 이 경제 체제는 기후의 변화에 따라 발전하고 향상되었다.

특히 최근에 실시한 고기후 조사로 유라시아 스텝 지대의 건조한 시기와 습윤한 시기를 알 수 있었는데, 이와 같은 기후의 변화는 유목민들의 이주 시기와 일치한다.

중앙아시아의 호수 퇴적물과 그 단면(쿠투제코보 호수, 벨로에 호수, 테프세이 호수 등)을 지화학적·화분학적으로 연구함으로써, 홀로세의 여러 시기에 걸쳐 기후가 정기적으로 급변하였음을 알 수 있었다. 이처럼 청동기 시대(기원전 3,000년~기원전 2,000년) 중앙아시아의 기후는 지금에 비해 훨씬 더 건조했으며 추웠다(쿨코바·보코벤코·반 길 B.·데르가체프·디르크센·자이체바·반 데르 흘리흐트, 2003년). 스텝 지역이 급격히 온난해지고 습해지기 시작한 것(생물량의 증가)은 기원전 2,000년 말에서 1,000년 초부터인데, 아마도 이런 현상은 전 세계에서 찾아볼 수 있었을 것이다. 왜냐하면 중앙아시아에서뿐만 아니라 서부 시베리아(레비나·오를로바, 1993년), 유럽(Kilian et al., 1995년; van Geel et al., 1998년)에서도 이런 흔적이 확연히 남아 있기 때문이다.

기원전 2,000년기 말에 유라시아의 스텝 문화는 유목이라는 최적의 경제 체제(산의 높은 곳과 낮은 곳 사이를 이동하며 유목)를 형성하게 되었으며, 겨울을 대비해 먹이를 비축하지 않아도 되는 말이나 뿔이 있는 작은 가축들을 주로 길렀다. 이동 목축 형태(즉 연중 방목)가 발전하기에 가장 좋은 지형학적 조건을 지닌 곳은 우랄에서 몽골 사이의 지역인데, 동유럽의 눈이 내리는 스텝 지역에서는 겨울철에 가축을 외양간에 두었다. 스텝 지역의 여러 민족들에게는 이와 같은 경제 체제가 진보적인 현상이었으며, 현재까지도 별다른 변화 없이 계속 이어져 내려오고 있다. 지역의 조건에 따라 이동의 거리가 많이 달라진다(30~1500km까지).

이동 목축을 통해 주민들은 부를 축적하게 되었고, 또 문화를 번창시켰으며, 계급의 분화도 이루어져서 지배 구조가 발달하게 되었다. 스텝 지역에는 스키타이-사크 유형의 여러 유목 문화들이 발생하였으며, 고고학적 자료에 따르면, 이 문화들의 초기 단계는 이미 기원전 9세기에 중앙아시아에서 확연히 형성되었다.

D.G. 사비노프에(1975년, 49쪽)는 스키타이 시대 초기에는 '역사적으로 중요한 의미를 지니는 인종 문화의 계통성이 존재하였는데, 그것은 아시아의 오지에서 발생한 그 이후의 문화 형성에 영향을 끼치기보다는, 유목문화가 전파된 모든 지역들 사이에 매우 강한 내부 결속력을 다졌다'고 하였다. 이 계통성을 스키타이 시대 초기의 유적 소재지 명칭을 따서 아르잔-마이에미르 계통성이라 부른다. 이 문화 계통에는 타스몰라 문화, 칠리크타 문화, 마이에미르 문화, 비이켄 문화, 알드이-벨 문화, 타가르 문화 등의 여러 고고

학적 문화가 포함된다. 이 문화들은 각각 독자적인 특징들을 갖고 있음과 동시에 카자흐스탄과 사얀-알타이 지역, 그리고 이 지역들과 인접한 지역에서 발생한 문화의 획기적인 발달과 동일한 성향을 띠고 있다.

스키타이 문화 초기에 획기적인 현상들이 발생할 수 있었던 이유는 문화의 내적 발전, 승마용 말 조련, 최적의 굴레 제작, 이 시기의 기후 변화, 스텝의 습윤화로 인한 장거리 유목의 가능성을 들 수 있다.

유목 형태가 급속하게 진보하고 청동으로 제작된 좀 더 안정적인 여러 형태의 부속물이 나타나는 것으로 보아, 기마병이 초기 유목민 공동체(혹은 스키타이 유형의 문화들)에서 최고의 위치에 있었음을 짐작할 수 있다. 여러 문화들의 성격도 변하였다. 최적의 경제 체제 유형을 고안하였고(겨울에 눈 아래에 자라는 풀을 먹을 수 있는 가축들을 데리고 수직 유목 또는 연중 유목), 편리하고 운반하기 쉬운 주거, 가재도구 등을 만들었으며, 의복의 디자인도 바뀌었다. 또한 말을 타고 사용하기 적합한 무기들도 개발하였다.

이런 요소들은 우랄에서 몽골 사이에 형성된 스텝 문화들 속으로 급속히 전파되었는데, 이렇게 빠른 속도로 전파될 수 있었던 것은 이 요소들이 완전히 새로운 것이 아니라 이미 마차와 말을 다루는 기본적인 기술을 갖고 있던 청동기 시대의 선행한 유목 문화와 기원상 서로 연결되어 있었기 때문이다. 바로 이 지역에서 말(빠른 속도로 달리는 말을 포함한)과 양이 여러 품종으로 개량되었다. 예를 들면, 그리스인 작가 아리안은 유목민들의 키가 작은 말에 대해 다음과 같이 기록하였다.

> 처음에는 이 말을 몰기 어려워서 완전히 무시할 수도 있다. 그러나 이 말들은 어떤 힘든 일도 견뎌낸다. 빠르고 키가 크며 사나운 말들이 지쳐있을 때에도 키가 작고 볼품없는 이 말들은 키 큰 말을 추월하여 멀리

달려간다(아리안, 사냥에 관한 기록, 23, 2).

스키타이 시대에서는 세 가지의 문화군(유목, 농업, 수공업)이 발전하고 또 서로 통합되었다. 지도자, 군사-종교적 임무를 맡고 있는 귀족계급, 기타 사회 계층으로 나뉘는 계급 제도가 형성되었다. 유목민 공동체에서 발생한 이런 변화로 인해 복잡한 종교 체계가 생겨났고, 매장의식과 무기, 그리고 예술 분야에서도 일정한 상징적인 표식을 고안해냄으로써 지위의 정당성을 확보하고 강화하였으며, 영웅적인 신화-서사시 전통이 형성되었다. 이런 공동체의 분화된 조직 체계는 기원전 1,000년기의 독자적인 유목 문명이다.

유목민 시대 초기에는 진보를 향한 전(全)인류의 가장 중대한 일보라 할 수 있는, 철을 주재료로 하여 도구와 무기를 제작하기 시작한 시기와 일치한다. 철을 사용하게 된 것은 모든 분야에서 청동을 이용하는 것보다 훨씬 경제적이고 효과적이었으며, 또한 큰 편익을 제공하였기 때문이다. 예니세이 강의 타가르 문화와 같이 몇몇 문화들은 청동으로 만든 도구를 기원전 3세기까지 사용하기도 했다.

페르시아와 그리스 역사학자들이 기록한 유럽과 아시아 지역의 고대 유목민족인 스키타이 족과 사크 족의 이름을 따서 이 시기를 종종 스키타이 시대 또는 사크 시대로 부른다.

스키타이 시대의 알타이 지역 고고학 연구사와 주요 문제들

알타이 지역에서 최초로 고고학적 발굴 작업이 이루어진 것은 러시아인들이 시베리아의 스텝 지역으로 진출하기 시작한 18세기 초이다. 이 시기에 도굴꾼들이 고대 무덤들과 쿠르간 속의 유물을 탈취하기 위해 스텝으로 몰려들었다. 이 쿠르간에서 출토된 귀중품들 중 일부는 N. 비트젠과 우랄 지역의 여러 공장을 소유하고 있는 니키타 데미도프(그림 1)가 소장하였다. 니키타 데미도프는 1715년에 왕자의 생일 선물로 표트르 1세(그림 2)에게 이 유물을 바쳤다. 그것은 알타이 구릉지대의 고대 쿠르간에서 출토된 것으로 추정되는데, 스키타이-시베리아 동물양식으로 제작된 금으로 만든 장식판 컬렉션이며, 나중에 '표트르 1세의 시베리아 수집품'으로서 에르미타쥬 박물관에 전시되었다. 황제는 이 유물들의 역사적 가치를 인정하여, 러시아에 소재한 고고학 유적들을 선별하고 보호하라는 명령을 내렸다.

그림 1 니키타 데미도프 공장주 초상화(18세기 초 무명 화가. 니즈녜타길 박물관)

그림 2 표트르 1세 초상화(19세기 무명 화가)

D.G. 메스세르쉬미트(1720~1727년), G.F. 밀레르(1733~1744년), P.S. 팔라스(1770년) 등을 단장으로 한 학술조사단이 결성되었으며, 이들이 시베리아에서 최초로 학술적 발굴 작업을 행하였다. 그들은 유물을 수집하였고, 여

러 시기에 걸쳐 형성된 뛰어난 유적들을 기록하였으며, 나중에 자료집을 간행하였다.

P.K. 프롤로, N.M. 마르티야노프, G.A. 클레멘츠, G.I. 스타스키 등의 지역 동호인들이 광범위한 지역에서 발굴 작업을 벌였으며, 그로 인해 지역 박물관은 새롭고도 흥미로운 유물들과 우연히 채집된 유물들로 가득 차게 되었다(데민, 1989년). 이 시기에 예니세이 강과 알타이 지역에서 바위그림과 같은 조형예술 유적들이 발견되었는데, 이 유적들의 대부분은 초기 유목민 시대, 즉 기원전 1,000년경의 것이다.

여러 시대에 걸쳐 만들어진 쿠르간들을 100개 이상 발굴한 터키학 전문가인 V.P. 라들로프와 A.V. 아드리아노프 등이 황제 고고학위원회의 위임을 받아 알타이의 여러 지역, 미누신스크 분지, 서부 시베리아, 카자흐스탄 등지에서 체계적인 발굴 작업을 행하였다. 그들은 스키타이 시대의 쿠르간들(카탄다 지역의 쿠르간, 베렐에 소재한 왕족 쿠르간, 마이에미르 스텝과 솔네치트이 벨로크 지역에 소재한 쿠르간들)도 몇 구 발굴하였는데, 이를 통해 시베리아의 유목민 문화에 대한 지식이 풍부해졌으며, 이 광활한 지역에 분포되어 있는 유적들을 표기한 고고학 지도가 최초로 제작되었다.

A.V. 아드리아노프는 발굴을 통해 수집한 자료의 일부를 직접 책으로 출간하였으며(아드리아노프, 1902~1924 · 1906 · 1908 · 1916년), 다른 일부는 소비에트 고고학자들의 연구물에 이용되었다(그랴즈노프, 1947년; 키셀레프, 1951년). 이처럼 혁명 이전 시기의 연구는 18~19세기에 행해진 지리적 발굴조사가 대부분이었으며, 이것으로는 알타이 지역의 고고학적 유적들에 대한 기본 지식만을 얻을 수 있었을 뿐, 간간히 이루어진 발굴 작업으로는 고대 문화의 연대를 편년할 수 없었다.

1920년대부터 시베리아와 사얀 알타이 지역의 고고학적 유적에 대한 연구의 새로운 단계가 시작되었다. 이 단계는 S.A. 테플로우호프, S.I. 루덴코, M.P. 그랴즈노프, S.V. 키셀레프 등의 고고학자들과 관련이 있다. 이 시기에 S.A. 테플로우호프는 고고학적 자료 분석뿐만 아니라 구체적인 과제와 목적에 따른 현장조사단 결성방법과 현장조사 시행에 관한 학술적 접근 방법을 최초로 고안해냈다. 그는 인종지학적, 인류학적, 언어학적 자료와 지명 등을 이용하여 그리 넓지 않은 지역에 분포한 유적들을 총체적으로 조사함으로써 편년표를 작성하였다. S.A. 테플로우호프는 여러 번의 발굴 작업을 시행함으로써 무덤 구조물, 매장 의식과 부장품의 변화를 바탕으로 하여 미누신스크 분지에 형성된 문화들을 시대 구분하였다(테플로우호프, 1929년).

알타이 지역의 문화는 예니세이와 중앙아시아의 고대 문화 및 카자흐스탄과 내륙아시아의 문화 사이에서 형성된 것으로서, 양지역 문화의 특징들이 잘 나타나 있다.

좀 더 높은 수준의 전문성을 지닌 발굴 작업은 1920년대에 들어서야 비이스크시 지역(알타이 북부 구릉지대)과 산지 알타이 지역의 매장지 몇 곳에서 행해졌다(S.I. 루덴코 · M.P. 그랴즈노프 · A.V. 아드리아노프 · M.N. 카마로프 등). M.P. 그랴즈노프는 수집한 자료를 바탕으로 알타이 지역의 고대 문화를 최초로 도식적으로 분류하였다(그랴즈노프, 1930년).

1930년대에는 S.V. 키셀레프, L.A. 예브튜호바, G.P. 소스노프스키, G.P. 세르게에프 등이 알타이 지역의 여러 곳에서 고고학적 발굴 작업을 행하였으며, 카라콜 쿠르간, 쿠로타, 쿠라이, 투에크타 등지에 소재한 쿠르간들, 프리알타이 평지의 카툰 강에 소재한 브이스타랸스크 매장지 등의 부장품이 많은 초기 유목민들의 쿠르간들을 학계에 소개하였다.

1920~1940년 사이에 행한 발굴 작업 중에서 가장 획기적인 것은 파지리크 지배계층의 무덤이 있는 매장지에 대한 것이라 할 수 있는데, 1929년

에 M.P. 그랴즈노프가 영구동토층이 있는 첫 번째 쿠르간을 면밀히 연구하였다(그랴즈노프, 1950년). S.I. 루덴코는 1954년까지 M.P. 그랴즈노프와 함께 파지리크, 투에크타, 바샤다르 지역에서 발굴 작업을 하였으며, 이를 통해 스키타이계 민족들의 문화에 대한 중요하고도 새로운 정보를 얻었다(루덴코, 1953·1960년 a).

돌로 만든 큰 쿠르간 아래에는 부족의 지도자들이 얼음 아래의 동토층에 호화롭게 매장되어 있었는데, 그 덕분에 이 무덤들의 보존상태는 좋았으며, 유기물(나무, 가죽, 펠트, 자작나무 껍질)로 만든 훌륭한 부장품들이 많이 남아 있었다. 이 유적군은 세계적으로 유명해졌으며, 사회적으로도 널리 인정을 받았다(라이스, 1957년; 예트마르, 1964년; 그랴즈노프, 1969년; 루덴코, 1970년; 술리민스키, 1970년).

기원전 1,000년기의 주지에 대한 연구에도 많은 비중을 두었다. 오비 강 주변의 볼샤야 레치카 마을 근처에서 주거지와 주조 작업장의 쓰레기장을 조사하였는데, M.P. 그랴즈노프는 이들을 볼쉐레치에 문화로 분류하였다(그랴즈노프, 1956년). 그랴즈노프는 이전에 수집한 알타이 지역의 고고학적 유물들을 시대 구분하였으며, 이 지역의 유목민 시대 초기를 마이에미르(기원전 7세기~기원전 5세기), 파지리크(기원전 5세기~기원전 3세기), 쉬베(기원전 2세기~기원후 1세기) 등의 단계로 나누었다(그랴즈노프, 1947년).

S.S. 소로킨은 마이에미르 유적보다 더 이른 시기의 유적인 쿠르투 2 복합체를 발굴하였는데, 이를 통해 그는 알타이 지역의 스키타이 시기 초기를 기원전 8~9세기로 소급하였다(소로킨, 1966년). 나중에 M.P. 그랴즈노프도 이 견해에 동의하였으며(1979·1983년), 스키타이 시대의 첫 단계를 기원전 9세기로 산정하였다. 그는 유목 문화 초기의 주요 물질군을 비교 연구하였으며, 이미 유물의 편년 작업이 끝난 북부 프리체르노모리에 유적의 유물과 이 복

합체의 유물들의 연대가 일치한다는 사실을 근거로 하여 스키타이 시대 초기에 대한 편년을 수정하게 되었다.

N.A. 보코벤코는 사얀-알타이 지역 유목민 문화의 초기 단계(마구 유물을 근거로)가 기원전 9~8세기경에 시작되었다고 보았다(보코벤코, 1986년a, 18쪽). 그는 기원전 9세기에서 기원전 6세기경까지 스키타이 시대 초기에 기마무사를 매장하는 양식에는 최소 다섯 가지 유형이 있으며, 이 유형은 세 단계로 나타난다고 주장했다(보코벤코, 1986년б, 47쪽). 스키타이 유물을 개념적으로 이해한 시기의 연구자들 중 몇 명은 스키타이 시대의 시작 시점을 이렇게 이른 시기로 편년한 것에 동의하지 않았으며, 이 가설을 제기한 학자들에게 보다 명확한 근거를 제시하라고 요구하였다. 나중에 많은 고고학자들이 스키타이 시대의 시작을 기원전 9세기로 편년하였다.

노보시비르스크, 바르나울, 케메로보, 산지-알타이 등 고고학의 새로운 중심지에서 여러 분야에 대한 현장 조사가 이루어졌으며, 이로 인해 학자들은 스키타이 문화가 끝나는 시기와 지방 유형들, 그리고 산지 알타이 주민들의 다인종성에 관한 문제를 연구하게 되었다. 스키타이 시대 후기의 유적으로는 알타이의 남쪽과 동남쪽 지역에서 발견된 파지리크 문화가 우세하게 나타나는 유적들과 중앙아시아에서 발견된 카라코바 석관무덤들이 있다(모길니코프, 1983년; 수라자코프, 1983년; 블라디미로프·슐가, 1984년).

마이에미르 문화 시기(기원전 8~기원전 7세기)에 기원을 둔 두 그룹의 유적들이 존재한다는 것은 알타이 지역에 두 부류의 인종 그룹이 거주하였음을 말하고 있다. 마이에미르 시기에도 역시 두 유형의 유적들이 나타난다. 알타이 북쪽과 중부 지역에는 우스티-쿠움 유적이, 좀 더 남쪽 지역에는 코크사 유적(모길니코프, 1986년; 스테파노바, 1986년)이 있다. 알타이 중부 지역은 스키타이 전全 시기 동안 이 두 그룹이 서로 교류한 무대였다.

1992년에는 『소련의 고고학』 시리즈의 후속 간행물인 『소련의 아시아 지역에 형성된 스키타이-사르마트 시대의 스텝지대』가 발간되었는데, 이 책은 알타이 지역의 스키타이 유물의 연대를 이해하는 데 중요한 역할을 하였다. M.P. 그랴즈노프는 매장 의식에 사용된 물건들의 유형에 따라 산지 알타이 지역의 유적들을 연대적으로 4단계로 분류하였다.

쿠르투 단계(기원전 8세기~기원전 7세기)는 사슴돌과 우연히 발견된 도구들, 화려하지 않은 무덤군들을 들 수 있다. 마이에미르 단계(기원전 7세기~기원전 6세기)는 몇 개의 쿠르간들, 우연히 발견된 독특한 특성을 지닌 마구로 구분된다. 작은 크기의 쿠르간과 파지리크, 투에크타, 바샤다르 지역의 화려한 쿠르간군 등을 토대로 파지리크 단계(기원전 5세기~기원전 3세기)를 구분하였으며, 쉬베 단계(기원전 2세기~기원전 1세기)도 역시 여러 쿠르간들로 구분하였다(스텝지대, 1992년, 163쪽).

이런 시대 구분에 많은 고고학자들이 동의하지 않았다. A.A. 티쉬킨은 모든 유적들을 분석하여 시대를 구분한 것도 아니고, 유물을 문화별로 구분한 것이 아니라 시간적으로 구분하였기 때문에 M.P. 그랴즈노프의 시대 구분은 옳지 않다고 보았다. 그러나 여기서 주의해서 보아야 할 것은 M.P. 그랴즈노프는 그가 제시한 앞의 두 단계가 실제 역사적 사건을 반영하지 않고 나눈 인위적인 구분이었고, 또 유목민들의 초기 문화 시작 연대의 설정도 가설적인 성격을 띠고 있음을 인식하였다는 점이다(스텝지대, 1992년, 164쪽).

아직 마이에미르 단계를 쿠르투 단계로부터 명확하게 분리할 근거가 부족하고, 자료들이 축적됨에 따라 마이에미르 단계에 대한 평가가 달라졌으며, 마이에미르 단계라는 명칭을 부여한 유적이 이보다 선행한 단계인 것으로 판명되면서 그 명칭도 바뀌었다. 그래서 이 책의 저자들은 기원전 8세기~기원전 6세기경에 형성된 초기 단계를 '쿠르투-마이에미르 단계'라고 부르기로 하였다(스텝지대, 1992년, 164~166쪽).

V.A. 모길니코프(1997년)는 스키타이 유적을 이와는 약간 다르게 시대 구분하였다. 그는 이 유적을 크게 마이에미르 문화와 파지리크 문화(기원전 5세기~기원전 3세기)로 나누었으며, 마이에미르 문화를 다시 쿠르투 단계(기원전 8세기~기원전 7세기), 카라반 단계(기원전 7세기~기원전 6세기 전반 혹은 초)로 세분하였다. L.S. 마르사돌로프(1996 · 2000년)는 그와 동일한 유물을 바탕으로 스키타이 유적을 기원전 8세기~기원전 7세기 단계와 기원전 6세기~기원전 3세기 단계로 나누었다.

알타이의 여러 지역에서 최근 스키타이 시대의 새로운 유적들이 많이 발굴되고 있다. 이 덕분에 스키타이 문화의 발전과정에 대한 이해가 현저히 증가되었다(U.F. 키류쉰 · V.D. 쿠바레프 · V.A. 모길니코프 · L.S. 마르사돌로프 · V.I. 몰로딘 · S.V. 네베로프 · N.V. 폴로시마크 · A.A. 티쉬킨 · T.N. 트로이츠카야 · D.G. 사비노프 · N.F. 스테파노바 · A.S. 수라자코프 · V.A. 우만스키 · L.S. 삼쉰 · P.I. 슐가 등). 비록 알타이 지역의 유적에 대한 해석과 단계 구분에 이견이 있기는 하지만, 이와 같은 발굴 작업을 통해 좀 더 정확한 연대를 설정할 수 있었다.

중앙아시아 지역 이외에, 알타이의 서부 지역에서도 대규모의 종합적인 발굴조사가 시행되었다. 1997~1999년 사이에 카자흐스탄 교육과학부 산하 고고학 연구소의 국제 고고학 학술 조사단이 베렐 스텝 지역에서 규모가 큰 쿠르간들을 발굴하였다. 이때 여러 학술조사 연구소와 대학교들, 카자흐스탄 동부 주립 역사박물관, 알타이로 파견된 프랑스 고고학 조사단, Z. 사마쉐프를 단장으로 하여 리가부에(이탈리아) 학술연구센터 등이 참여하였다(사마쉐프 · 바자르바예바 · 주마베코바 외, 2000년, 사마쉐프, 2011년).

알타이 남부의 우코크 고원에서도 국제적 발굴작업이 종합적으로 이루어졌다(몰로딘, 2000년a; 폴로시마크 · 몰로딘, 2000년; 알타이 미라 현상, 2000년; 폴로시마크, 2001년). 이곳에서 스키타이 시대 초기와 파지리크 문화에 관한 새로운 유물들을 확보할 수 있었다. 새로 획득한 유물들을 체계화하였고, 이미 알려진 유물들과 비교하였다. 이 과정에서 바르나울 시市의 연구자들이 큰 역할을 하였다.

비이케 문화는 스키타이 시대 초기의 것으로 분류되는데(키류쉰·티쉬킨, 1997년), 이 문화는 알타이 서부, 알타이 서북부, 프레드 알타이 평지에 산재해 있는 마이에미르 문화의 유적들과는 달리 주로 중앙아시아에만 한정되어 나타난다(티쉬킨·다쉬코브스키, 2003년, 290쪽). 비이케 문화의 기원에 대한 문제는 아직 해결되지 않고 있다.

연구자들 중의 알타이 지역의 스키타이 시대를 체계화하면서 다음과 같이 문화 연대의 도식을 제시하였는데(수라자코프, 1985·1989년, 81~114쪽; 티쉬킨, 2007년 6, 236쪽), 이 장에서도 이 도식을 이용할 것이다.

- 아르잔 – 마이에미르 시대의 비이케 문화는 쿠르투(기원전 9세기~기원전 8세기 전반), 세미사르트(기원전 8세기~기원전 7세기 전반), 보이트이겜(기원전 7세기 후반~기원전 6세기 3분기) 등 세 단계로 구분된다.
- 파지리크 시대의 파지리크 문화는 바샤다르(기원전 6세기 후반~기원전 5세기 전반), 크이즐 – 좌르(기원전 5세기 후반~기원전 4세기 2, 3분기), 쉬베(기원전 4세기 4분기~기원전 3세기) 등의 단계로 나뉜다.

사얀 – 알타이 지역 초기 유목민들의 매장의식에 대한 중요한 특징에 대해서 언급할 필요가 있다. 늙은 낙엽송으로 만든 통나무관들이 잘 보존되어 있는데, 방사성탄소 연대측정법과 나이테 연대측정법을 통해 연구한 결과, 스키타이 시대의 복합체 연대표(600년 이상)를 작성할 수 있었다(자모토린, 1959

년; 자하리예바, 1974년; 마르사돌로프, 1985년; 자이페트르, 슬류사렌코, 1996년; 슬류사렌코, 2010년). 파지리크 문화의 쿠르간들에 대한 연대표를 작성할 수 있었으며, 방사성탄소 연대측정법으로 얻은 연대와 비교할 수 있게 되었다(마르사돌로프·자이체바·레베데바, 1994년; 알렉세예프·보코벤코·바실리예프 외, 2005년).

| 알타이 지역의 스키타이 사크 시대 문화

스키타이 시대에 알타에 지역에 거주한 민족들에 대한 문헌 사료는 매우 적다. 그리스의 작가들은 '황금을 지키는 그리핀'과 '아리마스프' 그리고 황금을 빼앗아가는 사람들에 대해 이야기하곤 했었는데, 몇몇 연구자들은 이 사람들이 알타이 지역의 부족들이라고 간주하였으나, 중국의 사료에서는 북방 민족인 '월지족'이나 '정령족'으로 기록하고 있다(폴로시마크, 1994년б). 문헌 사료와 고고학적 자료를 비교함으로써 알타이를 포함한 중앙아시아의 광활한 지역에는 '사크'족이 살았음을 추정할 수 있었다(아키쉐프, 1978년, 63쪽; 보코벤코, 2011년, 94쪽).

알타이 지역에서는 유물의 특징상 기원적으로 스키타이 시대의 고고학적 유적들과 관련이 있을 법한 신빙성 있는 청동기 시대 말기의 유적이 아직 발견되지 않았다. 그렇기 때문에 알타이 지역 내 스키타이 문화의 기원은 카자흐스탄, 몽골, 중국의 서북부 지역들, 그리고 그와 이웃한 지역들과 연관이 있을 것으로 추정된다.

비이케 문화

이 문화의 초기 단계(M.P. 그랴즈노프에 따르면 쿠르투 단계 혹은 쿠르투-마이에미르 단계, Z. 사마쉐프에 따르면 마이에미르와 세미사르트 단계)에는 그다지 많지 않은 쿠르간들이 축조되었는데(쿠르투-2, 세미사르트-1, 우스티-쿠윰, 코크-수, 초르느이 아누이, 비이케 등), 이 쿠르간들은 주로 산과 강으로 둘러싸인 단구에서만 한정되어 나타난다.

네크로폴리스 지역의 쿠르간들은 대각선상으로 2~3개씩 짝을 이루어 마치 여러 개의 짧은 사슬이 모여 있는 형태로 배치되거나 또는 소그룹으로 축조되어 있다. 이런 배치는 시간적 차이와 매장된 사람들 간의 혈연관계에 의해 형성된 것으로 여겨진다. 축조물 자체는 한정된 지역에서만 거주하는 특정 민족 그룹의 부락에 실제로 존재했던 주거를 모방한 것으로 추정된다(키류쉰·티쉬킨, 1997년, 56쪽; 티쉬킨·다쉬코브스키, 2003년, 233·234쪽).

유적들 몇 곳에서는 종교 의례의 성격을 지닌 시설물들이 보인다. 이것들은 단독으로 만들어졌거나 또는 쿠르간 옆에 증축했다. 쿠르간들 사이의 공간에서도 이런 시설물이 보인다. 이 시설물은 주로 그리 크지 않은 규모로 돌들을 나즈막하게 쌓아 올린 것이다(그림 3). 동떨어진 곳에 세워진 석관도 이에 속한다. 위에 언급한 축조물 외에도 수직으로 세워진 돌들, 불을 지핀 흔적, 갈판 일부, 뼈, 소량의 토기 파편들이 발견되었다.

여러 무덤이 형성된 장소(비이케, 세미사라트-1, 크이즈이크-텔란-1 등)에는 그 장소가 오랫동안 숭배의 대상이었음을 보여주는 흔적들이 남아 있다. 이처럼 비이케 문화의 일부 유적군은 네크로폴리스와 신전의 기능이 혼합된 일종의 성전으로 추정되는데, 위에 열거한 특징들이 그와 같은 점을 증명해 주고 있다(티쉬킨, 2000년; 티쉬킨·다쉬코브스키, 2003년, 240~243쪽; 티쉬킨·

그림 3 얄로만 지역의 초기 스키타이 시대의 매장지

고르부노프, 2005년a). 고대 공동체에서는 묘지와 같은 신성한 장소를 만드는 것이 매우 중요하였다.

고대 지층에 돌로 내벽을 쌓거나 구멍을 파서 주검을 매장하였으며, 이곳에 돌로 직경 6~10m의 둥근 울타리를 만들었다(그림 4, 5). 피장자는 몸을 구부린 자세로 누워있는데, 일반적으로 왼쪽 옆구리를 바닥에 대고 있으며, 머리는 서북쪽을 향하고 있다. 울타리 내부에는 마구와 함께 말을 매장하였는데, 나중에는 말 대신 가죽이나 굴레만 묻었다.

말은 일반적으로 사람 무덤의 남쪽 또는 동남쪽에 묻었다. 말을 묻기 위해서 묘실과 비슷한 것을 지었는데, 짐승들은 주검과 같은 방향으로 놓여 있다. 말은 사람과 같은 자세를 취하고 있거나(우스티-쿠윰, 쿠르간1) 또는 다리를 웅크리고 배를 바닥에 깐 자세로 매장하였는데, 머리는 서남쪽을 향하고 있다(쿠르투-2, 쿠르간 3). 가끔은 말 두 마리를 매장하였는데(초르느이 아누이), 그 중 한 마리에는 청동으로 만든 등자 모양의 재갈과 구멍이 세 개 뚫린 재갈멈치가 있는 굴레가 씌워져 있다(몰로딘 · 페트린, 1985년).

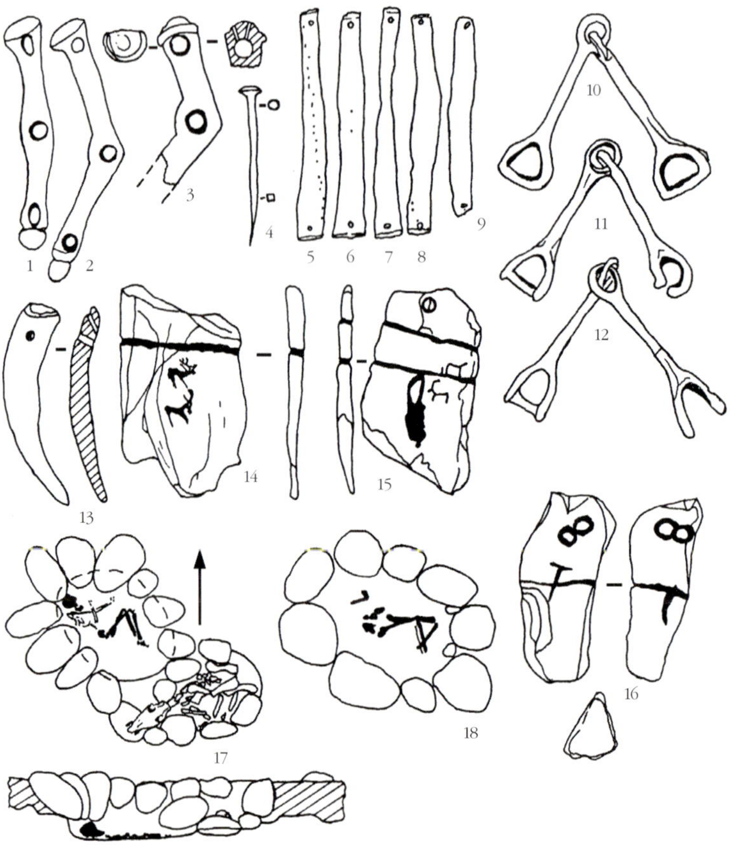

그림 4 비이케 문화의 쿠르투 단계(기원전 9세기 말에서 기원전 8세기 전반)의 유물들

사람과 함께 무기, 칼, 장신구 등 그의 신분을 상징하는 물건들도 같이 묻었다. 말은 탈 수 있도록 굴레를 씌웠다. 기원전 8세기~기원전 6세기 사이의 매장 의식이 발달하는 과정에서 나타난 공통적인 특징은 점차적으로 굴레를 씌운 말(혹은 말들)을 사람과 함께 무덤에 묻는 경향이 나타나며, 일반적으로 목곽이나 목관 바깥쪽에 말을 묻었다.

매장 구조물에 말을 같이 묻는 것에 대한 해석은 다양하다. 추도 선물, 죽은 사람에게 주는 음식, 다른 세계로 가는 이동수단, 개인용(전투용) 말 등의

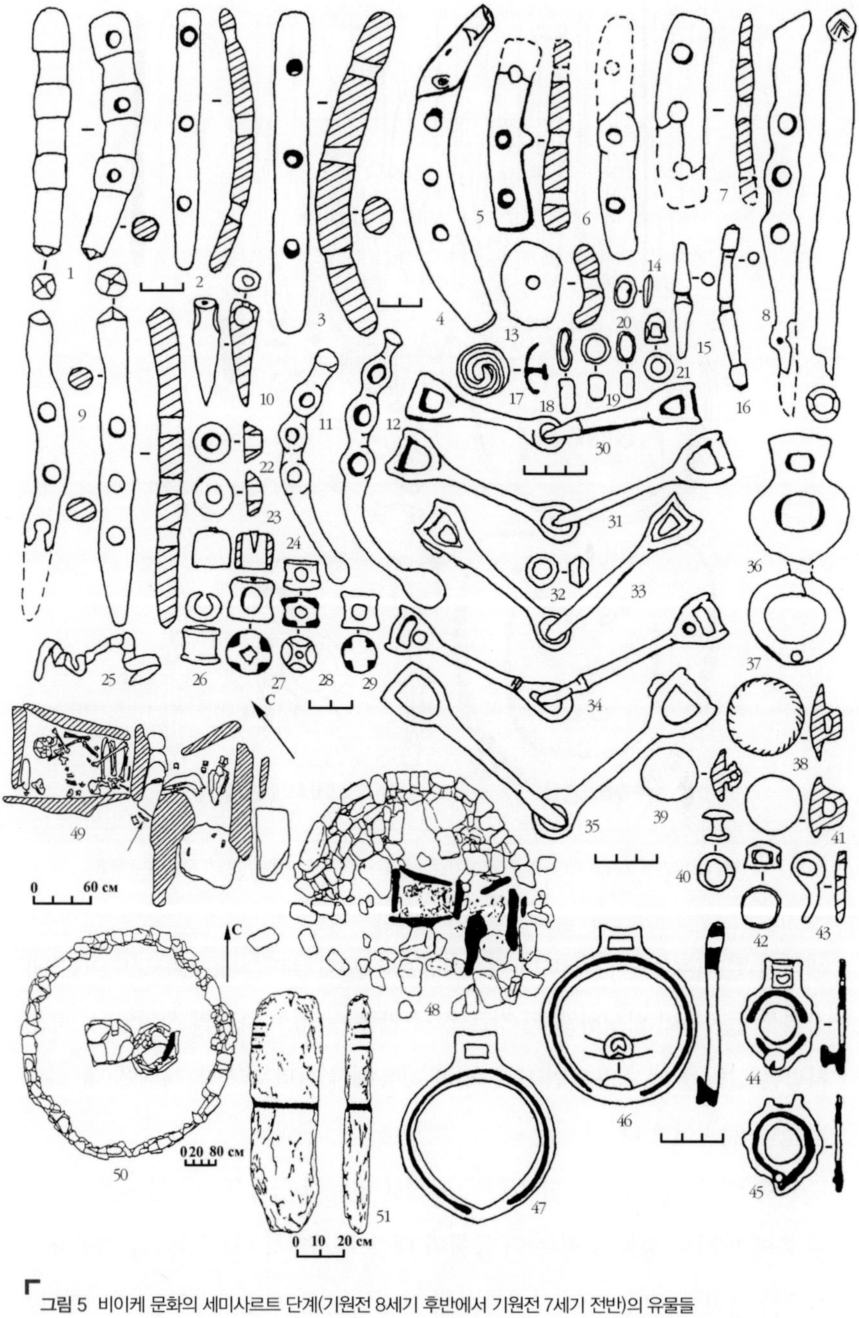

그림 5 비이케 문화의 세미사르트 단계(기원전 8세기 후반에서 기원전 7세기 전반)의 유물들

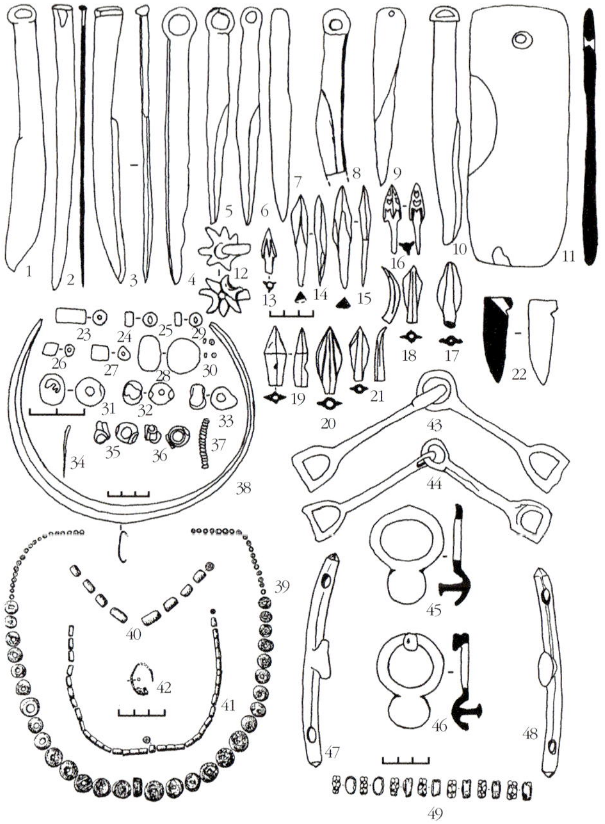

그림 6 비이케 문화의 세미사르트 단계(기원전 8세기 후반에서 기원전 7세기 전반)의 유물들

해석이 있다(티쉬킨·다쉬코브스키, 2003년; 티쉬킨·레오노바, 2005년). 이런 매장의식의 전통이 발생하게 된 것은 경제 활동 형태, 목축민의 생활양식, 죽은 사람은 살았을 때 착용했던 모든 것을 착용해야 한다는 사후 세계에 대한 관념 등과 관련이 있다.

말을 매장하는 것은 말이 사람과 밀접한 연관이 있음을 표현한 것으로, 무덤 속에 매장된 동물의 뼈는 이 동물이 다른 세계에서 다시 살아날 것이라는 사고를 구현한 것이다. 이 시기에는 말 무덤이 없는 성인의 무덤도 존재한다.

그림 7 쵸르느이 아누이-1 유적에서 출토된 청동 재갈(1)과 재갈멈치(2, 3)

매장 구조물의 다른 요소로는 비이케 유적 조사(티쉬킨, 1994년) 과정에서 처음 발견한 돌로 만든 기둥-오벨리스크를 들 수 있다. 몇 개의 석판에는 사람의 모습이 그려져 있다(티쉬킨·고르부노프, 2005년a). 돌기둥 외에도 몇몇 쿠르간의 서쪽과 동쪽에 말뚝 역할을 하는, 수직으로 박힌 편평한 돌들(석인상)이 발견되었다. 이와 유사한 것이 스키타이 시대 초기로 편년되는 코르-코브이-I 유적의 제5쿠르간을 발굴할 때 발견되었다(수라자코프, 1990년, 59·63·84·85쪽).

스키타이 시대 초기의 매장지들(아이르이다쉬-I, 트이트케스켄-1, 크이즈이크-텔란-I 등)에서는 '석인상' 옆에 말을 매장한 구덩이가 있었다(키류쉰·티쉬킨, 1997년, 58쪽; 수라자코프·티쉬킨, 2007년). 이는 아주 오래 전에 쿠르간 옆에 수직으로 세워진 돌을 실제 말뚝의 대용품으로써 이용하였음을 방증해 주는 것이다.

비이케 문화를 영위한 사람들의 무덤에서 피장자(말도 마찬가지로)들은 주로 머리를 서향이나 서북향으로 두었다. 북향도 간간히 나타나기도 한다. 시신의 방향을 일출과 일몰에 일치시켰다는 해석이 가장 유력하다. 서쪽은 전통적으로 죽은 사람의 세계가 있는 곳으로, 태양의 일몰과 연관된 곳이다.

그림 8 엘레크모나르-II 유적의 쿠르간에서 출토된 청동 제품

그림 9 청동칼(1~5)과 화살촉(6, 7)

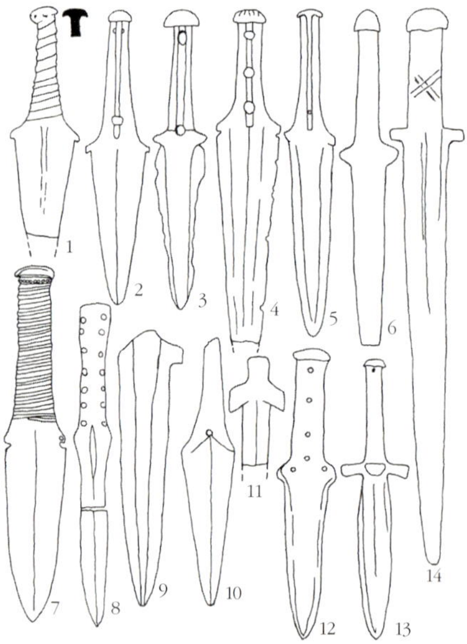

그림 10 산지 알타이 지역(1~11, 13, 14)과 구릉지대(12)에서 발견한 초기 스키타이 시대의 청동단검

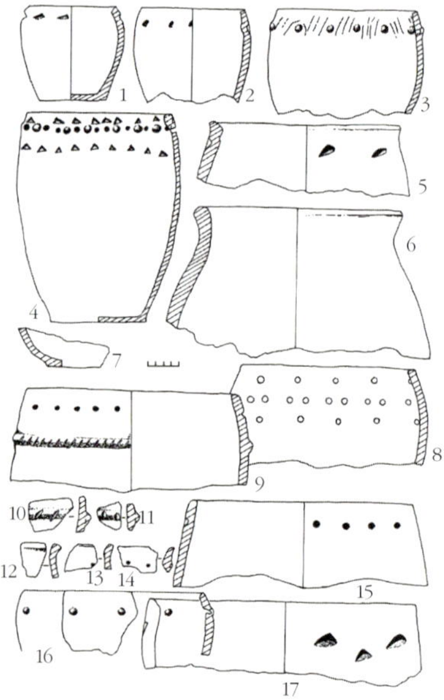

그림 11 비이케 문화의 세미사르트 단계(기원전 8세기 후반에서 기원전 7세기 전반)의 토기

중국의 『역경』 속 상징체계에 따르면, 서쪽은 과거와 함께 조상들과 관련된 방향이다. 중국에는 '귀서歸西'라는 표현이 있는데, 이는 '서쪽으로 되돌아가다'라는 뜻으로, '죽다'를 의미하는 표현이다. 이는 청동기 시대의 문화들 중 한 문화에서 발견된 시신의 방향에 대한 자료를 통해 증명되었다(바실리예프, 2001년, 43쪽). 뼈가 매우 잘 보존된 피장자들이 있는데, 이들 대부분은 왼쪽 옆구리를 바닥에 대고 몸을 굽힌 자세를 취하고 있지만, 간간히 오른쪽 옆으로 묻힌 경우도 있다.

그림 12 길레보 10 매장지, 묘혈 16에서 발견한 유물을 바탕으로 굴레 복원

비이케 문화의 보이트이겜 단계에서는 피장자와 말을 함께 묻는 전통이 계승되었으나, 매장 유물의 성질은 확실하게 변하였다. 마구의 형태가 변하였고, 허리 부속품, 원추형 드리개가 달린 귀걸이, 측면에 손잡이가 달린 거울 등이 발견되었다(그림 12, 13).

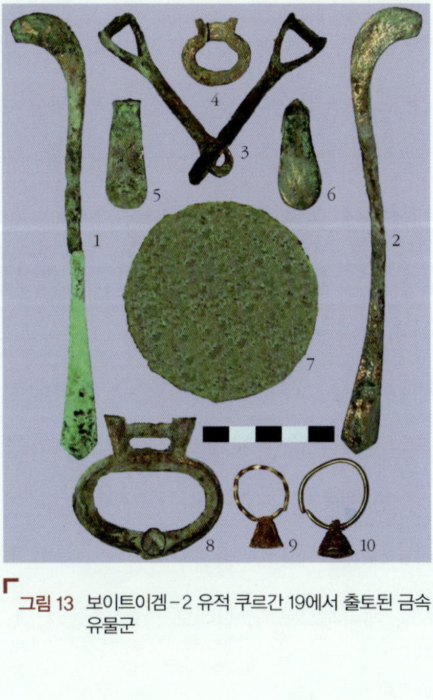

그림 13 보이트이겜-2 유적 쿠르간 19에서 출토된 금속 유물군

마이에미르 문화

이 문화의 주요 특징은 작은 사슬 형태로 쿠르간을 배치하였고, 내벽과 돌로 만든 방벽 혹은

석관이 있는 무덤 구덩이 모양의 묘실(가끔 매우 깊은 구덩이)이 있으며, 돌무지 주변을 따라 놓은 원형의 석열이 존재하거나 또는 돌무지가 없는 경우도 있다. 사람과 말, 양, 그리고 굴레를 함께 매장(북쪽 또는 동북쪽 구역)하였으며, 피장자는 등을 아래로 하여 쭉 편 자세를 취하고 있고, 머리는 북쪽 또는 서북쪽을 향해 놓여 있다.

알타이의 서쪽 산맥을 기준으로 지형적인 경계가 뚜렷하게 나타남에도 불구하고, 비이케 문화와 마이에미르 문화 유적들이 분포된 거의 전 지역에서는 매장 집합체와 물질문명 집합체에 한하여 이 두 유형의 문화 주체들 간의 상호 교류가 있었음을 시사하는 유물들이 나타난다(키류쉰·티쉬킨, 1997년).

유물군

비이케 문화와 마이에미르 문화의 매장 의식은 기마민족의 성격을 띠고 있다. 마구에는 몇 가지 유형의 굴레가 있다. 가장 이른 시기에 제작된 굴레는 재갈이 없는 것으로(정확히는 끈을 꼬아서 만든 재갈이 있었으나 보존되지 않았다), 구멍을 세 개 뚫고 그 주변을 약간 도톰하게 만든 구부러진 골제 재갈멈치를 갖고 있다. 이 재갈멈치의 끝부분은 다양한 형태로 제작되었다(그림 14, 15). 나중에 굴레의 세부 구성요소들을 청동으로도 주조하게 되었는데, 이로 인해 새로운 형태의 굴레가 제작되었다.

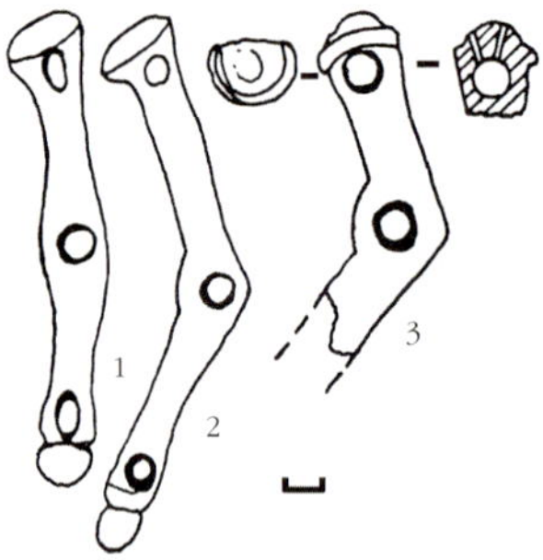

그림 14 마구(비이케 문화의 쿠르투 단계, 기원전 9세기 말~기원전 8세기 초)

재갈은 두 조각을 연결하게끔 제작되었고, 끝부분은 등자 모양을 하고있다. 가끔은 이 재갈에 둥근 구멍이 추가된 것도 있다(마이에미르, 아크-알라하-2, 솔네치느이 벨로크, 게라시모프카, 길레보-10, 마쉔카-1,

콘드라티예프카-21 등). 청동으로 만든 재갈멈치의 유형으로는 Y자형 재갈멈치, 재갈 형태의 재갈멈치, 보조단이 있는 마구, 막대 모양의 재갈멈치, 구멍이 세 개 뚫린 뿔로 만든 재갈멈치의 모방형 등이 있다(보코벤코, 1986년a, 18쪽; 키류쉰·티쉬킨, 1997년; 슐가, 2008년)(그림 16).

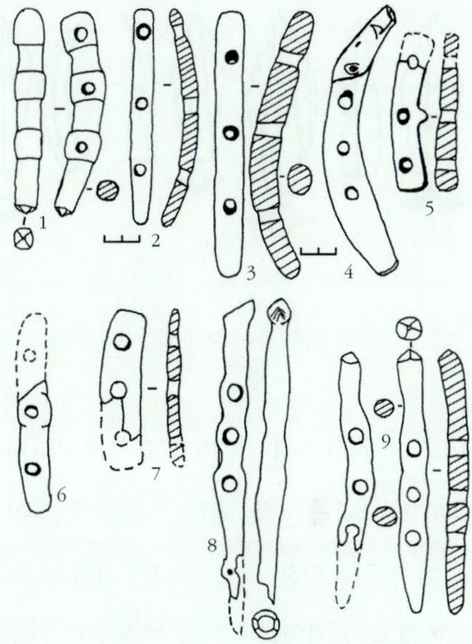

그림 15 마구(비이케 문화의 세미사르트 단계, 기원전 8세기 말~기원전 7세기 초)

새로 발생한 굴레의 구조적 특징은 가죽을 포개어 만든 독특한 끈들을 이용하여 재갈멈치를 재갈에 고정하였다는 점

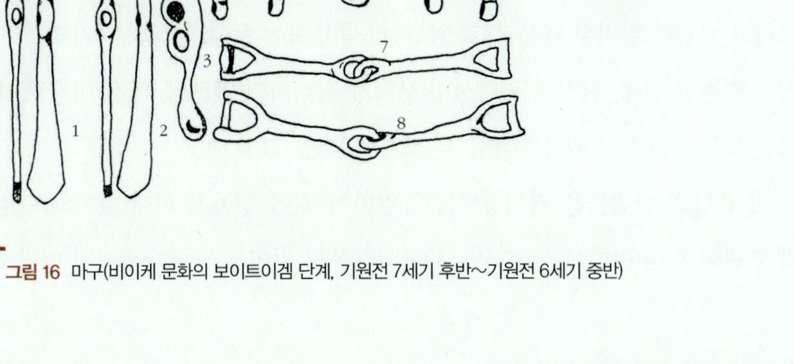

그림 16 마구(비이케 문화의 보이트이겜 단계, 기원전 7세기 후반~기원전 6세기 중반)

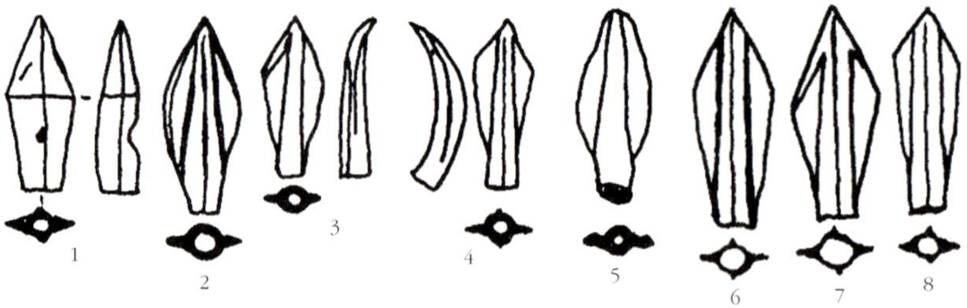

그림 17 무기와 사냥도구(비에키 문화의 세미사르트 단계)

이다. 기원전 6세기부터 고리(고리의 내부직경은 20mm 이상이다)가 하나인 재갈이 제작되었는데, 재갈 고리에 구멍이 두 개가 달린 재갈멈치를 꿰고 두 개의 가죽끈을 말의 얼굴에 고정시켰다. 이런 고정 방법은 특별한 변화 없이 지금까지 이어져왔다. 굴레 부속품은(길레보-10 무덤, 마쉔카-1 무덤, 콘드라티예프카-21무덤) 매우 간소한데 청동으로 만든 큰 허리띠 버클, 끈 조절장치가 있으며, 간혹 고리모양의 끈 장식도 보인다(키류쉰·티쉬킨, 1997년; 슐리가, 2008년).

이 시기의 무기는 긴 칼, 단검, 투겁식 전투용 도끼, 이른 시기의 유형인 마름모꼴의 화살촉이 있는데, 이것은 중앙아시아의 무기와 특징이 동일하다. 단검은 세 가지 형태가 있는데, 손잡이와 코등이의 모양으로 구분할 수 있다. 첫 번째는 버섯 모양의 칼자루 끝장식과 아래로 조금 내려간 날개형 코등이를 갖고 있고, 두 번째는 무늬가 많이 장식된 칼자루와 나비 모양의 코등이, 그리고 편평한 칼자루 끝을 갖고 있으며, 세 번째는 동물 형상의 칼자루 끝장식이 있는 것인데, 칼자루는 나선형 무늬가 장식되어 있으며, 약간 아래로 내려간 코등이를 갖고 있다(키류쉰·티쉬킨, 1997년) (그림 18).

이 유형의 단검들은 기원상 사얀-알타이 지역 청동기 시대 말기의 단검과 연관이 있다(츨레노바, 1976년, 39쪽). 칼몸의 길이는 1~37cm까지 다양하다. 칼몸이 좀 더 길어지고, 가드도 더 튀어나왔다는 것은 이 유형의 무기가 새로운 용도로 사용되었음을 말해준다. 이 무기는 보병전뿐만 아니라 기마전에도 사용되었는데, 기마전투에서는 말 위에서 적을 치기 위해 코등이가 있는 긴 검이 필요하였을 것이다.

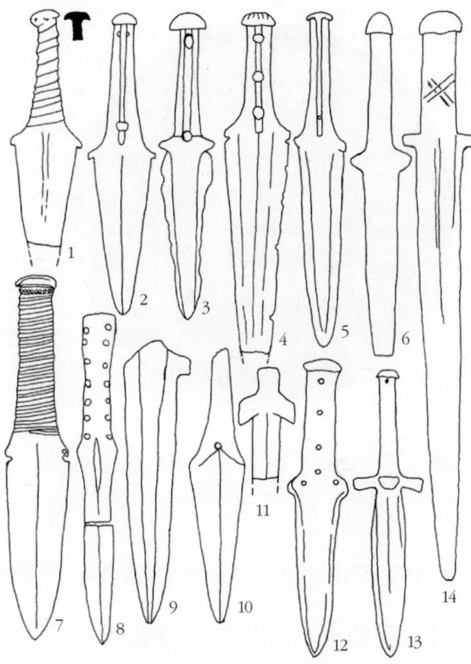

그림 18 산지 알타이 지역(1~11, 13, 14)과 구릉지대(12)에서 발견한 초기 스키타이 시대의 청동단검

초기 단계에서도 역시 투겁이 있는 전투용 도끼, 작지만 말에서 활을 쏘기에 편한 활과 두 개의 평평한 날개와 장대에 끼우는 투겁이 있는 화살촉들이 특징적이다. 기원전 7세기~기원전 6세기 사이에는 날개가 두 개 또는 세 개 달린 청동이나 뼈로 만든 슴베식 화살촉이나 투겁이 보이지 않는 투겁식 화살촉이 보편화되었다.

생활용품들 중에서 어딘가에 걸기 위해 한가운데에 걸개가 있는 큰 원판형 거울이 매우 널리 확산되었다. 그중에서도 특히 부흐타르마 거울(그림 19)이 눈길을 끄는데, 이 거울의 뒤쪽에는 스키타이 시대 초기 양식으로 제작된 다섯 마리의 사슴과 산양 형상이 시문되어 있다(그랴즈노프, 1969년, 150쪽). 청동으로 만든 검은 약간 휘어져 있어서 칼자루 끝의 형태(버섯형, 아치형, 고리형 또는 동물형)만으로 구별된다. 숫돌은 유목민들이 허리에 차고 다닌 물건

그림 19 P. K. 플로로프 컬렉션 중 우스티-부흐타르마 거울(국립 에르미타쥬 박물관)

으로, 일반적으로 긴 모양이며, 걸기 위해 한쪽 끝에 작은 구멍을 뚫었다.

초기의 장신구들은 그 수가 그리 많지 않으며, 귀금속으로 만든 장신구는 종류가 다양하지 않다. 장신구들은 주로 금과 청동으로 만든 고리 형태의 귀걸이(그림 20의 1~3)이며, 종종 원추형의 드리개를 달았는데(보이트이겜-2, 쿠르간 19, 브이스트리얀카, 쿠르간 14), 이 귀걸이는 청동기 시대 후기의 귀걸이와 유사하다(키류쉰·티쉬킨, 1997년; 슐가, 2008년). 흥미로운 점은 바로 이런 드리개가 중앙아시아에서 발견된 사슴돌에도 자주 표현되어 있다는 것이다.

장신구 가운데도 눈길을 끄는 것은 하얀 점토로 만든 원통형 목걸이, 여러 동물들(사향고양이, 뿔이 많은 큰 사슴, 여우 등)의 송곳니로 만든 목걸이, 세 갈래로 골이 진 금속장식판 등이 있다(그림 20의 24~25). 물결 모양으로 골이 진 금속장식판은 주로 옷과 마구의 물림쇠, 무기의 부속품으로 사용되었다. 남성 무사들이 사용한 독특한 장신구로는 청동이나 금으로 만든 낫 모양의 흉갑(브이스트리얀카, 쿠르간 8)인데, 그것은 모든 남자 무덤에서 발견되는 것은 아니다. 따라서 이 흉갑은 피장자의 지위를 보여주는 것으로, 권력의 독특한 상징물이었을 것이다(보코벤코, 2001년). 마이에미르 문화의 장신구로는 몸을 비틀고 있는 고양이과 맹수(표범)의 형상들이 시문된 황금 장식판(그림 21)을 들 수 있다.

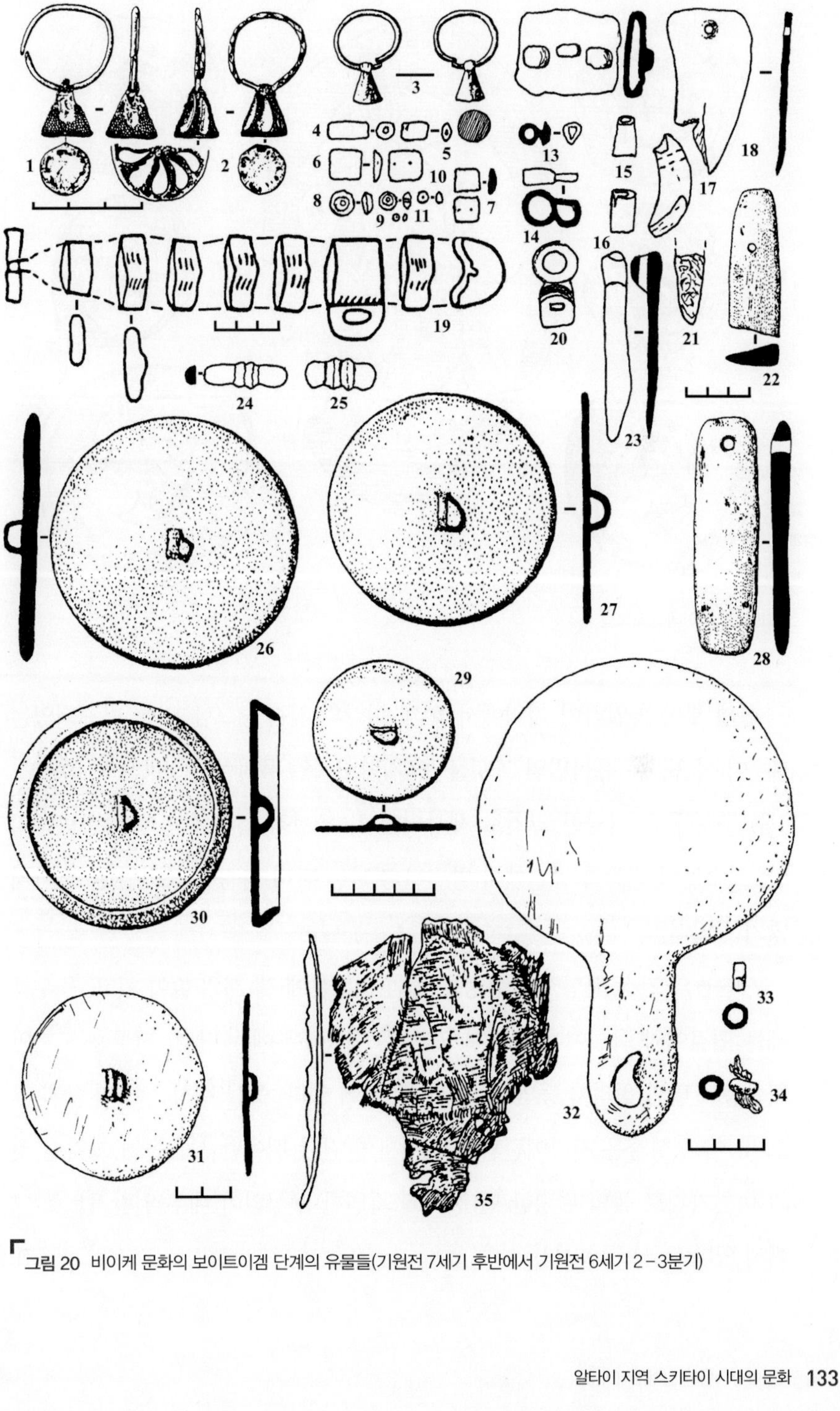

그림 20 비이케 문화의 보이트이겜 단계의 유물들(기원전 7세기 후반에서 기원전 6세기 2-3분기)

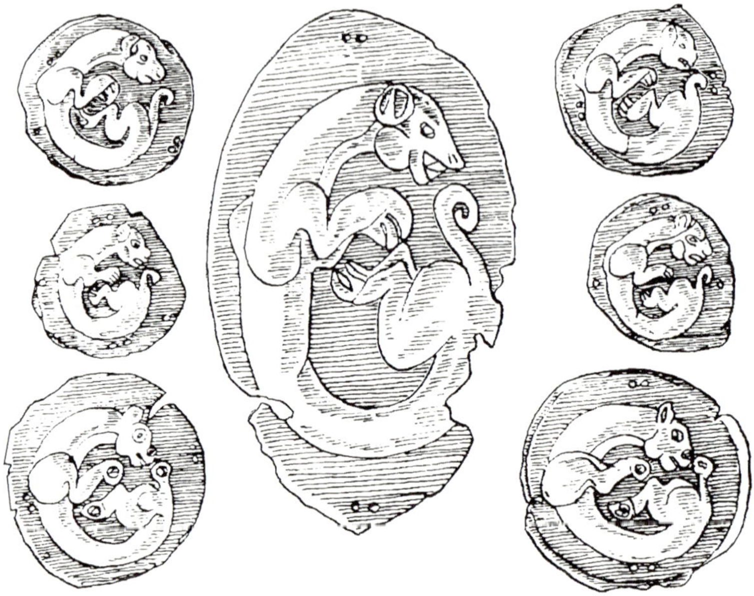

그림 21 마이에미르 보물

현재 투바와 알타이 지역에서 50개 이상의 사슴돌(그림 22)이 발견되었는데, 이 사슴돌은 유목민의 조형물 중 기념비적인 유물이다(쿠바레프, 1979년, 4쪽). 사슴돌은 다양한 크기로 제작되었고, 조형적인 면에서 매우 소박하지만, 사슴돌의 집중지 몽골에서 발견된 것과는 달리 사슴 형상의 수는 그다지 많지는 않다.

사슴돌의 가장 전형적인 유형은 돌의 윗부분에 세 개의 줄이 있고, 윗부분에는 귀걸이와 목걸이가 그려져 있으며, 아랫부분에는 단검, 전투용 도끼와 화살통이 달린 허리띠 등의 형상이 시문되어 있다. 동물 형상은 그리 많지 않으며, 이 형상들은 자바이칼과 몽골에서 발견된 뛰어난 사슴돌에 그려진 것과 마찬가지로 돌의 편평한 면 전체에 특별한 구성없이 매우 일반적으로 그려져 있다(볼코프, 1981년).

바위그림들은 매우 많지만, 이 그림들 모두를 연대적으로 구분하기는 어렵다. 그러나 스키타이 시대 초기에 그려진 암각화는 어느 정도 구별할 수 있다. 다리 형태('발끝으로 서있는 자세', '갑자기 멈춘 자세')를 통해 쪼아서 그린 사슴, 말, 기타 여러가지 동물 형상들을 이 시기의 것으로 구분할 수 있다.

그림 22 사슴돌(추이 강변)

파지리크 문화

이 문화는 알타이 지역의 초기 유목민들에 대한 연구들 가운데서 가장 완전하게 연구된 것으로서, 공동체 중 여러 계층의 매장 유물들이 많이 보존되어 있다. 알타이의 여러 지역 씨족 공동묘지에 만들어진 지배계층의 거대한 쿠르간(파지리크, 투에크타, 바샤다르, 쉬베, 베렐 등)들과 무사, 그리고 일반인의 무덤들(울란드리이크, 세비스테이, 타샨타-1, 유스트이드-1, 칼진-6, 바르부르가즈이-1, 우준탈, 크이즈일-자르, 보로탈, 카라-코바, 아크-알라하-1과 3, 베르흐-칼진-1과 2, 부구준 등)을 발굴하였다.

유목민들의 네크로폴리스에는 돌무지가 있는 쿠르간들이 '사슬'처럼 배치되어 있는데, 비록 다른 형태로 배치가 된 것도 있긴 하지만 대다수의 쿠르간들은 남쪽에서 북쪽 방향으로 줄을 지어 형성되어 있다. 사슬을 형성하는 방법은 다양하다. 유스트이드 22매장지처럼 두 개의 쿠르간으로 형성된 '사슬'

그림 23 파지리크 매장지

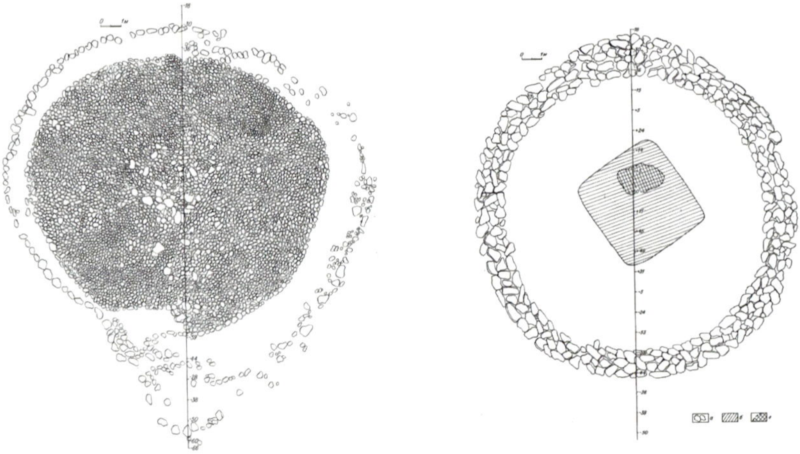

그림 24 아크-알라하-1 매장지 쿠르간1의 돌무지와 울타리 평면도

이 유명하다(쿠바레프, 1991년, 21쪽). 아크-알라하 3 유적(폴로시마크·몰로딘, 2000년, 73쪽; 폴로시마크, 2001년)에서는 단독으로 만들어진 무덤도 있는데, 그것은 이곳에 매장된 사람의 특별한 사회적 지위와 관련이 있다. 돌무지의

그림 25 센텔레크 매장지의 의식용 돌기둥

바깥에는 큰 돌들로 두른 울타리가 있다(그림 23·24). 그 외에도 목축민들의 쿠르간(센텔레크 무덤떼 등)들의 동쪽에는 여러 줄의 크기가 다른 돌이나 큰 돌기둥(그림 25)들이 세워져 있으며, 서쪽에는 돌을 켜켜이 쌓아 만든 의식용 구조물이 있다. 매장지의 지형과 배치는 오랜 기간 동안 형성된 중앙아시아 유목민들의 실제 주거지의 구조적 특징과 일치한다.

평민이나 무사들은 직경이 평균 3.5~20m이고, 높이가 최대 1m에 이르며, 돌무지와 돌로 만든 둥근 울타리가 있는 그리 크지 않은 쿠르간에 매장되었다. 깊지 않은 무덤 구덩이에 통나무 구조물(통나무곽)이나 석관을 배치하였으며, 이곳에 피장자를 매장하였다. 피장자의 북쪽에는 마구를 갖춘 기마용 말 한 두필이 부장되어 있다. 피장자의 머리는 간혹 서쪽을 향하기도 하지만, 주로 동쪽을 향해 놓여 있으며, 일반적으로는 다리를 구부리고 왼쪽이나 오른쪽 옆구리를 바닥에 대고 누워 있다. 한 명씩, 두 명씩, 또는 집단(3~4명씩)으로 매장하였으며, 아이는 주로 통나무관이나 석관에 묻었다.

그림 26 파지리크 매장지, 지배층 쿠르간들

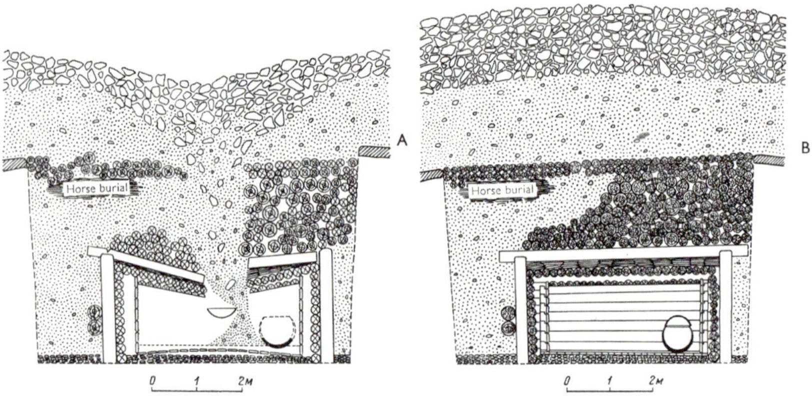

그림 27 파지리크 매장지, 쿠르간 2 묘실 단면과 복원

지배계층의 사람들은 직경이 40~65m 이상의 돌무지가 있는 거대한 쿠르간에 묻혔다(그림 26). 구덩이 깊숙한 곳에 면적이 $16m^2$나 되는 통나무 구조물(통나무 묘실)(그림 27)을 설치하였다. 통나무 구조물(통나무 묘실)에 다시 통나무관을 놓았다. 통나무 묘실의 북쪽에는 기마용 마구나 수레를 장착한 말들을 부장하였다.

그림 28 나무관과 덮개에 장식된 동물 조각형상(바샤다르 매장지, 쿠르간 2)

그림 29 바샤다르 매장지, 쿠르간 2, 국립 에르미타쥬 박물관. 나무관에 장식된 산양 조각형상

지도자의 시신은 항상 굵은 시베리아 잣나무를 파서 만든 큰 통나무관에 안치되었다. 큰 형상(걸어가는 호랑이, 사슴, 산양)을 매우 정교하게 조각(그림 28, 29)하여 장식한 통나무관(바샤다르 - 2)들이 발견되기도 한다.

파지리크 문화에서는 피장자의 머리 방향과 자세에서 지켜지던 규칙성이 사라지면서 지역적 유형도 나타나기 시작한다. '전형적인' 파지리크 유형(피장자는 오른쪽 옆으로 누웠고, 다리는 구부렸으며, 머리는 동쪽으로 향하고 있다)외에도, 피장자가 등을 바닥에 대고 웅크리고 있거나 다리를 쭉 펴고 있는 자세를 취한 경우도 매우 많이 발견된다. 게다가 이들은 머리를 여러 방향으로 두고 있다(티쉬킨·다쉬코프스키, 1998년, 79~81쪽).

유물 가운데(쿠바레프, 2001년a, 122쪽)에서도, 특히 토기에서 확연한 차이를 보인다. 몇 명의 연구자들은 평민의 무덤에서 나무로 만든 그릇이 나타나지 않고(단순히 그릇이 보존되지 않았을 수도 있지만), 낫과 못이 자주 나타나며, 반대로 귀걸이는 거의 나타나지 않는 점도 이 지역 유형의 특징이라고 보았다(스테파노바, 1996년). 그 밖에도 매장의식에서 차이를 보이는데, 전형적인 파지리크 문화와는 달리 남자 무덤에는 토기가 나타나지 않는다(도굴되지 않은 무덤에서도).

영구동토층 덕분에 파지리크 문화에서는 미라로 만든 피장자가(파지리크-2, 파지리크-5, 베르흐-칼진-2, 아크-알라하-3)가 잘 보존되었다. 모든 시신들에 문신이 새겨져 있었는데, 주로 목에 환상적인 동물이나 신화적인 존재, 예를 들면 독수리 머리를 지닌 사슴, 날개가 달린 호랑이, 독수리 머리를 지닌 산양과 모캐, 그리고 신화적인 맹수 등을 묘사하였다.

중국 고대 사료에 따르면, 문신은 스텝 유목민들, 특히 공동체의 고위층들이 주로 하였다. 미라 제작 방법은 다음과 같다. 피부를 갈라서 장기와 근육 일부를 꺼내고, 두개골을 잘라서 뇌를 적출하였다. 가끔은 막대나 끈을 이용하여 뼈를 보강하였다. 신체의 형태를 보존하기 위해 피부 밑에 여러 가지 풀과 방향제를 넣고 꿰맸다(그림 30~32).

파지리크 문화의 무덤에서는 다양한 생활용품, 무기, 그리고 당대의 최고 기술자가 제작한 예술품들이 다량 출토되었다. 땅이 얼어 있는 덕분에 나무를 조각해서 만든 조형물, 가죽이나 모피, 펠트, 털, 실크 등을 엮어서 만든

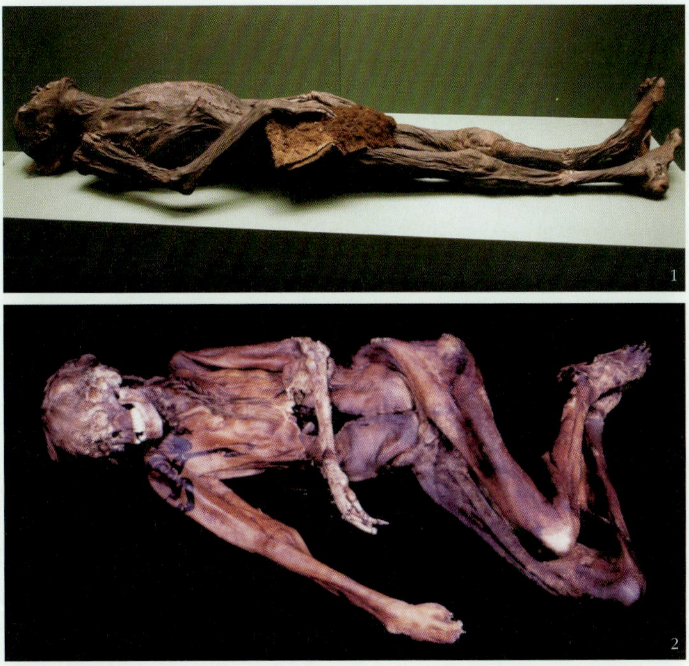

그림 30 미라화 된 피장자

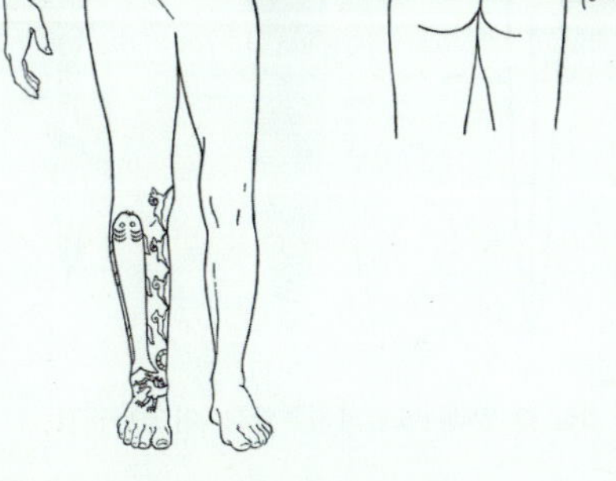

그림 31 파지리크 매장지, 쿠르간 2, 문신

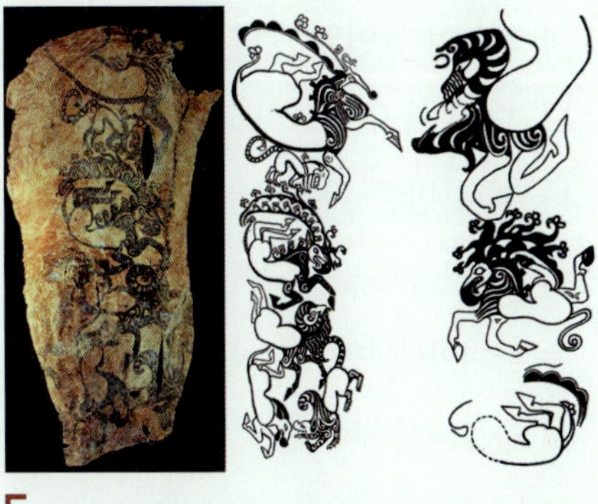

그림 32 파지리크 매장지, 쿠르간 2, 피장자의 어깨 피부와 문신

제품들이 많이 보존되어 있는데, 이와 같은 물건들을 통해 알타이 지역의 유목민들은 높은 예술적 재능을 보유하고 있었음을 알 수 있다.

이 유목민들의 예술과 문화는 고대 문명의 영향을 많이 받지 않았기 때문에 독창적이며, 독자적으로 발전하게 되었다. 조형예술 속에 표현된 몇 가지 주제는 교역을 통해 근동 지역과 중국에서 유목민족들에게 전파된 것으로 토착민들의 취향과 전통, 그리고 사고체계에 의해 변형되었다. 파지리크 단계의 매장의식은 형태상 약간의 변화는 있지만, 여러 가지 면에서 선행 시기의 매장의식과 연결되어 있음을 알 수 있다.

유물군

평민과 함께 묻힌 부장품들은 매우 평범하다. 남자 피장자의 무덤에는 다양한 종류의 무기들이 함께 나타나는데, 주로 나무 칼집에 넣은 단검, 긴 나뭇자루에 끼운 구멍 뚫린 전투용 도끼, 뼈나 청동으로 만든 삼면체 형태의 화살촉(그림 34)과 화살이 들어있는 화살통이 보인다. 여러 가지 형상의 조각품, 나무나 뼈로 만든 사각형 판이 장식된 허리띠와 동물을 조각한 장식이 있는 다이아뎀diadem 같은 머리 장식도 출토된다(쿠바레프, 1987년6) (그림 35).

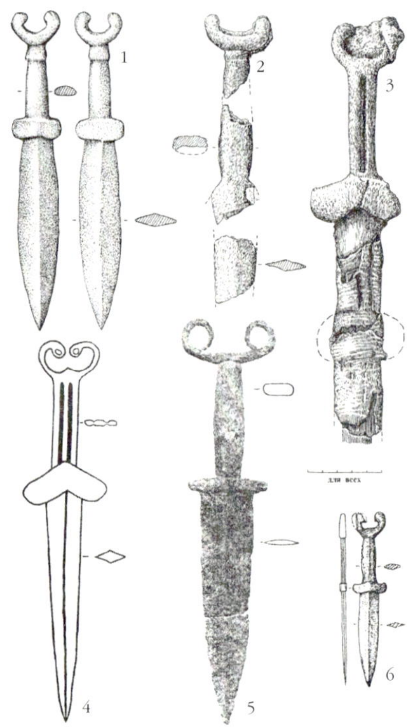

그림 33 안테나 모양의 자루 끝장식이 있는 단검

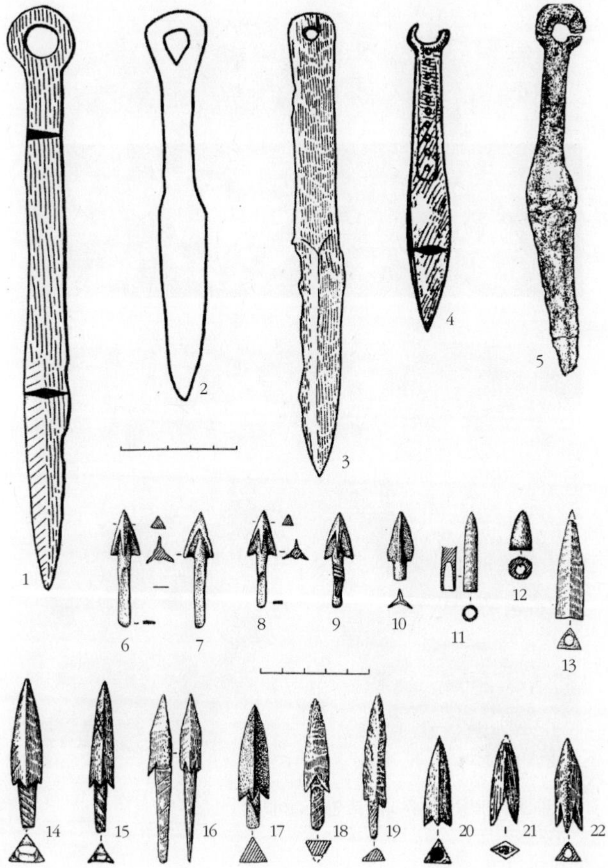

그림 34 청동검과 화살촉

피장자의 의복을 장식한 나무로 만든 조각품들이 매우 뛰어난데, 이와 유사한 것들이 추이 스텝 지역의 울란드르이크 매장지에서 발견되었다. 이곳에서는 가죽으로 만든 어린아이의 독특한 의복이 발견되었는데, 이 옷은 소매와 옷자락 앞쪽에 수탉 모양의 검은 천을 아플리케 기법으로 꿰매어 장식한 붉은색의 짧은 모피 코트다. 모피로 폭이 넓은 옷깃과 옷자락의 테두리를 둘렀다. 바지는 보이지 않고 황갈색의 가죽 장화가 보인다. 머리 장식(그림

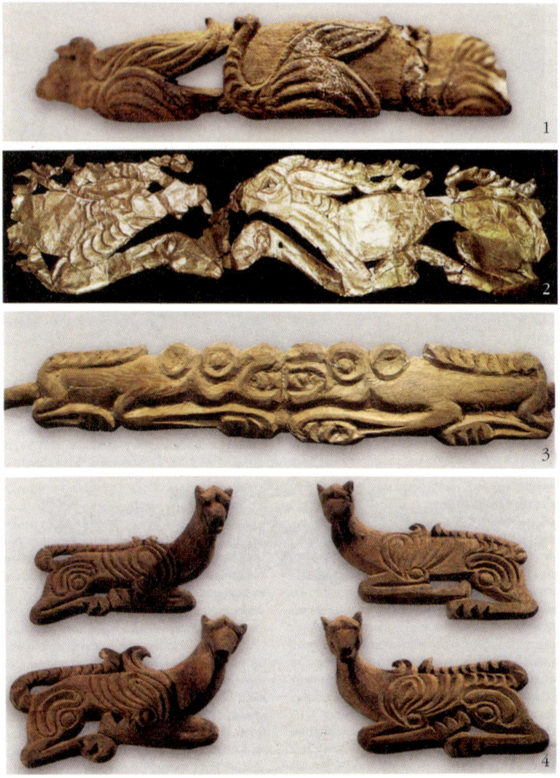

그림 35 금박을 덧씌운 나무로 만든 다이아뎀

36)으로는 모피로 테를 두른 가죽 모자가 있다(쿠바레프, 1987년б). 이와 유사한 머리 장식(그림 37)이 두 번째 파지리크 쿠르간에서도 발견되었다(루덴코, 1953년, 표 XCVI: 2).

음식이 담긴 용기는 피장자의 머리쪽이나 피장자의 북쪽의 여유 있는 공간에 두었다. 용기는 나무로 만든 다리 달린 사각형이나 타원형의 쟁반, 접시, 컵, 점토로 만든 여러 무늬가 있는 물병(그림 38) 등이 있다. 이 무늬는 새기거나 그린 것으로, 여러 개의 선 무늬, 아치 무늬, 꽃 무늬, 소용돌이 무늬, 삼각형 등이 쭉 이어져 있는 끈 무늬 등이다. S.S. 소로킨은 이런 예술적 상상

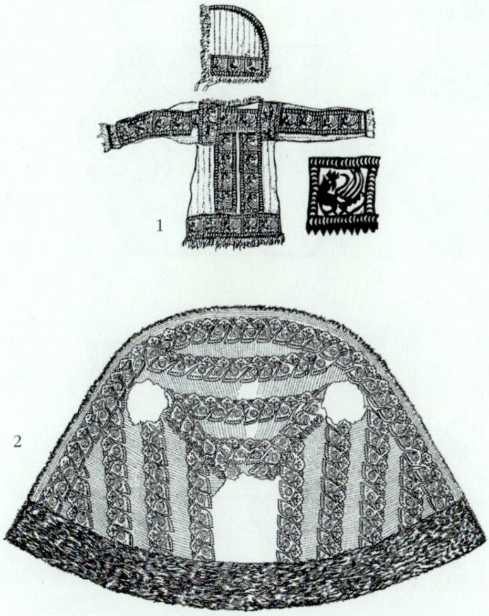

그림 36 천들을 덧대어 장식한 카프탄

그림 37 파지리크 매장지 쿠르간 2에서 출토된 여자 의복 복원

의 자유로움은 일정한 규칙에 따라 동일한 주제를 계속 반복하여 그렸던 청동기 시대에서는 볼 수 없었던 완전히 새로운 현상이기 때문에, 이는 유목·목축인들이 비교적 자유로운 사유 체계를 갖고 있었음을 보여주는 것이라고 말하였다(소로킨, 1978·1988년).

평민계층의 경우에는 굴레와 안장을 갖춘 말 한 마리나 또는 여러 마리를 같이 매장하였다. 청동과 철로 만든 재갈도 나타나는데, 재갈은 이 시기의 말기로 가면서 현저하게 커졌다. 구멍이 두 개 있는 재갈멈치를 고리가 한 개 있는 재갈에 끼웠으며, 빰에 끈으로 고정하였다. 굴레는 여러 종류의 금속 장식판과 드리개로 장식되었다. 이 시기에 가벼운 목제 골조의 가죽 안장이 발생하였다.

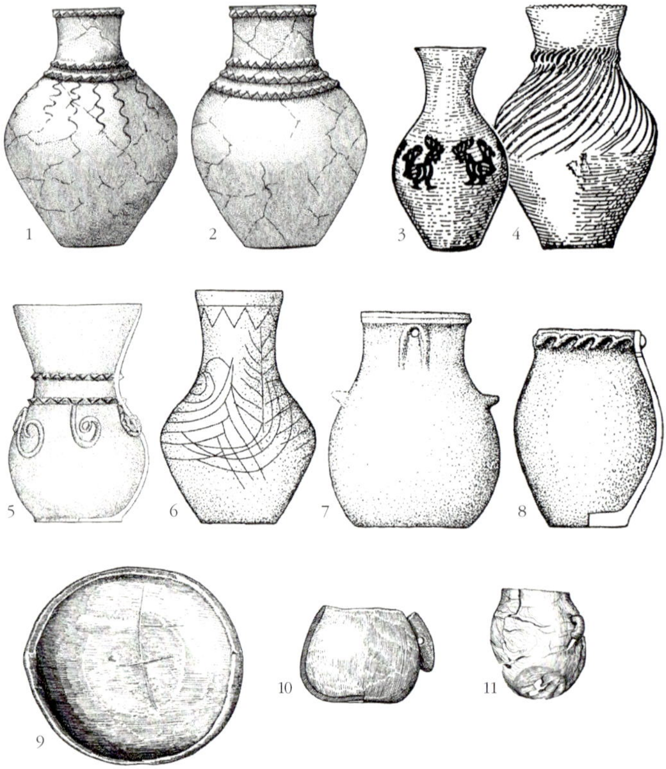

그림 38 파지리크 문화 그릇

경제활동과 종교생활

알타이 동부(파지리크 1–5)와 중부 지역(투에크타, 바샤다르)에서 발굴한 지배층의 쿠르간 출토 유물들은 유목민들의 경제활동과 종교생활 양식의 전반에 대해 보다 완전하게 이해할 수 있게 해준다. 아쉽게도 많은 무덤들이 도굴되었지만, 매장된 말은 거의 온전히 보존되었다. 땅이 얼어 있었기 때문에 유기물로 만든 물건들과 말 사체가 보존될 수 있었다.

첫 번째 파지리크 쿠르간에서는 적황색 털을 가진, 다리가 길고 발육상태가 좋은 말 열 마리가 발견되었다. M.P. 그랴즈노프에 의하면, 그 말들 중 가

그림 39 파지리크 매장지 쿠르간 1에서 출토된 말의 장신구 복원

그림 40 파지리크 매장지 쿠르간 1에서 출토된 말의 장신구 복원도

장 뛰어난 것은 고대에 유명했던 내륙아시아 혈통의 말(그림 39)인데, 현재 유명한 아할테케 품종이 이 말의 후예이다(그랴즈노프, 1950년). 다른 말들은 내륙아시아 혈통과 키가 작지만 힘이 세고, 인내력이 강한 지역 토종말의 혼혈이다. 말들의 귀마다 서로 다른 표식이 있는데, 그것은 말 주인을 표시한 것으로 보인다. 이 말들은 족장을 따르는 사람들이 매장되는 지도자에게 바치는 '애도의 선물'이었을 것이다.

쿠르간에 안치된 말들은 화려한 마구로 치장되어 있으며, 갈기와 눈썹은 정교하게 깎아서 정리가 되어 있었다. 이들 중 말 두 마리는 다른 말들에 비해 더 화려하게 치장되었는데, 아마도 이 말들은 죽은 지도자의 말이었을 것이다. 말머리에는 전체를 덮은 마면갑이 씌어져 있는데, 그것은 뿔이 있는 호랑이 형상을 하고 있다(그림 40). 갈기에는 양식화된 수탉 그림이 있는 펠트제 덮개가 있고, 꼬리에는 무늬가 있는 덮개를 씌웠으며, 말안장에는 물고기 모양의 덮개를 덮었다. 다른 말의 머리에는 두꺼운 가죽으로 만든 거대한 사슴뿔이 달린 청색 호랑이 형상의 가면이 씌어져 있고, 안장에는 밝은 붉은색 펠트

그림 41 아크-알라하-3 매장지 쿠르간 1에서 출토된 말 장신구 복원

로 만든 호랑이 모양의 덮개가 아래로 늘어져 있다(그림 39 · 41).

파지리크의 쿠르간에서 출토된 말 장신구는 주제, 표현 방법, 그리고 제작 기법 등에서 다양성을 보인다. 그것은 여러 가지 색을 칠한 나무, 가죽, 펠트, 모피, 말털, 자작나무 껍질 등으로 만들었다. 금박지나 주석박지로 덮거나 시에나트, 진사 등으로 색을 칠한 장신구들도 보인다. 여러 가지 색을 칠한 우아하고 화려한 장식구도 있다(그림 42~47).

파지리크 문화는 매우 다양한 모티프의 장식과 원, 나선, 매듭, 꽃, 동물 주제 등의 조형 예술을 보유하고 있으며, 의복을 포함한 거의 모든 생활용품에 표현되어 있다(그림 54 · 55).

상류 계급의 피장자는 모피나 가죽 또는 펠트로 만든 카프탄, 바지, 보닛 형태의 모자를 걸쳤다(그림 56, 57). 활, 무늬가 있는 화살(루덴코, 1960년a, 표. CXXXII), 무늬가 새겨진 나무 방패 등의 무기와 맵시 있게 조각한 다리가 있는 나무 탁자(그림 59), 가죽으로 만든 물통(그림 60)도 함께 묻었다. 묘실에는 날개 달린 그리핀, 사슴, 안장을 얹은 말과 말을 탄 사람, 복잡한 종교 의식 장면(그림 61) 등이 정교하게 그려진 양탄자들(파지리크-1, 5)이 발견되었다.

이 그림들은 일정한 규칙에 의거하여 걸어가는 동물이나 여러 형상들을 그렸던 그림들이 가장 많이 나타나는 내륙아시아나 이란에 기원을 둔 것으로 보인다. 다섯 번째 파지리크 쿠르간에서도 역시 천막 덮개용 하얀 펠트가 발견되었는데, 그것은 형형색색의 천 조각을 덧붙여 장식하였다. 무늬 띠들이

그림 42 파지리크 매장지 쿠르간 5에서 출토된 펠트로 만든 안장 덮개

그림 43 파지리크 매장지 쿠르간 5에서 출토된 펠트로 만든 안장 덮개(국립 에르미타쥬 박물관)

그림 44 파지리크 매장지 쿠르간 3에서 출토된 나무로 만든 그리핀 머리

그림 45 바샤다르 매장지 쿠르간 2에서 출토된 안장에 장식된 나무로 만든 그리핀(국립 에르미타쥬 박물관)

그림 46 파지리크 매장지 쿠르간 5에서 출토된 큰사슴 형상의 나무로 만든 판(국립 에르미타쥬 박물관)

그림 47 투에크타 매장지 쿠르간 1에서 출토된 싸우고 있는 그리핀 두 마리 형상을 나무로 만든 판(국립 에르미타쥬 박물관)

그림 48 두 마리의 수탉(파지리크, 자작나무, 에르미타쥬 박물관)

그림 49 얼굴 모양의 드리개(파지리크, 에르미타쥬 박물관)

그림 50 장식 모티프

그림 51 파지리크 매장지 쿠르간 5에서 출토된 안장 덮개

그림 52 파지리크 매장지 쿠르간 2에서 출토된 안장 덮개

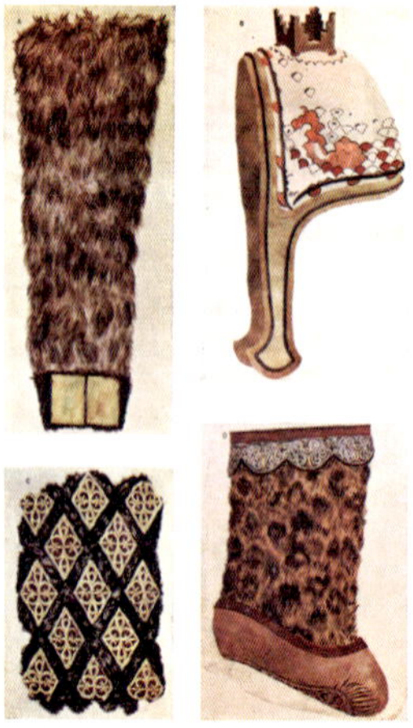

그림 53 의복 견본

그림 54 여러 가지 장식 모티프

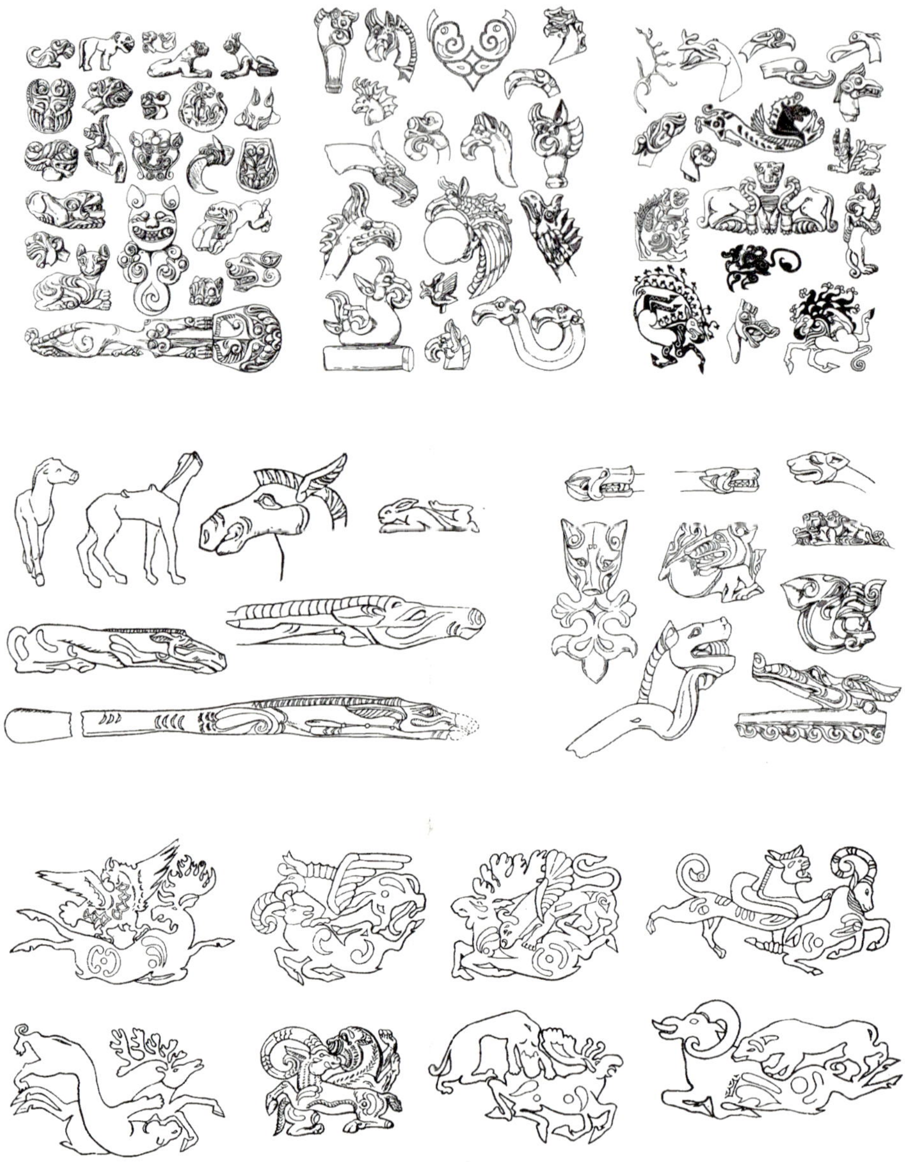

그림 55 여러 가지 장식 모티프

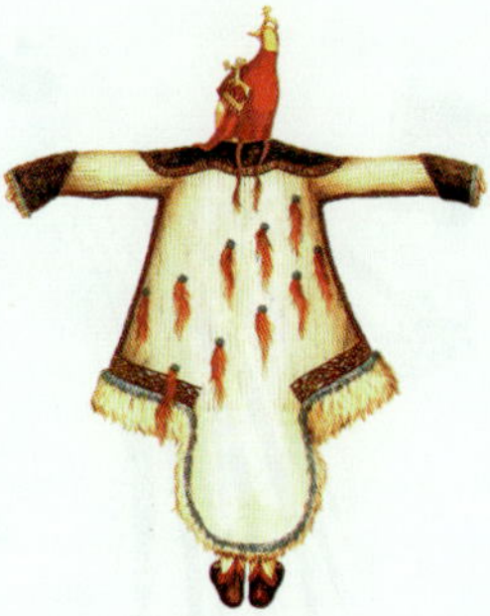

그림 56 베르흐-칼진-2 매장지, 쿠르간 3, 남성 모피코트 복원

그림 57 파지리크 매장지, 쿠르간 2, 나무로 만든 작은 탁자

그림 58 파지리크 매장지, 쿠르간 2, 상감기법으로 세공한 여성 장화(에르미타쥬 박물관)

그림 59 파지리크 매장지, 쿠르간 1, 나무로 만든 방패들

그림 60 파지리크 매장지, 쿠르간 2, 천을 덧대어 장식한 가죽물통

그림 61 파지리크 매장지, 쿠르간 5, 성직자와 기마무사 형상이 있는 펠트천 일부

있으며, 그 사이 사이에는 손에 신성한 나무(생명수)를 들고 의자에 앉아 있는 성직자와 그 앞에 서 있는 기마무사 형상이 이 열로 그려 있다.

그림 62 파지리크 매장지, 쿠르간 5, 펠트로 만든 백조

그 주변에는 장대들이 세워져 있는데, 그 위쪽에는 펠트로 만든 우아한 백조(그림 62) 4개가 달려 있다. 이 시기에는 향유를 바른 시신들, 특히 지도자 시신이 많았으므로, 매장하기 전의 애도하는 기간 동안 그들을 보관할 용도로 이 천막이 사용되었을 가능성도 배제할 수 없다.

일반적인 부장품 외에도 파지리크와 바샤다르의 쿠르간들에서는 나무나 가죽으로 만든 악기들이 확인되었다. 이 악기는 구조상 앗시리아의 7현 하프와 같은 나무 하프(파지리크 – 2, 바샤다르 – 2)와 크지 않은 탬버린이다(파지리크 – 2, 3, 5). 이 악기들은 당연히 노래에 맞추어 반주를 하기 위해, 그리고 화려한 의식과 축제를 행할 때 음률을 맞추기 위해 연주되었다.

그림 63 파지리크 매장지, 쿠르간 5, 에르미타쥬 박물관에 전시된 나무 마차

지금까지 보존된 나무로 만든 운반용 이륜 수레, 황소가 끄는 수레, 사륜마차 등이 매우 흥미롭다. 사륜마차는 가볍고, 조립식이며, 큰 바퀴와 조각품으로 장식

그림 64 베렐 매장지의 쿠르간들

한 기둥과 높은 발판 등으로 구성되어 있다. 높이가 높은 마차(3m)는 네 마리의 말이 끌었는데(그림 63), 두 마리는 끌채 쪽에, 나머지 두 마리는 이들 옆이나 앞쪽에 배치되었다(그랴즈노프, 1992년, 169쪽). 바퀴의 불완전한 구조와 약한 내구성으로 미루어 짐작하건대, 이 마차는 매장용으로만 사용되었을 것이다. 아마도 미라로 만든 지도자를 종족 공동묘지로 이동시킬 때 마지막 가는 길에 바로 이 마차를 이용하였을 것이다. 마차는 나중에 분해하여 통나무 덧널 옆에 놓았다.

서부 알타이 지역의 베렐 매장지에 축조된 지배층의 무덤들이 파지리크 문화에 속한다(사마쉐프, 2011년). 베렐에는 약 30개 이상의 쿠르간이 사슬처럼 배치되어 있다(그림 64). 가장 큰 지상 구조물은 고대 유목민들이 자신들의 지도자를 매장한 무덤인 동시에 그를 위해 지은 일종의 신전 역할을 하는 복잡한 무덤 – 제례장이었다.

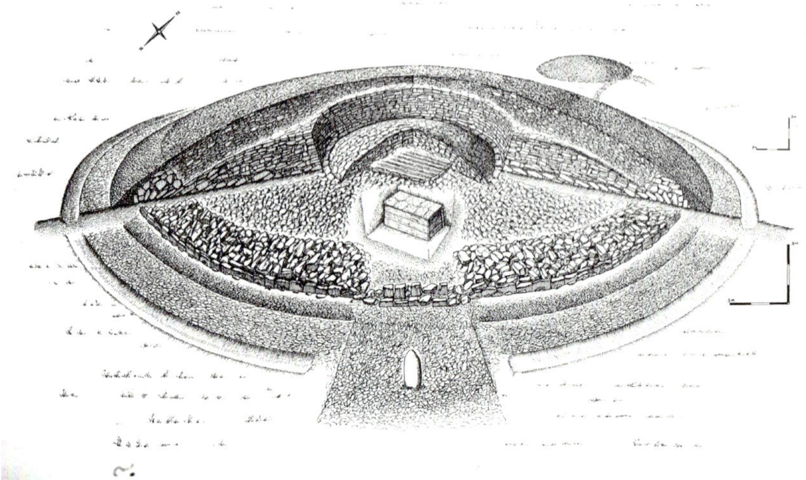

그림 65 베렐 매장지, 쿠르간 11 매장 시설 복원도

돌로 만든 거대한 쿠르간인 지상 구조물들은 잘 정돈되어 있으며, 울타리와 제단, 특별히 만든 길 등의 여러 요소들로 구성된 복합구조이다(그림 65). 예를 들면, 11번 쿠르간의 돌무지 아래에 통나무들로 덮인 무덤방에는 활엽수 통나무곽이 있는데, 이것은 반으로 쪼갠 굵은 통나무 세 개로 틀을 짠 것이다. 가로로 쌓은 반 토막 난 통나무들의 구멍에 반토막 통나무를 세로로 끼워서 짜 맞췄다.

그 위로는 반으로 쪼갠 육중한 통나무를 덮고, 자작나무 껍질 – 쿠릴 차 나뭇가지 – 자작나무 껍질 등의 순서로 만든 크고 편평한 판으로 다시 덮었다. 통나무로 만든 곽의 면적은 3.43×1.85×1.26m이다. 나이테 연대학자들은 무덤을 만드는 데 사용된 통나무들 중 몇 개는 다른 통나무들에 비해 시기적으로 훨씬 전에 베어진 것이라고 추정하였는데, 아마도 이 통나무들은 무덤에 사용되기 전에 주거용으로 사용되었을 것이다.

무덤 바닥에 판석을 깔고 그 위에 통나무곽을 놓았는데, 그 내부에 활엽수 통나무관을 설치했다. 통나무관의 네 귀퉁이에는 횡단면으로 구멍이 뚫려 있으며, 이 구멍을 이용하여 통나무를 무덤 속으로 내려 보냈다. 통나무관 위쪽에는 덮개를 덮었으며, 그 귀퉁이마다 도금한 청동으로 만든 육중한 새 조각상이 장식되어 있었다. 이 새는 죽은 사람을 상징적으로 보호하는 역할을 하는 일종의 수호신이다(그림 66).

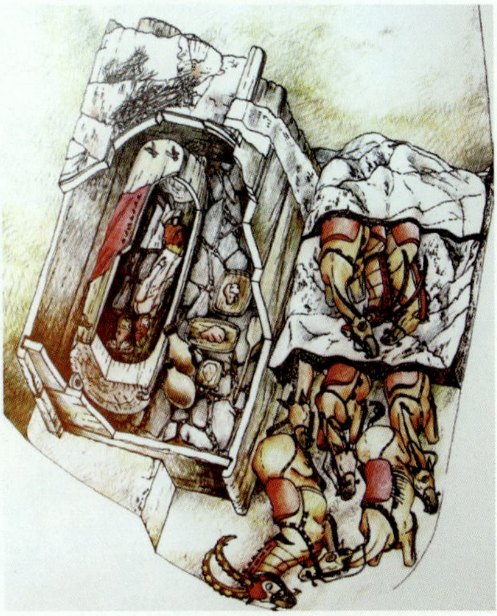

그림 66 베렐 매장지, 쿠르간 11 묘혈 복원

통나무관에는 남자(35~40세)가 먼저 안치되었고, 나중에 여자가 안치되었다. 남성 두개골의 정수리에는 전투에서 생긴 함몰(구멍)이 보인다. 이 골절은 곤봉에 의해 생긴 것으로 추정된다. 지도자의 머리에 난 상처에서 뼈 파편과 응고된 혈액을 제거하기 위해 의학적인 처치를 했던 것으로 보이는데, 이는 끝마치지 못한 수술의 흔적을 통해 알 수 있다. 그는 아마도 용맹성과 용감함으로 알타이 민족 연맹의 수장이 될 수 있었을 것이다. 생전에 생긴 다수의 갈비뼈 및 척추뼈의 골절과 결합의 흔적들이 전장에서의 그의 위엄을 말해주고 있다. 음식과 음료가 담긴 목제 접시와 용기 몇 점이 통나무관과 나란히 놓여 있었다.

통나무곽의 바깥에는 적황색 털을 가진 말 13마리가 의식을 행할 때 사용하는 승마용 마구를 완벽하게 갖춘 상태로 부장되어 있다(그림 67). 이 마구는 스키토-시베리아 동물 양식의 규범에 따라 제작된 것으로, 금을 씌워서 만든 다량의 목제 장식판으로 장식되었다. 안장도 수를 놓거나 천 조각으로 만

그림 67 베렐 매장지, 쿠르간 10 묘혈 복원

그림 68 베렐 매장지, 쿠르간 11에서 출토된 마구 복원

든 무늬를 덧붙여서 장식하였으며, 말 몇 마리는 가면을 쓰고 있다. 이와 유사한 화려한 유물이 다른 쿠르간을 발굴할 때도 출토되었다.

방사성탄소연대측정법으로 얻은 출토 유물들의 연대들(나무, 펠트, 자작나무 껍질, 말 털)은 11번 쿠르간 유구를 기원전 5세기에서 기원전 2세기의 것으로 편년한 고고학적 유물들과 일치한다. 그러나 좀 더 정확한 연대는 말의 털(AA-37714)을 분석하여 확정할 수 있었는데, 말의 수명은 이미 알려진 바와 같이 20년 이하이므로, 기원전 4세기에서 3세기 무렵의 것으로 추정할 수 있었다.

베렐에서 출토된 유물들은 파지리크 문화 중 지배계층의 쿠르간(파지리크

1-5, 바샤다르, 아크-알라하 등)(루덴코, 1953·1960년a; 폴로시마크, 1994년a), 알타이 지역에 소재한 평민계층의 무덤(울란드르이크·바르부르가즈이·유스트이드 등·쿠바레프, 1987б·1992년)에서 출토된 유물들, 그리고 예니세이 강 중류의 타가르 문화와 투바 지역의 스키타이 시대 문화의 예술품들과 유사하다.

그림 69 나무로 만든 조각상. 1-쿠르간 11에서 출토된 깃발; 2-쿠르간 10에서 출토된 모자 장신구

그림 70 베렐 매장지, 쿠르간 11, 부분적으로 금박을 입힌 나무로 만든 말 장신구

V.A. 모길니코프는 산지 알타이 지역의 주민들과 인접 지역 부족들 사이의 교류에 관한 문제를 연구하면서 스키타이 시대 카타콤 유형의 무덤에 주목하였다. 그는 알타이 지역에서 이런 유적이 나타나게 된 것은 카자흐스탄과 내륙 아시아의 사크 민족이 이 지역으로 이동했기 때문으로 생각하였다(모길니코프, 1994년).

이처럼 알타이 지역에 형성된 스키타이 시대의 쿠르간들은 유목민들의 다양한 생활상과 매장의식에서 나타난 공동체 사회의 구조적인 특성, 경제활동, 그리고 수공업의 수준 등에 관한 훌륭한 자료를 제공해 준다.

비이케 문화에 속하는 아르잔-마이에미르 시기의 유적과 파지리크 시기의 유적들 사이에는 발생학적으로 직접적인 계승이 이루어지지 않았다는 점에 유의할 필요가 있다. 이것은 아마도 기원전 6세기 말에 산지 알타이 지역

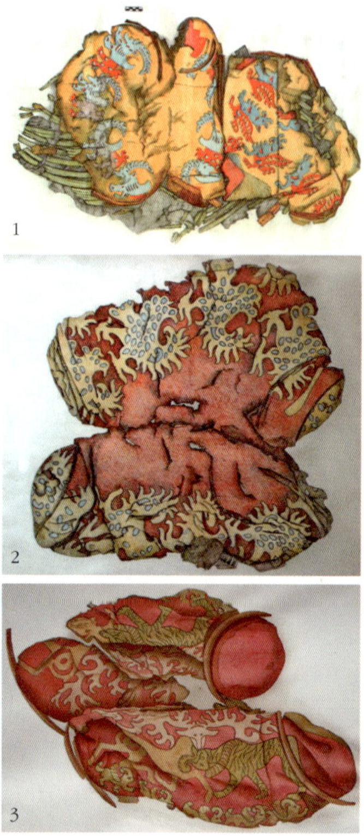

그림 71 가죽으로 만든 안장 쿠션, 베렐 매장지

으로 '이란어'를 사용하는 부족들이 대규모로 이동하였기 때문으로 해석할 수 있다. 일부 학자들은 이들을 동부 카자흐스탄의 사크 인들로 추정하였고, 다른 학자들은 월지 족으로, 또 다른 학자들은 고르디온 무덤의 문화주인공이라고 주장하였다.

L.S. 마라스돌로프는 알타이 지역의 유목민족들에게 통나무곽에 말과 함께 피장자를 묻고, 피장자의 머리를 동쪽으로 두는 매장의식이 출현하게 되었으며, 또한 프리기아 왕국(현재 터키 지역)의 수도 고르디온(기원전 750년~기원전 600년)에 소재하는 쿠르간에서 출토된 유물들에서 보이는 요소들이 이곳의 물질문화 및 조형예술 양식과 유사한 것은 키메르인들의 유입과 관련이 있다고 보았다(마르사돌로프, 2000년, 35·36쪽).

알타이 북부 지역, 특히 프리알타이 오비 스텝 지역에 형성된 목축업과 동시에 이 시기의 주거지(볼샤야 레치카, 브이스트리얀스코에, 보브로프카, 므일니코보 등)에 대한 연구가 이루어졌다. 이 연구를 통해 목축민들이 장기간 거주했던 부락이 존재하였으며, 동시에 이곳에 원시 농업이 발달했음을 알 수 있었다. 큰 움막이나 반움막(최대 면적 200㎡) 형태의 주거지에서 다량의 생활용품과 도구가 발견되었다. 이곳에서 발견된 물건들을 통해 거주민들이 밭갈이 농업, 사냥, 방직, 가죽 가공, 여러 가지 형태의 그릇 제작, 뼈와 뿔의 가공, 청동 주조 작업 등에 종사하였음을 알 수 있었다.

잘 정련된 청동으로 제품을 만들었는데, 거의 모든 종류의 생활필수품을 청동으로 제작하였으며, 심지어 고도의 기술을 필요로 하는 밀랍 거푸집으로 만든 매우 복잡한 형태의 예술품도 제작하였다. 금도 역시 거의 모든 종류의 기법(주조, 스탬핑, 평편하게 성형, 조각 등)으로 가공하였다(미나시얀, 1988년, 57쪽). 금 세공사의 뛰어난 예술품들은 표트르 1세의 시베리아 컬렉션 가운데도 있다.

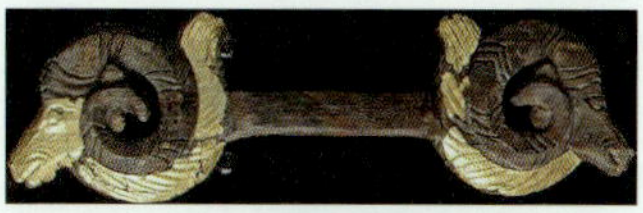

그림 72 나무로 만든 재갈멈치 장신구, 베렐 매장지, 쿠르간 11

그림 73 사슴 머리에 그리핀 부리가 표현된 형상이 있는 금박을 입힌 나무로 만든 장식판, 베렐 매장지, 쿠르간 11

군사민주주의의 발현으로 인해 무사, 영웅-용사들이 공동체에서 중요한 인물로 부각되었고, 이로 인해 유목민들은 새로운 사고체계를 형성하게 되었는데, 예술은 이 변화 과정을 보여주고 있다. M.P. 그랴즈노프는 바로 이 시기에 적 또는 신화적 괴물들과의 투쟁이나 사냥에서 세운 영웅의 공적, 영광, 그리고 그들의 용맹을 노래하고, 영웅의 형제애와 의형제를 구출한 영웅을 칭송하는 중앙아시아 투르크-몽골 민족들의 영웅 서사시가 창작되었다고 보았다(그랴즈노프, 1961년).

내용과 제작 기법상 독자적인 특성을 지닌 장식 예술품들이 많은 유적에서 확인되었다. 화가들은 특정한 종種의 동물들이 지니고 있는 특징과 역동성을 예술적인 기법을 이용하여 표현할 수 있었다. 동물의 움직임을 표현하기 위해서 몸통을 심하게 뒤틀었으며, 움직이는 것 같은 다리 자세, 장식적 모티프를 강화하였다.

그림 74 베렐 매장지, 쿠르간 11, 날개달린 말 형상 자수

당대 유목민들의 복잡한 세계 인식 체계는 보다 더 깊게 연구해야겠지만, 그들은 자연과 조화를 이루고 있었고, 상징 의미를 지닌 여러 가지 표식들을 갖추고 있었으며, 공동체의 사회·역사적 상황도 어느 정도는 반영하고 있었음이 분명하다. 또한 스키토-시베리아의 동물 양식으로 표현된 조형예술은 사람(문신), 의복(염색, 천 조각을 덧붙여 꿰맨 형태의 장식, 형상이 표현된 금속장식판), 장신구(다이아뎀, 팔찌, 드리개)뿐만 아니라 마구(부조로 만든 다량의 동물형상, 천 조각을 덧붙여 만든 장식, 자수), 그리고 심지어는 가구(조각을 한 다리) 등에서도 확인된다.

지배층의 거대한 쿠르간(파지리크, 바샤다르, 투에크타, 베렐 등)에는 매우 호화로운 부장품들이 확인되는데 반해 다른 사회 계층의 무덤 속에서는 조형예술품들이 거의 보이지 않는다. 쉬베 단계에서 동물 양식은 점차 장식적인 모티프로 변화되고, 좀 더 도식화되어 나타나게 되었다.

형상의 성격, 장식적 모티프의 특성과 조합, 지도자와 말을 함께 묻은 무덤 부장품들의 배치 및 수량 등을 연구함으로써 고대 문화주인공들의 사회 구조를 대략적으로 재구성할 수 있었다(그랴즈노프, 1970년, 214쪽). 각 부족은 두 개의 씨족이 연합된 씨족동맹으로, 씨족 동맹은 특정한 상징 기호를 가진 다섯 가문, 일곱 가문 또는 여덟 가문으로 구성되어 있었다. 조형 예술에서는 고양이과 맹수(호랑이, 표범), 늑대, 맹금류, 사슴, 큰 사슴류의 형상들이 항상 적대적인 관계로 구성되어 있는데, 이는 사회적으로 불안정한 시기에 가문들 사이의 충돌이 실제로 있었음을 시사하고 있다. 더욱이 문헌 사료에 의하면,

이보다 좀 더 늦은 시기에 중앙아시아의 흉노, 투르크, 위구르 부족연맹들은 공동체를 '세대'와 '가문'으로 나누기도 하였다.

공동체의 사회구조

매장의식을 좀 더 세밀하게 분석해보면, 파지리크 문화를 영위한 주민들은 연령 계층, 지도자와 지배 계층, 무사 계층, 평범한 목축업자, 성직자 계층, 노예 계층 등으로 형성된 사회 체제를 갖추고 있었음을 알 수 있다(티쉬킨·다쉬코프스키, 2003년, 182~220쪽).

여러 학자들이 사얀-알타이의 산간 지역에서 발견된 인류학적 유물들을 연구하고 책으로 발간하였다(데베츠, 1948년; 루덴코, 1953·1960년; 알렉세예프, 1958·1975; 긴즈부르그·토로피모바, 1972년; 바르코바·고흐만, 1994년; 치키쉐바, 1996년; 투르, 1997년). 이들은 사얀-알타이 지역에는 서로 다른 인종이 거주했다고 주장하였다. 초기와 후기에 이 지역에는 몽골로이드의 요소가 강하게 나타나는 코카소이드가 많이 살았다.

V.I. 몰로딘과 N.V. 폴로시마크가 우코크 고원에서 발굴을 했는데, 이때 얻은 고古유전학적 자료를 통해 파지리크 집단에 사모예드족, 카자흐족 그리고 위구르족의 요소가 혼재했음을 알 수 있었다(몰로딘·로마쉔코·보예보다 외, 2000년, 63~65쪽). T.N. 치키쉐바는 파지리크 문화 주체와 제트이수, 텐산 중부 지역 등지에 거주한 주민들은 인종 기원상 유사한 종이었을 것으로 추정하였다(치키쉐바, 2000년, 113쪽). 어쨌든 이 시기에 알타이 지역의 인종 문화 정황은 매우 복잡하였으며, 이 문제에 관한 확실한 답은 향후의 종합적인 발굴조사와 연구를 통해서 얻을 수 있을 것이다.

기원전 3세기부터 유라시아 스텝 지역에서 새로운 시대, 즉 흉노-사르마트 시대가 시작된다(다음 장에서 '흉노 시대'의 알타이에 대해서 다룰 것이다). 비록 스키타이 시대의 몇몇 요소들이 아직 여러 유적에 나타나긴 하지만 매장 의식과 물질문화에서 현저한 변화가 있었다. 스키타이 시대의 일부 요소들이 남아 있게 된 것은 아마도 흉노족이 서쪽으로 이동할 때 알타이의 일부 지역만 침입하였으며, 그 지역의 주민들이 일정 기간 동안 여러 분야에서 스키타이 전통을 유지하고자 노력하였기 때문일 것이다.

그러나 사실적으로 형태를 표현하고 신화적인 내용을 그렸던 고도로 발달한 예술은 사라졌다(그랴즈노프, 1992년, 177쪽). 오직 알타이와 투르크계 여러 민족들 사이에 구전되어 오던 서사시가 그 시대의 조형예술 속에 반영되어, 유목민들의 고대 영웅에 대한 이야기를 간직하고 있다.

흉노제국 지배 시기의 알타이

A.A. 티쉬킨(러시아 국립 알타이대학교 교수)

5

알타이 지역의 역사에서 파지리크 문화와 흉노 사이의 연대적 경계는 기원전 2세기~기원전 3세기 사이로 보고 있다. 중국 사료들에 따르면 남부시베리아의 여러 민족들은 기원전 203년~기원전 202년 사이에 있었던 흉노 묵돌 선우의 침략 원정 과정에서 정복당했으며(클랴쉬토르느이·술타노프, 2004년, 62쪽), 그로 인해 알타이 지역은 흉노 제국에 예속되었다.

기원전 3세기 말에 일어난 일련의 군사, 정치적 사건들은 중앙아시아와 주변 지역의 목축민들의 역사 발전에 중대한 영향을 끼쳤다. 현존하는 자료(문헌, 조형예술, 고고학적 자료)들을 비교함으로써 광대한 지역에서 급격한 변화가 있었음을 알 수 있었다.

이러한 변화는 흉노의 영토 확장을 위한 전투와 관련이 있는데(그림 1), 이

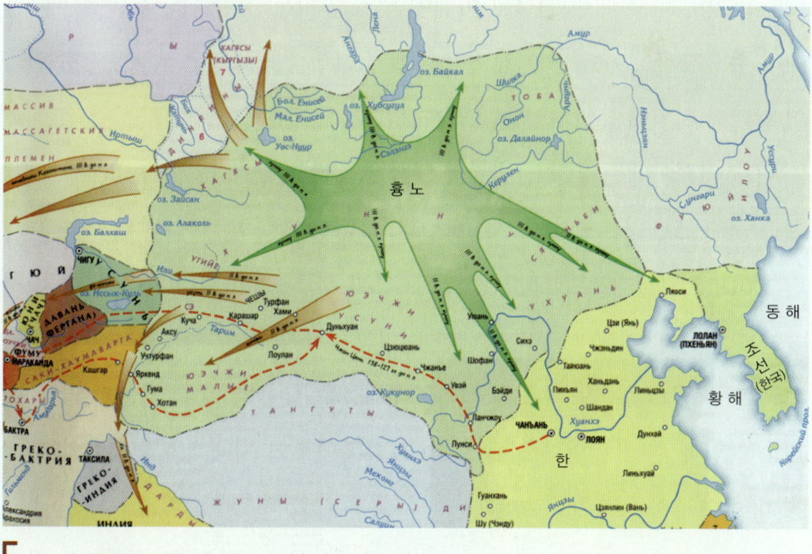

그림 1 기원전 3세기 말과 기원전 2세기 흉노의 원정지도

시기의 인종 문화적 정세는 이전(스키타이－사크)과는 전혀 다른 양상을 띠고 있다. 그러나 흉노가 끼친 영향의 결과가 아시아 전역에서 동일한 양상으로 나타난 것이 아니기 때문에 실제적으로 기록된 역사적 사건들의 평가는 다양하다.

알타이 지역에서 파지리크 문화(기원전 6세기 후반~기원전 3세기)의 소멸은 불란－코비 공동체라고 불리는 새로운 공동체 형성과 발전이 막 시작되었음을 의미한다(티쉬킨·고르부노프, 2005 a, б·2006년; 티쉬킨, 2007년б, 174~184쪽). 필자의 생각으로는 그들 사이에는 이 지역에서 형성되었던 토착 문화를 바탕으로 한 직접적인 계승은 이루어지지 않았던 것으로 보인다.

왜냐하면 매장의례에 관한 기록과 발견된 유물 사이에서 현저한 차이가 보이기 때문이다. 또한 파지리크 문화를 영위한 피장자의 무덤들이 광범위하게 도굴되었는데, 그 대부분은 바로 흉노 시대에 행해졌다는 증거들이 많이 남아 있다(사비노프, 1978년, 53쪽; 후쟈코프, 1998년б, 208쪽; 티쉬킨, 2005년б, 129·130쪽). 바로 이런 점들과 아래에 언급될 다른 정황들을 놓고 볼 때, 본래의 주거지에 남아 있던 이전 주민들에게 적대감을 보였던 새로운 이주민들이 알타이 지역에 유입되었음을 알 수 있다.

현재 러시아에는 흉노 시대에 관한 학술 간행물들이 많이 발간되어 있다. 예를 들면, 코노발로프(1976년), 모길니코프(1992년), 미냐예프(1998년), 크라딘(2001년), 코발레프(2002년), 구밀료프(2003년), 보로프코바(2005년) 등의 저술이 그것이다. 중국 사료의 방대한 번역본들이 있으며, 이들을 바탕으로 하여 주로 중국의 한漢과 유목제국의 지배계층들 사이의 관계, 끊이지 않는 전쟁과 침입에 관한 한의 서신들, 그리고 유목민족의 지배계층들 사이의 관계에 대한 역사적 윤곽 등을 그렸다.

이 자료들을 근거로 하여 N.N. 크라딘(2001년, 234쪽)은 흉노와 한의 관계를 네 단계로 나누었는데, 그의 저서 속에는 이 단계들을 더 세밀하게 구분하였으며, 내용도 보충하였다(크라딘·다닐로프·코노바로프, 2004년). 첫 번째 단계(기원전 209년~기원전 133년)는 국가의 번성기[1]와 관련이 있고, 두 번째 단계(기원전 129년~기원전 58년)는 한의 적극적인 확장기와 관련이 있다. 세 번째 단계(기원전 56년~기원 9년)는 내전과 흉노의 일부가 중국에 복속된 시기이며, 네 번째 단계(기원 9년~48년)는 흉노에 대한 중국의 외교 정책의 변화가 있었던 시기인데, 그에 따른 내부갈등으로 흉노제국은 북흉노, 남흉노로 분열되었다. N.N. 크라딘과 그 외 공동 저자들의 견해를 따르면, 이 시기(기원 1세기 중반부터)부터 역사의 새로운 단계, 즉 '민족 대이동'이 시작되었다고 본다.

흉노가 아시아에서 통치를 시작한 시기와 관련된 일련의 연대들을 언급할 필요가 있는데(보로프코바, 2005년, 16~21쪽), 이 연대들은 고고학적 자료를 해석할 때에도 도움이 된다. 기원전 199년에 한 제국과의 화친조약, 형제맹약, 기원전 174년에 묵돌 선우의 죽음과 노상 선우 즉위, 기원전 165년에 '대월지' 왕국과의 싸움에서 흉노의 완승, 기원전 162년에서 126년의 군신 선우 통치 기간, 흉노제국의 세력 강화, 기원전 123년에 흉노 선우들의 현재의 몽골로 진영 이동, 기원전 119년의 15년에 걸친 흉노와의 전쟁에서 한의 압승 등이 그것이다.

그 외에도 몇 가지 사건들을 언급하고자 하는데, 그것을 살펴보면 고고학적 발굴을 통해 밝혀진 물질문화의 변화들을 이해할 수 있다. 기원전 36년에 흉노가 내륙아시아를 침략하였는데, 거기서 중국 군대에 의해 격파당했다(모

1 현재 L.A. 보로프코바는 기원전 209년이라는 편년에 동의하지 않으며(2005년, 12~14쪽), 근거 없이 획정된 정확하지 않은 편년이라고 보고 있다. 보로프코바는 묵돌 선우의 제국이 형성된 시기는 북방 민족들을 정복한 이후(기원전 203년~기원전 202년)와 중국 한 제국 군대가 와해된 시기(기원전 202년~기원전 200년)로 봐야 한다고 주장한다.

길니코프, 1992년, 254쪽). 기원 48년은 흉노가 '북'과 '남'으로 분열된 해이다. 중국 사료에 따르면 기원 93~94년에 '북'흉노는 선비족과의 싸움에서 참패하고 소멸되었다(클랴쉬토르느이·사비노프, 2005년, 33쪽).

문헌기록들을 바탕으로 좀 더 상세하게 연대와 사건들을 기술할 수 있는데, 이런 작업들은 이미 러시아 및 세계 여러 나라의 연구자들에 의해 이루어졌다. 그러나 그들의 연구물들 가운데는 알타이 지역의 역사적 상황이 반영되지 않았다. 역사적 상황을 밝히기 위해서는 흉노 제국이 존재한 시기에 중앙아시아가 어떻게 변화하게 되었는지에 대한 이유를 이해하는 것이 중요하다.

이러한 이해를 바탕으로 이미 수집된 자료들과 남부 시베리아와 그 인근 지역들에서 출토된 고고학적 자료들을 비교 연구할 수 있다. 이런 식의 접근방법으로 흉노 제국의 시기를 연구한 러시아 학자로는 P.B. 코노발로프(1976·1996년), A.B. 다브이도바(1995·1996년), B.A. 모길니코프(1992년), S.S. 미냐예프(1998년) 등이 있다.

현전하는 고고학적 자료를 근거로 하여 흉노 제국 지배 시기의 알타이를 다루기 전에 우선 한 가지 사항을 짚어 둘 필요가 있다. 중앙아시아의 고대를 연구하는 데 고고학 간행물들은 유럽에서 사용하는 명칭인 '군누гунну' 보다는 '훈누хунну'라는 명칭을 자주 사용하는 경향이 있다(클랴쉬토르느이·사비노프, 2005년, 185쪽). 물론 이런 구분은 예전에도 있었다(이노스트란쩨프, 1926년).

몇몇 연구자들은 '슌누сюнну'라고 칭하기도 한다(예를 들면 보로비요프, 1994년; 만델쉬탐·스탐불니크, 1992년; 미냐예프, 1998년). 부리아트 공화국의 연구자 P.B. 코노발로프(1976년)는 '군누хунну'와 '순누сунну'라는 종족 명칭이 발생하게 된 경위에 대해서 매우 객관적으로 기술하였다. 이를 근거로 하여 'хунну(훈누)// сунну(순누)' 명칭에 대한 간략한 설명과 함께 앞으로 이 명칭을 어떻게 사용할 것인지에 대해 언급하겠다.

소비에트 학술 서적에서는 오랫동안 흉노 제국 지배 시기의 유목민들을 지칭할 때 주로 '슌누сюнну'라는 용어를 사용하였다. 그러나 나중에 중국 문헌에서 사용한 '훈누хунну', '슌누сюнну'라는 용어를 차용하여, 그와 같이 사용하게 되었다. 하나는 남부식 중국어 발음이고, 다른 하나는 중부식 중국어 발음이다.

유럽 서적에는 '훈누хунну'라는 용어를 사용하였는데, 고대 그리스 로마 작가들이 이 명칭을 'Hun, Hunnu, Huni'로 옮겨 썼다. 이 명칭은 비록 남부식 중국어 발음의 첫 번째 소리가 러시아어의 '하xa' 발음과 더 유사하기는 하지만, 러시아에서는 '군гунн', '군느이гунны'로 읽게 된 것이다(자세츠카야, 1994년).

이런 이유로 러시아 문헌에서는 '훈누хунну'라는 단어를 쓰는 것이 더 정확하기는 하지만 '슌누сюнну'라는 단어의 사용도 허용되었다(코노발로프, 1976년, 3쪽). 따라서 앞으로는 이 장의 도입문에 표기한 두 명칭들 중 하나인 흉노를 사용하도록 하겠다.

매우 광활한 흉노 제국의 북쪽 지역 민족들에 대한 연구는 아직 미흡한 수준이다. 알타이 또한 그런 면에서 예외는 아니다. 1980년대 중반까지는 기원전 2세기~기원 1세기로 편년되는 고고학적 유적군들이 거의 발견되지 않았다. 바로 이런 이유 때문에 알타이 지역에 살았던 흉노 시대 유목민족들의 역사에 대해서는 개략적인 이해만 있었다.

이로 인해 파지리크 문화를 영위한 종족들의 운명에 대한 몇 가지 가설들이 있었으며, 오랫동안 연대 상한선이 비정상적으로 높게 책정된 채로 있었다(그랴즈노프, 1992년, 169·170쪽). 학술 서적에는 심지어 '흉노 사르마트' 시기[2](기원전 2세기~기원 5세기)의 유적들 가운데서 보이는 과도기적 특징을 알타이 지역 유목민들의 초기, 중기, 말기의 발달 과정 속에서 해석하였다(가브릴로바, 1965년; 티쉬킨·마트레닌, 2007년, 39쪽).

최근 30년 동안 산지 알타이 지역에서 발견된 다량의 인류학적 자료 덕분에 기원전 1000년기 말에서 기원 1000년기 초에 이 지역에서 발생한 역사·문화적 변화 과정을 연구할 수 있게 되었다(티쉬킨, 2009년). V.I. 소예노프는 '흉노 사르마트' 시기의 유적 연구사를 기술하였는데(2003년, 4~12쪽), 최근에 행한 고고학적 조사의 결과물들이 보완되었다. 사료의 수가 증가함에 따라 문화·연대적 측면에 관한 몇 개의 새로운 개념들이 생겨나게 되었다(티쉬킨, 2007년б, 167~172쪽).

현재 우스티-에디간, 사르이-벨, 첸데크(동쪽 그룹), 야로만-II(서쪽 그룹), 파지리크(쿠르간 No.23·24, No.42) 무덤군에 있는 쿠르간들은 흉노시기(기원전 2세기~기원 1세기)의 것으로 간주된다(소로킨, 1977년; 후디야코프, 모로즈, 1990·1992년; 후디야코프, 1991·1997a, б·1998a, б; 소예노프·에벨, 1992년; 소예노프, 1999·2003년; 티쉬킨·고르부노프, 2002·2003·2005б·2006년; 티쉬킨, 2004·2005a, б·2006a, б·2007a, б·2010년б; 티쉬킨, 2011년). 위에 언급한 유적들은 알타이 북부·중부·동부 지역에 위치해 있다.

U.T. 마마다코프는 이 유적들을 불란-코비 문화 계통으로 분류하였으며(1990년), 여러 학자들은 이 유적들을 우스티-에디간 그룹으로 구분하였다. 우스티-에디간이라는 용어는 U.S. 후디야코프를 단장으로 하는 조사단의

---

2 학술서적 속에서 현재까지도 널리 사용하고 있는 '흉노 사르마트 시기'는 정확하지 않은 용어로서, 알타이와 전 아시아 역사를 다룰 때도 그리 자주 사용되지는 않았다. '흉노-선비-유연 시기' 라는 용어를 사용하는 것이 더 적합하다. 이 용어는 기원전 2세기~기원 5세기 사이에 광대한 지역에 군사와 정치, 경제와 문화적으로 눈에 띄는 흔적을 남긴 중앙아시아 거주민족들의 명칭이 포함되어 있기 때문이다.

발굴 조사(후디야코프, 1991·1997a, б·1998년a, в)가 이루어진 우스티-에디간 유적군에서 유래한 명칭이다.

발굴된 유물들은 모두 기원전 2세기~기원 1세기 것으로 편년되었다. 이 연대는 고고학적 유물들을 여러 영역별로 분석하고, 얄로만-II 유적 발굴 과정에서 수습한 유물들을 방사성탄소연대 측정법으로 측정한 지수를 바탕으로 책정한 것으로, 이 유물들은 러시아뿐만 아니라 세계의 여러 연구소에서도 연구되었다.

여러 분야별로 분석하여 얻은 자료들과 필자의 연구, 그리고 이미 언급한 다른 유적군들에서 습득한 자료들을 통해 이 고고학 유물들의 주요 특징들을 파악·제시할 수 있게 되었다.

우선 불란-코비 문화의 유명한 묘지들에 특징적으로 나타나는 지형적 특징을 간략하게 기술하겠다. 이 유적들은 일반적으로 외딴 언덕의 높은 대지臺地에 위치하고 있다. 그중에서도 얄로만-II 무덤군은 아시아의 중심부에 위치하고 있으며(그림 2), 이 무덤군은 카툰 강의 네 번째 범람원 중, 산과 접해 있는 좁은 땅에 축조되어 있는데, 이는 이전의 파지리크 문화기에 조성된 무덤과는 차이를 보인다(그림 3·4).

불란-코비 문화 초기 단계 유적들의 또 다른 지형적 특징은 현재의 지표면에서 거의 눈에 띄지 않는다는 점이다(그림 5). 그렇기 때문에 지금까지도 초기 철기 시대의 다른 무덤들에 비해 유적의 수가 그다지 많지 않다.

무덤은 약간 큰 돌로 바닥을 만들고, 둥글며(가끔은 타원형 또는 사각형과 유사한 형태의) 흙이 섞인 작은 돌무지들이 우세하게 나타난다. 매장지에는 그다지 크지 않은 쿠르간들이 사슬 모양으로 촘촘하게 연결되어 있다. 얄로만-II 유적에 있는 남성 무덤의 동남쪽에는 울타리가 있는데, 그것은 그다지 크지 않은 돌들을 세로로 세운 것이다(그림 6).

그림 2 알타이 산악지형도에 표시된 얄로만-II 유적지

그림 3 얄로만-II 유적(우주에서 촬영한 모습)이 위치한 볼쇼야 얄로만 강 하류 분지(카툰 강 왼쪽 지류)

그림 4 단구에 형성된 얄로만-II 고고학적 유적 집합체

그림 5 고고학적 발굴 시작 전의 얄로만-II 매장지

그림 6 얄로만-II, 쿠르간 43 의 돌무지 가장자리에 수직으로 세운 돌

돌무지 밑에는 흙을 파서 만든 무덤 구덩이가 있는데, 대부분의 구덩이에는 큰 석판으로 만든 석곽과 편평한 돌로 만든 덮개가 있다(그림 7~9). 나무로 만들거나 돌과 나무를 섞어서 만든 무덤 내부 구조물들도 가끔 나타난다.

일반적으로 주검은 말과 함께(그림 10), 또는 말 없이 (그림 11 · 12) 매장되었으며, 말만 매장하는 경우도 있다. 주검은 다리를 약간 구부리고 옆으로 누워있거나 등을 바닥에 대고 쫙 편 자세로 뉘어져 있었다. 사람과 말의 머리는 서쪽 또는 동쪽을 향해 놓여 있었다(동쪽에 머리를 두고 매장한 방법이 우세하게 나타난다). 말들은 석곽의 덮개 위에 놓여 있거나 혹은 사람의 다리 사이에 옆으로 뉘어져 있었다(그림 13 · 14). 아주 가끔은 말들이 무덤 내부 구조물의 긴 석벽 바깥쪽에 시신과 평행하게 놓여 있기도 하였다.

불란-코비 문화 중 우스티-에디간 단계의 무덤에서 출토된 유물들은 매우 다양하다. 이 유물들의 성격은 개략적으로 발표되었다(티쉬킨 · 고르부노프,

그림 7 얄로만-II, 쿠르간 43, 석곽과 덮개

그림 8 얄로만-II, 쿠르간 43, 돌널 속에 석곽과 유해

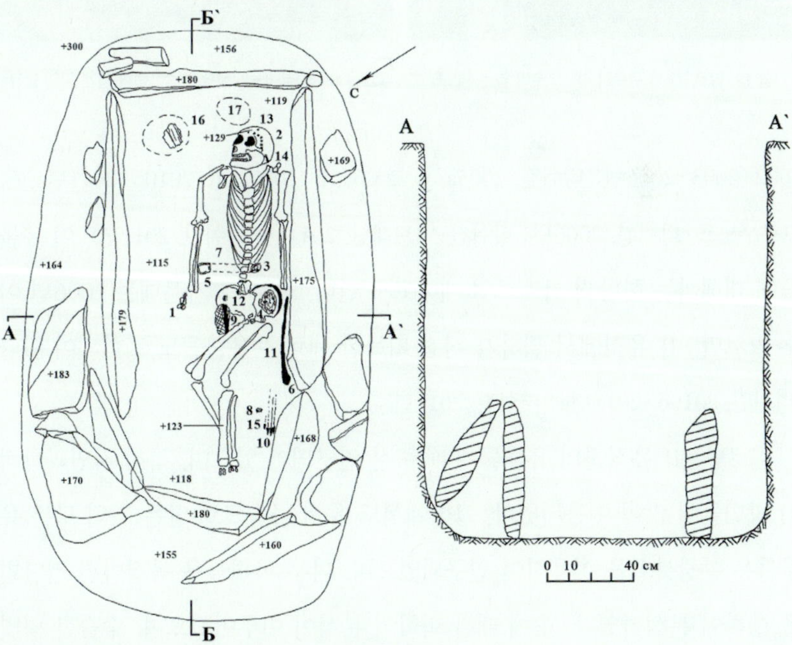

그림 9 얄로만-II, 쿠르간 43, 석곽 무덤의 평면도와 단면도

그림 10 얄로만-II, 쿠르간 44, 말이 묻힌 세노타프

그림 11 얄로만-II, 쿠르간 60, 그릇이 묻힌 세노타프

그림 12 얄로만-II, 쿠르간 42, 그릇이 없는 세노타프

그림 13 얄로만-II, 쿠르간 43, 석곽 덮개 위의 말유해

2002 · 2003 · 2006년; 티쉬킨, 2005a, б · 2006a, б · 2007a, б · 2010б · 2011년a, б; 고르부노프 · 티쉬킨, 2006년; 티쉬킨 · 마트레닌, 2011년; 티쉬킨, 2011년). 이 유물들에 대해서는 하나씩 차례로 소개하고자 한다. 물론 그 가운데는 2006년 이후 얄로만-II 유적에서 필자가 직접 획득한 새로운 유물들도 포함되어 있다(티쉬킨, 2010б · 2011년в; 티쉬킨, 2011년).

얄로만-II 유적군의 유물들은 매우 잘 연구되어 있으며, 특히 자연과학적인 방법들이 많이 이용되었다. 그중에서도 유색 금속으로 만든 거의 모든 유물들은 분광분석을 이용하여 연구되었으며, 나무 파편들은 목질박편 절단법을 행하여 분석하였다. 옷에 대한 화학적 분석이 이루어졌으며, 수습한 몇몇 표본을 대상으로 행한 고대과실분류학 자료도 확보하고 있고, 또 방사성탄소

법과 나이테 측정법에 의한 지수도 얻었다.

여러 가지 방법을 이용하여 사람과 동물의 뼈를 연구하였으며, 암석학적 분석과 X-선 형광촬영법을 이용하여 다량의 돌 구슬과 유리 구슬들을 분석하였다(브이코프·브이코바·고르부노프, 티쉬킨, 2004·2005년; 티쉬킨, 2004·2010б·2011년в; 티쉬킨·하브린, 2004년; 티쉬킨·하브린·프렌켈, 2007년; 브이코프·스류사렌코·티쉬킨, 2008년; 티쉬킨·루즈긴, 2009년).

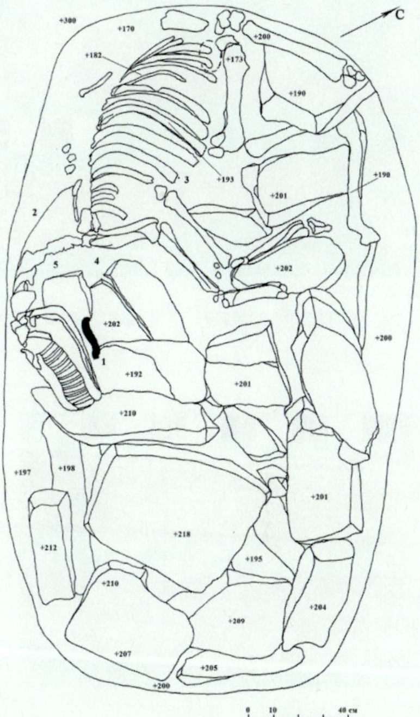

그림 14 얄로만-II, 쿠르간 43, 석곽 덮개 위에 안치된 말. 평면도

불란-코비 문화 중 우스티-에디간 단계의 주민들이 누린 물질문화의 특징은 발견된 모든 유물들, 즉 무기, 치레걸이, 마구, 생활 용구, 연장, 의복 장신구 등에서 나타난다.

무기로는 원거리용과 근접용 무기, 갑옷 등이 있다(고르부노프·티쉬킨, 2006년). 우스티-에디간 단계의 거의 모든 유적에서 접합식 활의 일부분들이 나타난다. 일반적으로 뿔로 만든 이음판만이 보존되어 있는데, 가끔은 나무로 만든 활의 끝부분도 보인다(그림 15). 얄로만-II 유적 쿠르간 62에서 출토된 두 개의 이음판에는 독특한 동물 형상이 새겨져 있다(그림 15, 16). 뿔로 만든 이음판의 안쪽 면에는 많은 선들이 새겨져 있는데, 이 선들은 큰 격자무늬를 형성하고 있다. 이음판은 접합식 활에 사용된 뿔로 만든 부속품들과 나무

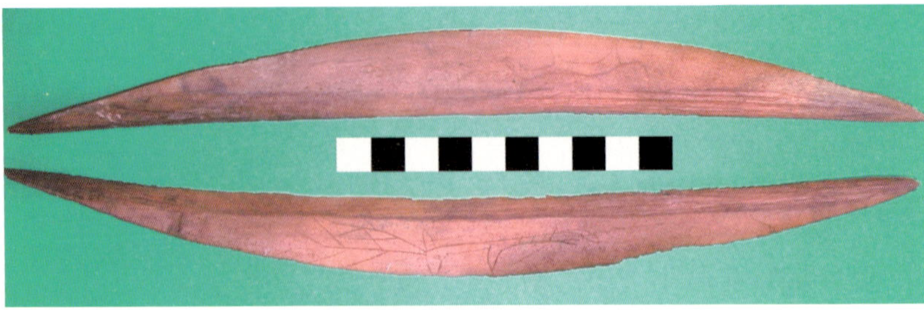

그림 15 얄로만-II, 쿠르간 62, 뿔로 만든 활의 중간부분에 붙이는 이음판

그림16 얄로만-II, 쿠르간 62, 활의 중간부분에 붙이는 이음판에 시문된 동물 형상

로 만든 부속품들을 견고하게 결합시키는 것이다.

수집한 유물들을 통해서 판단하건대, 불란-코비 문화의 초기 단계를 영위한 사람들이 사용한 활은 두 가지 유형을 띠고 있다. 하나는 뿔로 만든 이음판 7개(활대 끝 부분의 측면에 붙인 이음판 두 쌍, 활대 중간 부분의 측면에 붙인 이음판 두 개, 활대 중간 부분의 등쪽에 붙인 이음판 한 개)로 구성되어 있다. 다른 유형은 6개의 이음판(활대 끝 부분의 측면에 붙인 이음판 두 쌍, 활대 중간 부분의 측면에 붙인 이음판 두 개)으로 구성되어 있다. 이런 유형의 활들은 기원전 3세기에 흉노가 최초로 만든 것이다(후디야코프, 1993년, 120·122쪽).

나중에는 유라시아의 여러 민족들이 이런 활을 널리 사용하였다. 불란-코비 문화 초기에 제작된 이음판들은 흉노가 제작한 이음판들과 완전히 일치한다(에르데네바아타르·투르바트·후디야코프, 2003년). 그러므로 발견한 유물들을 흉노식 활이 가장 널리 사용된 시기인 기원전 2~3세기에서 기원 1세기의 것으로 편년할 수 있었다(티쉬킨·고르부노프, 2006년, 32쪽).

얄로만-II 유적에서 도끼의 거푸집이 발견되었다. 거푸집에 나타난 특징들로 보아, 이 도끼는 앞 시기의 전투용 도끼와 약간 비슷하다. 그러나 서 시베리아의 남쪽에서는 이런 유형의 도끼가 카멘스크 문화에 속하는 기원전 3세기에서 2세기의 유적들에서 많이 출토된다(모길니코프, 1997년, 그림 42; 슐가·우만스키·모길니코프, 2009년, 그림 109). 이런 유형의 무기는 파지리크 시기에 알타이(코체에프, 1999년)와 그 인접지역 주민들이 많이 사용하였다.

그림 17 얄로만-II, 쿠르간 62에서 나온 유물

전투용 철제 화살촉은 우스티-에디간, 사르이-벨, 얄로만-II 무덤들(그림 17)에서 출토되었다. 이 화살촉들은 모두 슴베를 갖고 있다. 몇몇 무덤에서는 자작나무로 만든 막대가 있었다[3]. 얄로만-II 유적의 쿠르간에서 출토된 철제 화살촉들은 비교적 잘 보존되어 있었다(고르부노프·티쉬킨, 2006년, 81·82쪽).

날개가 셋 달린 화살촉은 세 가지 유형이 있는데, 삼각형, 뾰족한 가시가 달린 삼각형, 육각형 단면을 지닌 화살촉 등이 그것이다. 파갑 화살촉의 몸

3 얄로만-II 유적에서 출토된 목재의 성분 분석은 에르미타쥬 박물관(상트-페테르부르크 시)의 M.I. 콜로소바와 국립 알타이대학교(바르나울 시)의 N.I. 브이코프가 행하였다.

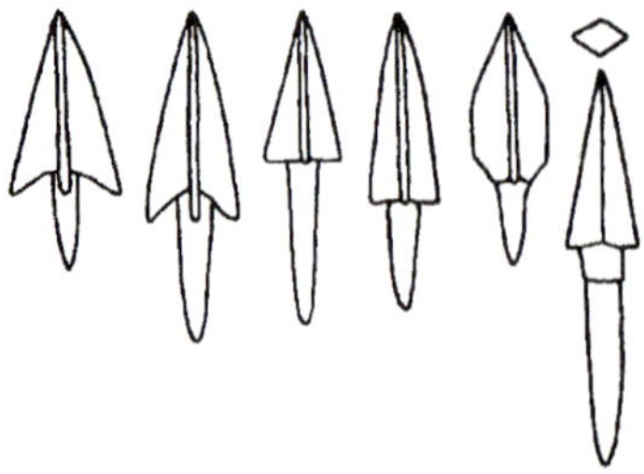

그림 18 얄로만-II, 쿠르간 62, 화살과 장대

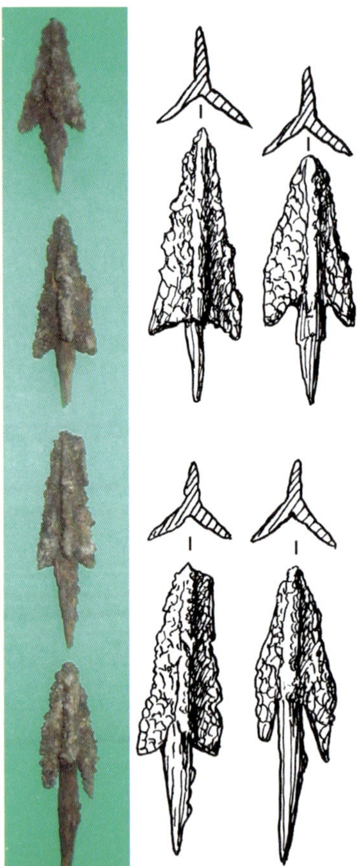

그림 19 얄로만-II 유적 쿠르간 48 출토 무기

통 형태는 세모꼴이고, 단면은 마름모꼴이다(티쉬킨·고르부노프, 2006년, 32쪽). 날개가 세 개인 철제 화살촉은 기원전 4세기에서 3세기 사이에 유라시아의 유목민들과 정착민들 사이에서 많이 사용되었다.

불란-코비 화살촉은 알타이의 삼림 스텝 지역에 존재했던 카멘스크 문화의 기원전 3세기에서 2세기 사이에 형성된 쿠르간들과 미누신스크 고원(중부 예니세이)에 형성된 타가르 문화 공동체의 테신 단계에 속하는 기원전 2세기에서 1세기 사이의 유적들에서 출토된 것과 흡사하다.

기원전 2세기에서 기원 1세기의 흉노시대 화살촉처럼 뾰족한 가시가 있는 삼각형의 화살촉에 주목할 필요가 있다. 기원 1세기 이후 중앙아시아에서는 이런 화살촉이 거의 사용되지 않았다. 육각형의 몸통이 있는 화살촉은 기원전 1세기~기원 1세기 사이에 중앙아시아의 흉노족들이 많이 사용한 것이다. 파갑 화살촉과 가장 유사한 것이 흉노족들의 화살촉이다(고르부노

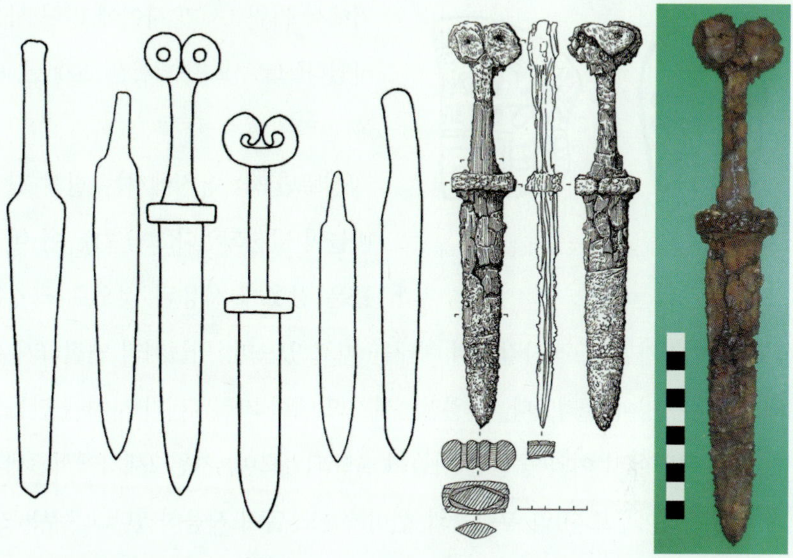

그림 20 얄로만-II, 쿠르간 48, 철제 단검

프·티쉬킨, 2006년, 82쪽).

우스티-에디간, 사르이-벨, 얄로만-II 등의 유적에서 출토된 단검들(그림 20)은 렌즈 형태의 단면을 한 칼몸을 지니고 있는데, 단검은 유형별로 다음과 같이 분류된다. 첫 번째 유형은 곧게 뻗은 막대 모양의 코등이와 소용돌이 모양의 칼자루 끝장식이 있는 단검이다. 이 단검은 발생학적으로 스키타이-사크 시기의 무기에 기원을 두고 있다. 이 단검과 가장 유사한 것은 기원전 3세기에서 기원 1~2세기의 박트리아(월지-쿠샨) 유적군들에서 출토되었으며, 서 시베리아의 사르카트 유적들에서 발견된 2~4세기 사이에 제작된 무기 가운데서도 이와 유사한 것들이 보인다.

두 번째 유형은 코등이와 칼자루 끝장식이 없는 단검이다. 유럽에서는 기원전 1세기에서 기원 1세기 사이에 동유럽의 사르마트인들이 이런 유형의 단검을 많이 사용하였으며, 아시아에서는 중앙아시아의 흉노들이 기원전 2세

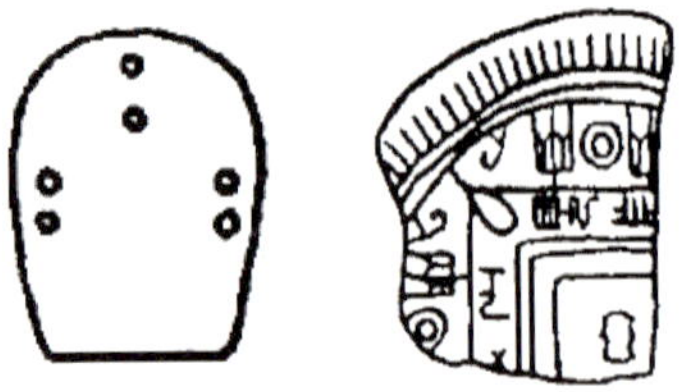

그림 21 얄로만-II, 쿠르간 57과 61, 갑옷 비늘

기에서 기원 1세기 사이에 많이 사용하였다(고르부노프·티쉬킨, 2006년, 83쪽).

얄로만-II 유적에서는 철제 갑옷 비늘이 발견되었다(그림 21). 이 비늘들은 갑옷에 사용된 것으로 크기는 작고 모서리가 둥근 직사각형의 형태를 띠고 있으며, 비늘끼리 연결하기 위해 6개의 구멍이 뚫려있다. 기원전 3세기 말에서 기원 1세기 사이에 만들어진 흉노 유적에서 이와 동일한 비늘이 출토되었으며, 기원 2세기에서 3세기 사이의 프리아무르 지역 부족들과 선비족들도 많이 사용하였다(고르부노프·티쉬킨, 2006년, 83·84쪽). 얄로만-II 유적에서 출토된 두 개의 비늘 안쪽에는 청동으로 만든 안감이 덧대어져 있었다. 이 청동의 성분을 분석해 본 결과(티쉬킨·하브린, 2004년, 305쪽), 그것은 이 지역에서 생산되는 것이 아니었음을 알게되었다. 이것은 곧 불란-코비 문화에서 최초로 발견된 갑옷이 수입품임을 말해주는 것이다.

양날 칼의 파편도 우스티-에디간 묘지에서 발견되었다(후디야코프, 1997년a, 그림 1: 14). 이와 유사한 유물은 기원 1세기~5세기 사이에 사르마트와 내륙아시아의 무기 가운데서도 발견되었다. 중앙아시아에서도 역시 기원전 2세기부터 양날 칼이 존재하였는데, 자바이칼의 드이레스투이 무덤에서 양쪽에 날이 있는 칼몸과 손잡이 파편이 발견됨으로써, 보다 이른 시기에도 그것이 존재하였을 가능성을 짐작할 수 있다(고르부노프·티쉬킨, 2006년, 83쪽).

사람이 착용한 띠에는 일반 허리띠와 화살용 허리띠, 그리고 여러 물건을 걸기 위한 용도의 띠 등이 있다. 버클은 매우 다양하다. 자신의 꼬리를 물고 있는 도마뱀 형상이 투조 기법으로 제작된 구리 버클들도 특이하다(얄로만-

그림 22 도마뱀 형상이 투조된 구리 버클

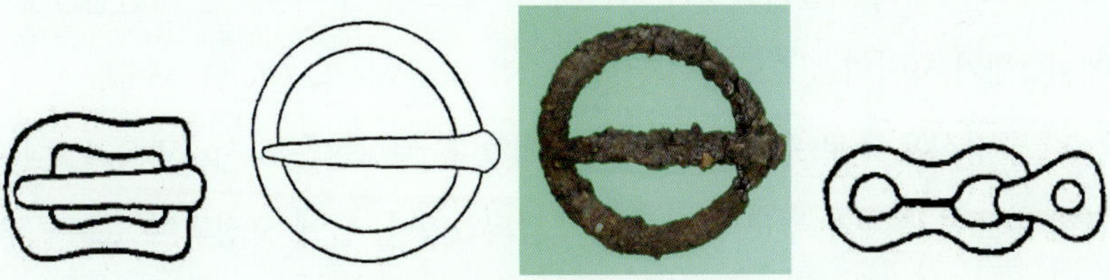

그림 23 얄로만-II, 쿠르간 48, 허리띠에 달린 철제 부속품

II 유적에서 두 점 출토되었다). 몇몇 특징(전반적인 형태, 동물양식, 부속품들의 용도)들을 놓고 볼 때, 이 버클들은 남부 시베리아와 자바이칼 지역에서 발견된 기원전 2세기에서 기원 1세기 사이의 것들과 유사하다(데블레트, 1980년, 그림 6: 1, 2, 10-12; 표 20 외; 다브이도바, 1995년, 표 14: 9; 125: 13; 1996년, 표 15: 13; 33: 9; 미냐예프, 1998년, 표 67: 7; 81: 8; 103: 1, 2; 118: 1; 보로도프스키·라르체프, 2013년, 75~78·92쪽). 이런 유물들은 흉노 문화의 영향으로 나타난 것이다.

움직이는 핀이 달려있는 틀 모양의 버클이 가장 많이 출토되었다. 이들 중에서 네모난 형태의 틀도 있는데, 틀 측면이 오목하게 휘어진 것도 몇 점 있다. 원형 버클은 다른 것들에 비해 크기가 좀 더 큰 편인데, 일반 허리띠와 여러가지 물건을 걸기 위한 용도의 띠에 다는 부속품이다. 이들 중 핀을 달 수 있게 테 중간에 세로로 막대를 설치한 버클 한 점이 눈에 띈다. 이와 유사한 버클들은 흉노 시대의 유물 가운데도 있다.

그 외에도 정사각형의 틀에 모서리가 둥근 버클도 있는데, 이런 것들은 흉노 문화에서 나타나는 특징이다. 8자 모양으로 중간 부분이 붙어 있는 틀에 유동성 조임판(천이나 가죽띠를 붙이는 부분)이 달린 버클들도 특이하다. 이와 유사한 버클들(조임판이 없는)은 흉노 허리띠 부속품 속에서도 발견되었다. 전반적으로 불란-코비 문화의 초기 단계에서 생산된 허리띠 버클은 스키타이-사크 시대의 버클과는 기능상 완전히 다르다. 이 버클들은 기원전 3세기에서 2세기 사이의 것으로 추정된다(티쉬킨·고르부노프, 2006년, 33쪽).

띠 끝장식은 주로 구리와 철로 제작되었다. 끝장식은 모서리가 둥근 직사각형에 표면 전체가 투조 기법으로 조각되었거나, 틀에 고정되어 있는 끈의 끝부분을 연결하기 위해 구멍이 한 개 뚫려 있다. 이 끝장식은 자바이칼 지역의 유적들 가운데서 출토된 흉노 시대의 띠 끝장식들과 유사하다(코노발로프, 1976년, 표 XIV: 1-14). 얄로만-II 유적 제 60번 쿠르간에서 출토된 띠 끝장식은 직사각형의 모서리가 둥글고 곧은 금속판인데, 투조기법으로 제작되었다. 길이는 4.75cm이고 폭은 최대 1.7cm이며, 두께는 약 0.2cm이다(그림 24). 출토된 유물은 중앙아시아에서 사용했던 끝장식들 가운데서도 가장 오래된 변형품 가운데 하나이다(티쉬킨·마트레닌, 2011년, 163쪽·164쪽).

그림 24 띠 끝장식

작은 숟가락 모양의 드리개는 알타이의 남성 무덤에서 자주 출토된다. 구리와 청동으로 만든 드리개는 여러 문양으로 장식되어 있으며, 뒷면에 가로대가 장착되어 있다. 철과 뼈로도 이와 비슷한 것을 만

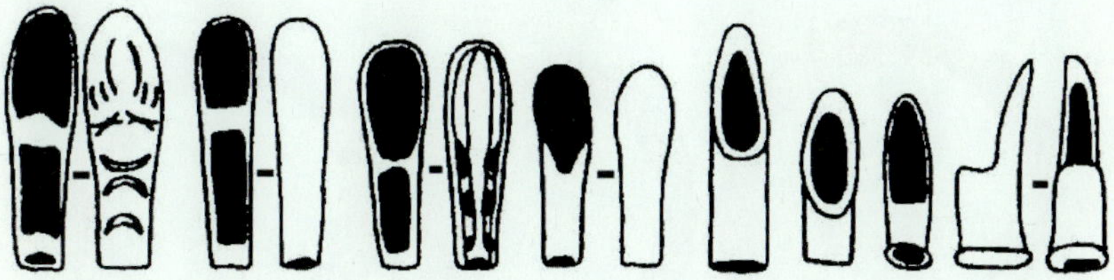

32 33 34 35 36 37 38 39

그림 25 작은 숟가락 모양의 드리개

그림 26 얄로만-II, 쿠르간 43과 60 출토 유물

들었는데, 그것들은 좀 더 단순하게 제작되었다. 이와 같은 유물들은 기원전 2세기에서 기원 1세기(흉노 시기의)의 유적에서 다량으로 발견되었다(티쉬킨·고르부노프, 2006년, 33쪽). 작은 숟가락 모양의 드리개들은 하카시야의 이유스에서 기원한 것들이다(보로도프스키이·라리체프, 2013년).

허리띠 부속품 가운데는 다양한 형태의 장식판들이 있다. 얄로만-II 유적에서 출토된 허리띠 아래쪽 가장자리의 도금된 구리 장식판에는 두 마리

그림 27 얄로만-II, 쿠르간 48과 51 출토 허리띠 부속품들

의 고양이과 맹수가 투조 기법으로 새겨져 있다(티쉬킨·마트레닌, 2011년, 162·163쪽). 이와 유사한 것이 자바이칼의 이볼긴스크 묘지 138번 무덤에서도 출토되었다(다브이도바, 1996년, 표 39: 2).

볼록하고 둥근 모양의 구리로 만든 장식판은 뒤쪽에 뭔가를 걸기 위한 고리가 달려있는데, 이런 것들은 단추류에 속한다. 이와 유사한 것들이 몽골과 자바이칼 지역의 흉노 유적지에서 많이 나타난다. 철제 장식판에는 작고 둥근 형태와 좀 더 큰 타원형이 있다. 이와 유사한 것들은 흉노 시대의 물질문화의 유물 가운데서도 볼 수 있다(티쉬킨·고르부노프, 2006년, 33·34쪽).

나무 버클은 금박으로 치장되어 있었고, 또 광택제가 발린 남성 허리띠(2007년 얄로만-II 유적 제43번 쿠르간에서 채집되었다)도 주목할 필요가 있다

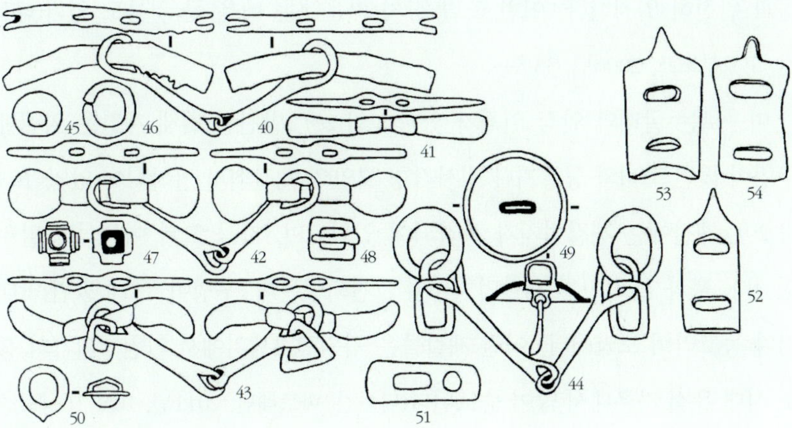

그림 28 불란-코비 문화 우스티-에디간 단계의 마구

(그림 31 · 32, 티쉬킨, 2010년б, 43 · 44쪽). 이와 가장 유사한 것으로는 '꿩 형상이 그려진 금제 버클'로서 자바이칼의 차람 계곡에 위치한 흉노 시대 무덤 복합체 제7번 쿠르간에서 발견되었다(미냐예프 · 사하로프스카야, 2007년). 이 유물 덕분에 나르트이 서사시 주제들 가운데 한 개를 재구성할 수 있었다(쉐페르, 2012년).

두 점 또는 세 점씩 모여 있는 둥근 고리 모양 띠의 길이 조절 장치는 보조용(또는 화살용) 허리띠에서 주로 나타난다. 일반적으로 띠 길이 조절 장치는 움직이는 핀이 달려 있는 둥근 모양의 버클과 한 세트를 이룬다. 이것은 몽골과 자바이칼 지역에 있는 기원전 2세에서 기원 1세기경의 흉노 시대 유적에서 출토된 허리띠 장식품

그림 29 얄로만-II, 쿠르간 51 출토 재갈멈치

들과 완전히 일치한다. 이런 조절 장치 가운데는 매우 큰 것들도 있다(티쉬킨·고르부노프, 2006년, 33쪽).

마구로는 굴레와 안장 일체가 있다(그림 28). 발견된 철제 재갈은 양끝에 구멍이 뚫린 고리와 둥글거나 정사각형 모양의 재갈쇠가 장착되어 있었다(그림 29). 재갈에는 재갈멈치가 장착되어 있었으며, 가끔 고삐 이음쇠도 달려 있었다. 뿔과 철로 만든 재갈멈치들이 발견되었는데, 구멍이 두 개 뚫린 막대기나 동그라미 모양이다. 이런 재갈들은 기원전 2세기에서 기원 1세기의 흉노 시대 유적 가운데서 많이 출토된다(티쉬킨·마트레닌, 2011년, 165·166쪽).

이 중에서 끝이 평편하고 구멍이 두 개 뚫린 막대 모양의 재갈멈치가 중요하다. 이런 재갈멈치는 S자 모양으로 구부러진 것과 끝부분이 사다리꼴이나 둥근 노櫓처럼 생긴 것이 있다. 이와 같은 유물들은 몽골과 자바이칼 지역의 흉노 시대 무덤 속에 묻혀 있으며, 이볼긴스크 유적에서도 발견되었다(티쉬킨·고르부노프, 2006년, 34쪽).

철제 굴레 버클은 사각형의 틀과 움직이는 핀으로 구성되어 있다(그림 31). 이 버클들은 허리띠 버클들과 완전히 일치하지만, 크기는 약간 작다(티쉬킨·마트레닌, 2011년, 167쪽). 띠 길이 조절 장치는 두 가지 형태가 있다. 십자 모양으로 만든 구리 띠 길이 조절 장치(그림 31)는 드이레스투이 무덤에서 발견된 것과 유사하다(미냐예프, 1998년, 표 1: 2). 끝부분을 접합하여 만든 고리모양의 철제 띠 조절 장치도 역시 흉노 시대 굴레 부속품들과 일치한다(코노발로프, 1976년, 표 X: 15; 미냐예프, 1998년).

다양한 형태의 굴레 장식품들이 있는데, 구멍이 뚫려있는 활모양의 편평한 드리개 장식판, 중심 부분이 뾰족하게 튀어 나왔고, 뒷면에 꺾쇠가 달린 하트 모양의 장식판, 핀이 달린 꺾쇠를 장식판에 삽입하는 방법으로 굴레 띠에 고정하는 둥근 장식판 등이 그것이다(티쉬킨·고르부노프, 2006년, 34쪽). 마

그림 30 버클

그림 31 십자 모양으로 만든 구리 띠 길이 조절 장치

그림 32 얄로만-II, 쿠르간 61, 철제 굴레 장식판

지막 유형의 장식판은 기능상 드이레수트이 무덤에서 출토된 방울이 달린 장식판들과 비슷하다. 그러나 형태와 크기는 드이레스투이 묘지 출토의 중심 부분이 뾰족하게 튀어나온 장식판들과 유사하다. 전체적으로 불란-코비 문화 초기의 굴레 장식은 파지리크 무덤에서 출토된 굴레 장식들과는 확연히 차이가 나며, 흉노 시대의 승마용 마구들과는 완전히 일치한다(티쉬킨·고르부노프, 2006년, 118~120쪽).

우스티-에디간 단계의 안장 부속품은 앞 시대의 전통을 계승하여 발전하였다. 구멍이 뚫려있고 틀의 한쪽 면에는 삼각형으로 뾰족하게 튀어나온 주둥이가 있는 네모난 버클이 바로 그것이다(티쉬킨, 마트레닌, 2011년, 166쪽). 이와 유사한 것들은 기원전 5세기에서 3세기 사이의 알타이와 투바지역 유적에서도 발견되었다. 주둥이가 뾰족하게 튀어나온 버클은 기원전 2세기에서 기원 1세기 사이의 흉노 시대 유적에서 많이 출토되었으며, 끝에 뚫린 구멍의 모양에 따라 약간의 차이를 보인다(티쉬킨·고르부노프, 2006년, 34쪽). 출토된 버클은 파지리크 유물 가운데서 그 원형을 찾을 수 있다.

생활용품 및 연장 등의 종류는 다양하다(그림 34). 불란-코비 문화의 우스

그림 33 골제버클

티-에디간 단계 유적들에서 출토된 그릇들은 점토, 구리, 나무 등으로 만들었다. 토기는 몇 개의 그룹으로 분류되는데, 그중에는 항아리, 통, 꽃병, 큰 컵 등이 있다(티쉬킨, 2005년б; 티쉬킨·고르부노프, 2006년, 35쪽).

흉노 문화에 속하는 토기 파편은 알타이의 동남부 지역에서도 발견되었는데, 고대에 도굴된 흔적이 있는 우준탈-I의 파지리크 유적 제2번 쿠르간을 발굴할 때 발견되었다(사비노프, 1978년, 53쪽, 그림 3; 1993년, 6쪽). 같은 지역에 위치한 유명한 울란드리이크-V 무덤에 있는 제1번 쿠르간의 무덤 구덩이에서 독특한 점토제 그릇 파편을 발견하였다(쿠바레프, 1987년, 192쪽). 1978~1979년 사이에 V.D. 쿠바레프는 유스트이드 강의 좔그이즈-우류크-켈 정주형 토기 제작소를 연구하였다. 이 유적군은 흉노나 또는 알타이 전역을 지배하던 제국에 속한 어떤 민족의 전초 기지였을 것으로 보고 있다.

U.S. 후디야코프를 단장으로 하는 조사단이 에디간 강변의 낮은 지대(알타이 북부)에 위치한 유적들을 조사하는 과정에서 흉노 시대의 그릇들을 발견하였다. 이곳에서 출토된 그릇들을 통하여 다음의 결론을 얻을 수 있었다(후디야코프·모로즈, 1992년; 후디야코프, 1998년б).

- 토기가 출토된 유적군은 흉노 및 사얀-알타이 지역 유목민들의 문화와 비슷한 시기에 존재했던 문화의 주인공들이 직접적으로 상호 교류하면서 형성되었을 것이다.
- 파지리크 시대 토기 제작 전통은 계승되지 않았다.
- 매장의례에서 토기는 매우 제한적으로 사용되었다.

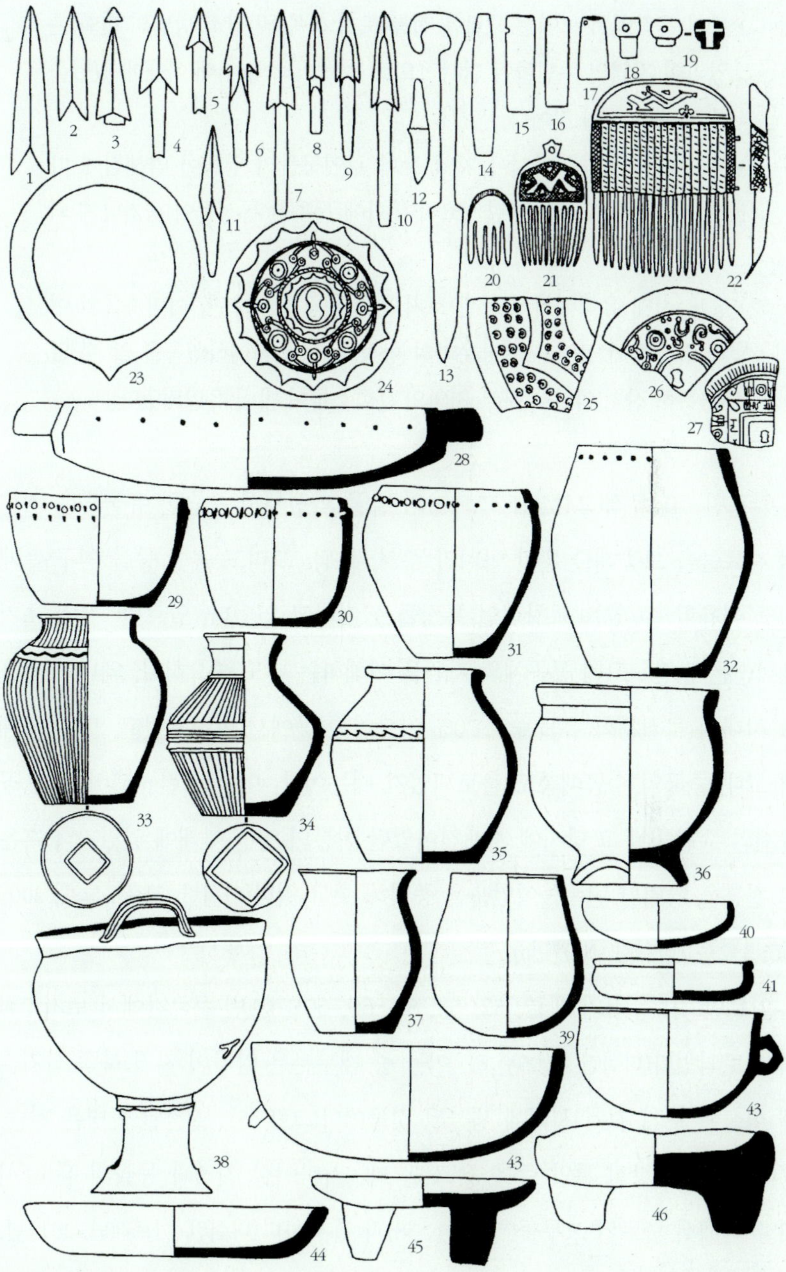

그림 34 얄로만-II 유적

- 토기 제작에서 보이는 새로운 전통(토기 품목 및 장식 방법의 변화)은 알타이 지역의 주민들이 일시적으로 흉노 제국의 지배 아래에 있었을 때 발생한 것일 것이다.
- 흉노와 다른 중앙아시아 지역 문화 주인공들의 영향이 약해짐에 따라 토기류를 포함한 불란-코비 문화에 독특한 특성들이 생겨나게 되었다.
- 흉노 시대 유적에서 출토된 토기의 구성을 살펴보면, 이민족들의 여러 요소들이 불란-코비 문화의 형성에 크게 기여하였음을 알 수 있다(특히 산지 알타이 북부 지역의 문화소들이 많이 유입되었다).

얄로만-II 유적(그림 34; 37~43)의 발굴 과정에서 수습한 유물들은 기존의 자료들을 보충해줄 뿐만 아니라 주거, 무덤, 그리고 공방 등을 연구할 때에도 이용할 수 있는 독창적인 특징들을 지니고 있었다. 얄로만-II의 초기 유적군은 불란-코비 공동체의 기원을 이해하는 데도 중요하다. 왜냐하면 흉노 시대의 물질문화 유물들의 70% 이상이 이곳에서 발견되었고, 또 이곳에서 고대 중국의 수공예품도 출토되었기 때문이다. 이는 불란-코비 문화 공동체의 주민들이 그 당시에 지배적이었던 전통의 영향 아래에 있었거나 혹은 그 전통을 영위한 민족들이었음을 증명해 주고 있다(티쉬킨·고르부노프, 2005년б, 332쪽; 티쉬킨, 2007년a).

얄로만-II 유적의 제47, 52, 53, 54, 60, 60a, 61번 쿠르간에서 토기 7점이 출토되었다(티쉬킨, 2005년 б). 이들 중 대부분은 알타이 지역 북쪽 산기슭에 형성된 초기 철기 시대에 생산된 것들이다(그림 35). 발견된 꽃병은 기술, 형태, 그리고 장식 문양 등을 놓고 볼 때, 자바이칼 지역과 몽골의 흉노 시대 유적에서 출토된 그릇들(그림 34; 38)과 흡사하다(티쉬킨·마트레닌, 2011년, 167·168쪽).

그림 35 얄로만-II 출토 토기와 청동솥

꽃병 밑바닥에는 물레로 인해 생긴 사각형으로 돌출된 테두리가 있다. 비록 다른 요소들이 섞여 있긴 하지만, 이와 유사한 테두리는 부리야트의 이볼긴스크 폐허지에서 출토된 몇몇 그릇들(다브이도바, 1996년, 표 179; 1-4, 9)에서도 나타난다. 아마도 이런 유물들에서 보이는 제작 전통은 중국 직공들로부터 전래되었거나 또는 그것들을 직접 중국에서 들여온 것일 것이다.

얄로만-II 유적에서 발견된 구리 솥은 П자 형의 손잡이가 있으며, 밑받침에는 독특한 삼각형의 구멍이 나 있다(그림 34; 38, 43, 44). 그와 매우 유사한 솥을 자바이칼 지역의 이볼린스크 폐허지와 드이레스투이 무덤에서 발견하였다(다브이도바, 1996년, 표 35; 4, 미냐예프, 1998년, 표 21; 6). 흉노식 솥의 기원에 관한 문제는 일본의 타카하마 슈가 연구하였다(2013년).

나무로 만든 그릇으로는 컵, 대접, 손잡이가 달린 찻잔, 그리고 접시 등이 있다(그림 34; 39~45). 이런 그릇들은 매우 넓은 지역에서 나타난다. 그것들

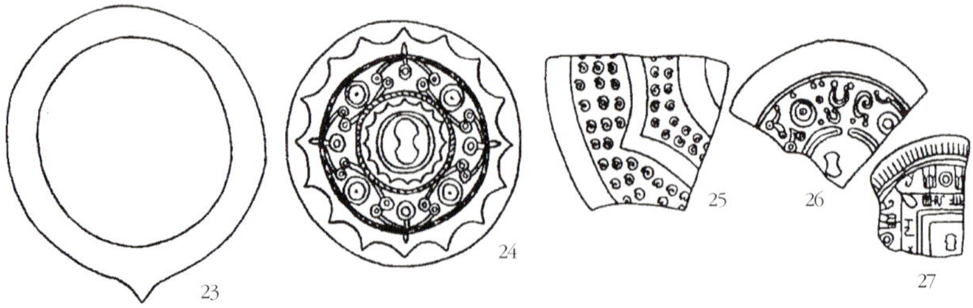

그림 36 거울(얄로만-II 등 알타이 지역 출토)

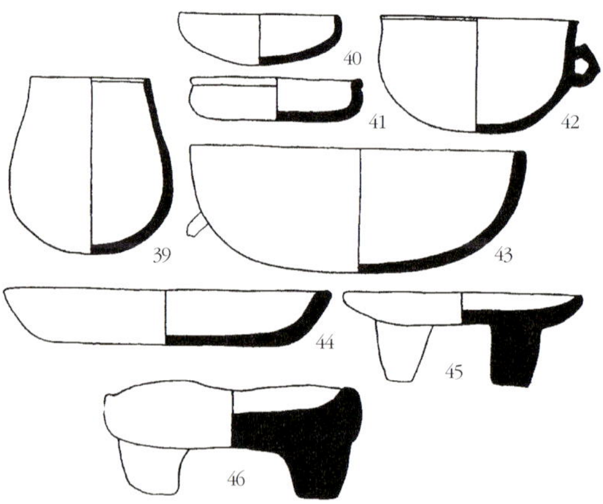

그림 37 각종 생활 이기(얄로만-II 등 알타이 지역 출토)

은 파지리크 문화의 유물 가운데에서도, 그리고 투르크 시대의 유적에서 출토된 유물 가운데에서도 발견된다(티쉬킨·고르부노프, 2006년, 35쪽). 일상생활에서 사용된 나무 그릇류는 흉노-선비-유연 시기의 불란-코비 문화 초기와 후기 단계에 형성된 얄로만-II 유적 쿠르간 속에서 출토되었다(티쉬킨, 2011년в).

네 개의 다리가 달린 사각형의 조그마한 석재 식탁(향료)은 얄로만-II 묘지를 발굴할 때 발견되었다. 알타이 산지 가운데 위치한 유적에서는 나타나지 않지만, 알타이의 삼림 스텝 지역에 기원전 1000년기의 후반에 형성된 카멘스크 문화의 쿠르간 가운데서 자주 발견되었다(모길니코프, 1997년, 88~91쪽; 슐가·우만스키·모길니코프, 2009년, 177·178쪽).

철제 거울은 우스티-에디간, 텐데크, 얄로만-II 유적 등지에서 발견되었다(그림 36). 첫 번째 유형은 중간 부분에 돌출된 구멍이 있는 둥근 거울이다. 뒷면에는 문양이 부조로 새겨져 있다. 이런 거울들은 한나라 이전의 것 또는 한나라 시기의 것으로 분류된다. 얄로만-II 묘지에서 수습한 금속기들을 분석해 본 결과, 네 점(모든 파편들: 그림 40)은 중국에서 수입된 것이고(티쉬킨, 2006년б, 2007년a), 온전한 거울 한 점(그림 41)은 지방 유형의 복제품(티쉬킨·하브린, 2004년)이었다. 불란-코비 유적들에서 이런 유물들이 나타난 것은 기원전 3세기에서 2세기 사이이다. 이 거울에 대해서는 별도의 논문(티쉬킨, 2006년б)과 중국어로 출판된 필자의 저서(티쉬킨·세료긴, 2011년) 속에서 다루었다. 거울의 파편들은 다른 유형적 특징들을 지닌 유물 및 장신구의 부속품들과 함께 발견되었다(그림 42·43).

그림 38 얄로만-II, 쿠르간 51, 돌로 만든 향제단

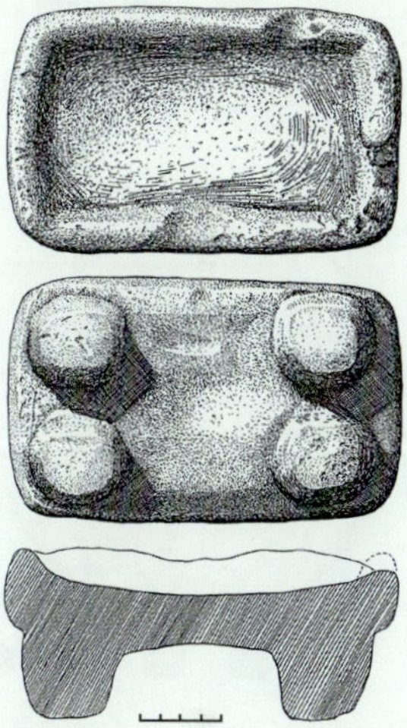

그림 39 얄로만-II, 쿠르간 51, 돌로 만든 향로

두 번째 유형은 중심부에 뾰족하게 튀어나온 꼭지가 달렸고, 가장자리가 평편한 둥근 거울이다(그림 36; 23). 유사한 것으로는 사르마트 문화(포볼쥐에), 사르가트 문화(프리이르트이쉬에), 드줴트이아사르 문화(프리아랄리에)기의 유물 가운데에서 찾아볼 수 있다(후디야코프, 1998년a; 티쉬킨·고르부노프, 2006년, 35쪽).

나무와 뿔로 만든 빗들도 발견되었다. 그것은 일체식(그림 34; 20·21)과 조

그림 40 얄로만-II, 청동제 거울 일부

그림 41 얄로만-II, 쿠르간 57, 철제 거울

립식 등 두 가지로 분류된다. 그중 두 점의 빗에는 독특한 장식이 시문되어 있다. V.I. 소예노브이(1998년, 166쪽)는 이 빗들과 파지리크 문화기의 빗 사이의 유사성을 지적하였다. 필자가 보기에는 둘 사이의 유사성이 그렇게 확연히 드러나지는 않는다. 얄로만-II 유적의 조립식 빗 옆에서 옻칠이 된 자단 찻잔의 일부(그림 45)가 발견되었다(티쉬킨·하브린·노비코바, 2008년, 196·197쪽). 이 찻잔 조각은 빗을 장식하는 데 사용된 것과 같은 것으로 추정된다.

발견된 철제 칼은 두 가지 유형으로 분류된다. 하나는 칼등이 약간 돌출되어 있고, 칼날이 오목하게 휘어져 있으며, 손잡이 쪽으로 가면서 폭이 점점 좁아지는 작은 칼이다(그림 47; 12). 다른 유형은 날카로운 끝을 가진 칼몸과 경사진 어깨, 긴 손잡이, 두들겨서 평편하게 만든, 갈고리 모양의 끝장식이 있는 칼이다(그림 47; 13). 이 두 유형의 칼과 유사한 것이 자바이칼 지역의 흉노 시대 유적 가운데서 발견되었다(티쉬킨·고르부노프, 2006년, 35쪽). 얄로만-II 유적에서는 나무로 만든 칼도 발견되었는데, 그것은 실제 부장 음식에 꽂혀 있었다.

뼈나 뿔로 만든 사냥용 화살촉은 매우 다양하다. 화살대와의 접합 방식에

그림 42 얄로만-II, 쿠르간 56 출토품(빗, 귀걸이, 조개장신구, 구슬, 장식판, 거울 일부)

따라 투겁식과 슴베식 등 두 가지 화살촉으로 나눌 수 있다. 투겁식촉의 촉몸은 사면체(마름모형) 또는 삼면체의 단면을 갖고 있다. 촉몸의 형태는 세모 또는 오각형이며 뾰족한 가시를 지니고 있다(그림 46; 1·2). 또한 투겁이 약간 튀어나온 촉몸도 나타난다(그림 46; 3). 이와 유사한 화살촉은 기원전 5세기에서 3세기 사이의 파지리크와 카멘스크 문화기 유적들, 그리고 기원전 2세

그림 43 얄로만-II, 쿠르간 51 출토품(구슬, 목걸이, 장식판, 귀걸이, 작은종, 버클, 거울 일부, 드리개)

그림 44 얄로만-II, 쿠르간 57, 조립식 빗(나무, 뿔) 부속품(1~21)

그림 45 얄로만-II, 쿠르간 57, 찻잔(부분, 유약)

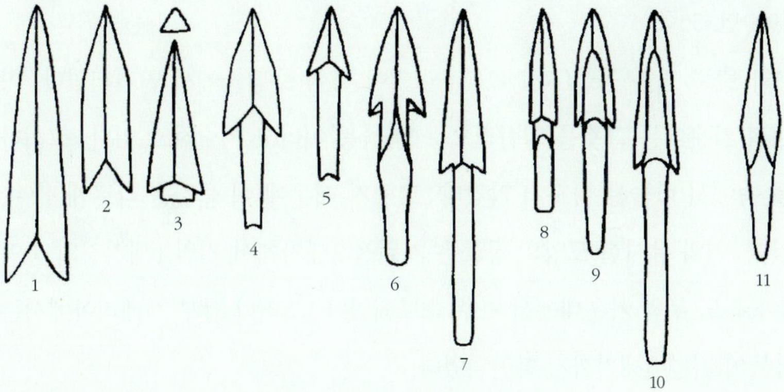

그림 46 화살촉(뿔, 얄로만-II 등 알타이 지역 출토)

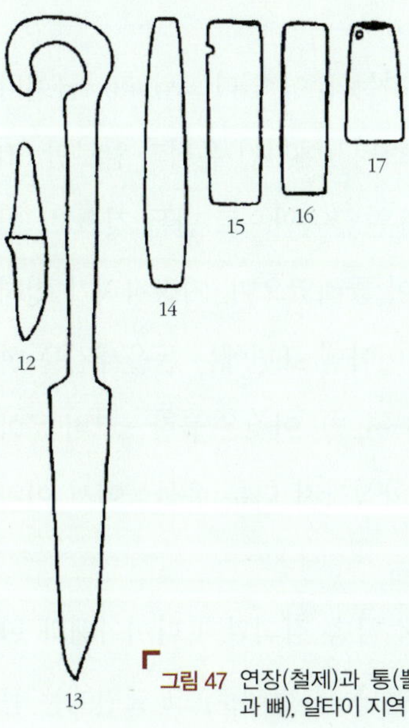

그림 47 연장(철제)과 통(뿔과 뼈), 알타이 지역

기에서 기원 1세기 사이의 흉노 시대 유물들 가운데서 흔히 보여진다(티쉬킨·고르부노프, 2006년, 34·35쪽).

슴베식 화살촉은 모두 마름모꼴의 단면을 지닌 촉몸을 갖고 있으며, 가끔은 촉끝 부분에만 마름모꼴의 단면이 형성된 것도 있다. 이들 가운데에서 가장 우세하게 나타나는 것은 뾰족한 가시가 있는 삼각형(그림 46; 5~7), 오각형(그림 46; 4), 용골형 등의 화살촉(그림 46; 8~10)이다. 긴 마름모꼴의 촉몸을 지닌 화살촉도 간간히 나타난다(그림 46; 11). 이 그룹의 화살은 파지리크 문화기의 화살들과 확연한 차이를 보이는데, 화살 발달 과정상 불란-코비 문화 초기의 단계에 해당하며, 서 시베리아의 삼림 스텝 지역 주민들과의 관계가 반영되었다고 볼 수 있다(모길니코프, 1997년, 56쪽).

뼈와 뿔로 만든 통들(그림 47; 14~17)이 남성 무덤들에서 발견되었다. 학술 서적 가운데는 그것을 일반적으로 '바늘통'이라고 기술하고 있다. 그러나 이 통 속에서 바늘은 나오지 않았다. 그렇기 때문에 이 물건을 다르게 볼 수도 있다. 이와 유사한 모양의 통들은 기원전 2세기에서 기원 1세기경의 중앙아시아 흉노 무덤 가운데에서 자주 출토되었다. 그러나 남부 시베리아에서는 이 통들이 기원 5세기까지 확인되었다.

말 채찍 끝장식은 구조상 투르크 시대의 것과 유사하지만, 불란-코비에서 출토된 말 채찍 끝장식은 크기가 작고, 또 그 특징도 아직 확실하지는 않다(티쉬킨·고르부노프, 2006년, 35쪽).

장신구는 몸에 직접 걸치는 것과 의복에 다는 것이 있다(그림 48). 금이나 동으로 만든 다이아뎀(머리띠 형태의 관)은 우스티-에디간 유적과 얄로만-II 유적에서 출토되었다. 이 다이아뎀들은 두꺼운 금속판으로 만든 것으로, 이 금속판은 본판에 꿰매서 붙일 수 있게 구멍이 뚫려있으며, 가장자리가 접혀 있다. 직사각형 또는 사각형의 모양이다. 다이아뎀 표면에는 돋을새김을 한 기하학적 장식 무늬가 새겨져 있다(그림 48; 1~4, 7). 이것은 불란-코비 문화 초기의 의복에서 보이는 독특한 요소로서, 아직까지 다른 유물들에서 이와 유사한 것이 발견되지는 않았다.

다이아뎀과 유사한 기법으로 제작한 유색 금속 장식판이 다이아뎀과 한 세트를 구성했을 수도 있다. 이 금속 장식판은 둥근 형태로, 그 표면에는 돋을새김의 '소용돌이' 무늬가 베풀어져 있다(그림 48; 5, 6, 8). 이 장식판과 똑같은 것이 자바이칼 지역의 드이레스투이 무덤에서 출토되었다. 그곳에서는 장식판이 구슬로 만든 목걸이의 중간 부분에 걸려 있었다(미냐예프, 1998, 표 9; 2). 불란-코비에서 출토된 이런 유형의 장식판들 몇 점은 드쥐트이아사르

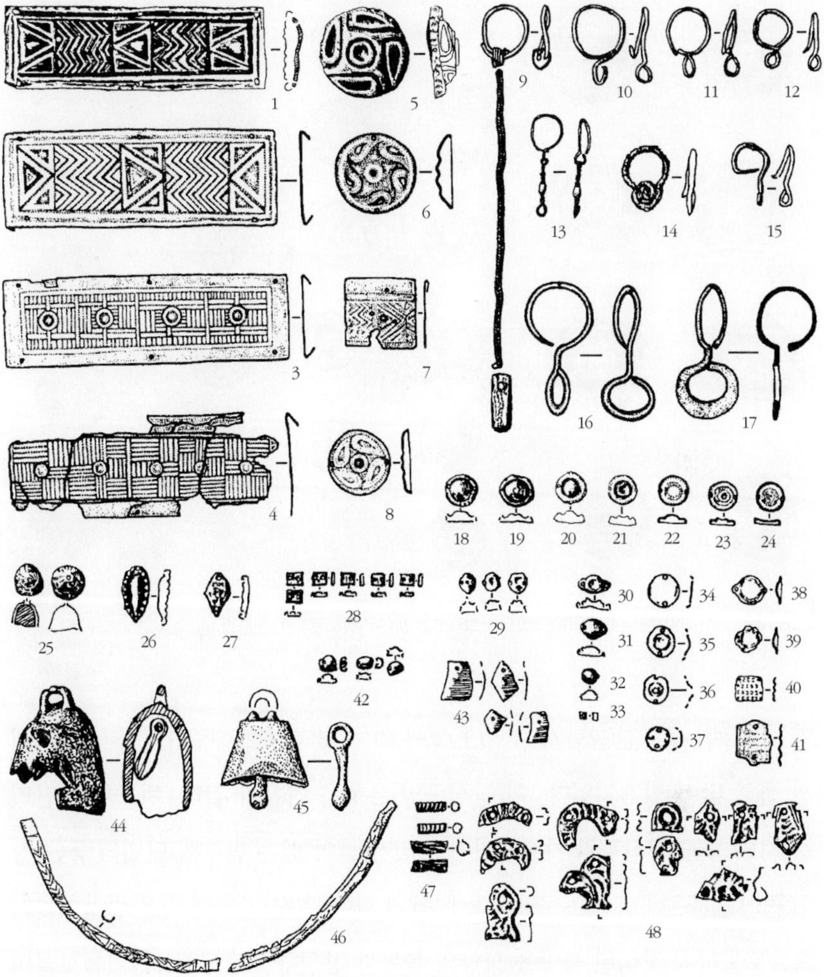

그림 48 불란-코비 문화 우스티-에디간 단계의 알타이 지역 유적들에서 출토된 의복 장신구

문화(남부 카자흐스탄)의 몇몇 장신구들과 유사하다(레비나, 1996, 그림 119).

천에 꿰매어 사용하는 금, 은, 구리, 그리고 동으로 만든 금속 장신구들은 주로 모자나 윗옷의 장식에 사용되었다. 이 장신구들은 불란-코비 문화 우스티-에디간 단계의 모든 유적들(그림 48; 18~43, 48)에서 출토되지만, 얄로

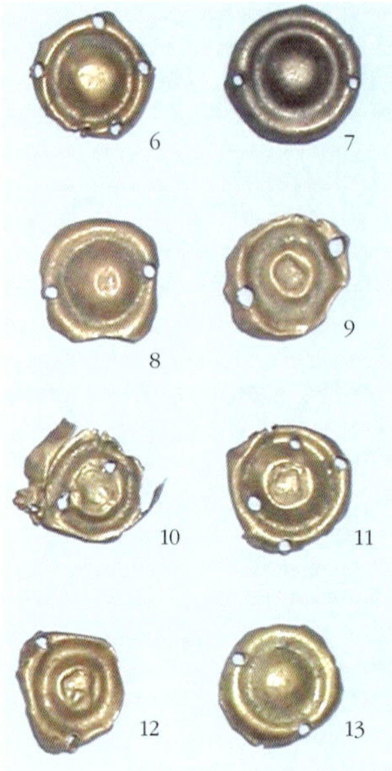

「그림 49 장신구(얄로만-II, 쿠르간 56)

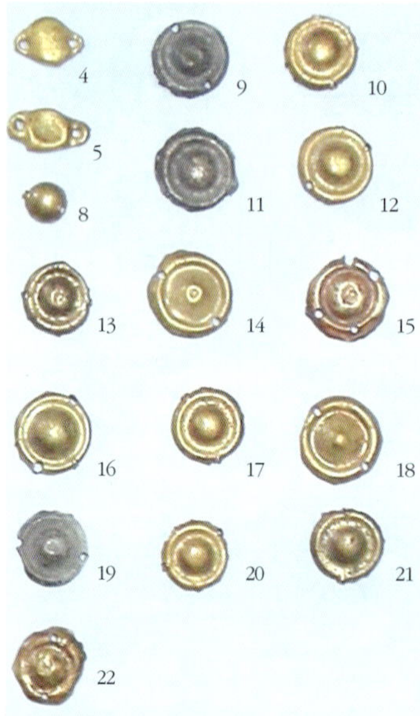

「그림 50 장신구(얄로만-II, 쿠르간 51)

「그림 51 장신구(얄로만-II, 쿠르간 57)

만-II 유적 쿠르간(그림 49; 6~13, 그림 50; 4·5·8~22, 그림 51; 2~6) 가운데서 특히 많이 발견되었다. 이 장신구의 유형은 다음과 같다. 반구형의 단면을 지닌 둥근 장신구와 가장자리에 고리가 붙어 있는 반구형 단면의 둥근 장신구(이들 가운데 몇 개는 구멍 근처에 '귀'가 있다), 가장자리에 작은 알갱이들이 오돌토돌하게 장식된 물방울 모양의 볼록한 장신구(그림 48; 26), 마름모꼴의 평편한 장신구(그림 48; 27), 정사각형 모양의 평편한 장신구(그림 48; 28)과 돋을새김 한 장신구(그림 48; 40·41), 비정형적이고 또 기하하적인 형태의 편평한 장신구(그림 48; 43), 돋을새김으로 여러 가지 형상들을 새긴 장신구(그림 48; 48, 티쉬킨·고르부노프, 2006년, 36·37쪽; 티쉬킨, 2010년6). 둥근 고리로 가장자리를 처리한 반구형 장신구와 완전히 같은 제품이 틸랴-테페의 쿠샨 초기 무덤(현재의 아프가니스탄)에서 출토되었다.

단순한 반구형 장신구는 동부 프리아랄리에(남부 카자흐스탄)의 드줴트이 아사르 문화 유물 속에서 나타나는데, 그곳에서 작은 알갱이로 가장자리를 장식한 물방울 모양의 장신구와 유사한 것들이 많이 발견되었다(레비나, 1996년, 그림 106, 110, 119). 다른 유형의 장신구들은 매우 광활한 지역에서 수습되었다(모르드빈쩨바 · 하바로바, 2006년). 여러 가지 형상들이 새겨진 장신구는 파지리크 문화와 카멘스크 문화기 유적들에서 출토된 것들과 비슷하지만, 이 장신구가 좀 더 두꺼운 점이 파지리크 문화와 카멘스크 문화기에 출토된 유적들과 다른 점이다.

금, 은, 동으로 만든 귀걸이는 우스티-에디간 무덤과 얄로만-II 무덤에서 출토되었다. 귀걸이는 구조적인 특징에 따라 몇 가지 유형으로 나눌 수 있다. 링 양끝을 서로 맞물려서 금속 줄로 묶은 링 귀걸이가 있는데, 링 한쪽 끝에는 알갱이 장식들이 있다. 이 귀걸이에는 나선형의 띠와 사슬, 금속 드리개 등이 달려있다. 갈고리가 두 개인 '8'자 모양의 귀걸이에는, 작은 갈고리 부분에 드리개를 달았다. 이 드리개에 금속으로 줄을 꼬아서 만든 두 개의 고리가 장식되어 있다. 크기가 다른 갈고리 두 개로 만든 '8'자 모양의 귀걸이도 있고(그림 48; 10, 12, 15), 작은 갈고리가 큰 갈고리에 땜질되어 있는 귀걸이도 한 점(그림 48; 11) 보인다.

갈고리가 두 개인 큰 8자 모양의 귀걸이도 보이는데, 드물기는 하지만 아래쪽 갈고리가 넙적하게 눌려져 있었다(그림 48; 16 · 17). 링의 한쪽 끝이 소용돌이 모양으로 돌돌 말린 링 모양의 귀걸이(그림 48; 14)도 있다(티쉬킨 · 고르부노프, 2006년, 37쪽). 앞의 세 가지 유형은 스키타이-사크 시기의 귀걸이와 서로 유사하다. 크기가 큰 '8'자 모양의 귀걸이는 예니세이 강 중부 지역의 미누신스크 분지와 프리이르트이쉬에 지역의 사르가트 문화기 유적에서 많이 발견되었다.

그림 52 얄로만-II, 쿠르간 43, 금귀걸이

소용돌이처럼 끝 장식이 있는 링 모양의 귀걸이는 기원전 5세기에서 3세기 사이에 알타이 삼림 스텝 지역의 카멘스크 유적에서 그 시원형을 찾을 수 있다(모길니코프, 1997년; 슐가·우만스키·모길니코프, 2009년). 이 유형의 귀걸이는 고리 모양의 갈고리가 달린 귀걸이로 발전하였다. 얄로만-II 유적의 제43번 쿠르간 남성 무덤에서 출토된 금귀걸이(그림 52)는 독창적이다(티쉬킨, 2011년).

목걸이는 우스티-에디간 유적에서 다수 발견되었다. 이 목걸이들은 청동 또는 나무로 만든 본판에 금이나 은으로 가장자리를 장식한 것이다(그림 48; 46). 이와 같은 목걸이는 스키타이-사크 시기의 목걸이들과 비슷하지만, 흉노 시기에는 사라졌으며, 기원 1세기 이후에는 전혀 보이지 않는다(테테린, 2001년, 109쪽).

무덤 속에 배치된 위치로 판단하건대, 구리로 만든 작은 종들은 허리띠 드리개로 사용되었다. 이 종들 가운데 한 점은 아치형이고, 다른 한 점은 사다리 모양이다(그림 48; 44·45). 이들과 같은 것이 자바이칼 지역의 흉노 시대 유물 가운데서 발견되었다(코노발로프, 1976년, 표 VII; 미니야예, 1998년, 표 5: 4; 67: 4; 101: 2).

얄로만-II 유적 제51번 쿠르간에 매장된 젊은 여자의 두개골에는 천으로 만든 모자의 일부가 남아 있었는데(그림 53·54), 이 모자에는 금으로 만든 장신구 10개가 달려있었다. 발견된 모자는 두건 종류이다. 이 무덤에서는 가죽제 허리띠도 출토되었는데, 이것은 청동 제품들과 함께 놓인 덕분에 매우 잘

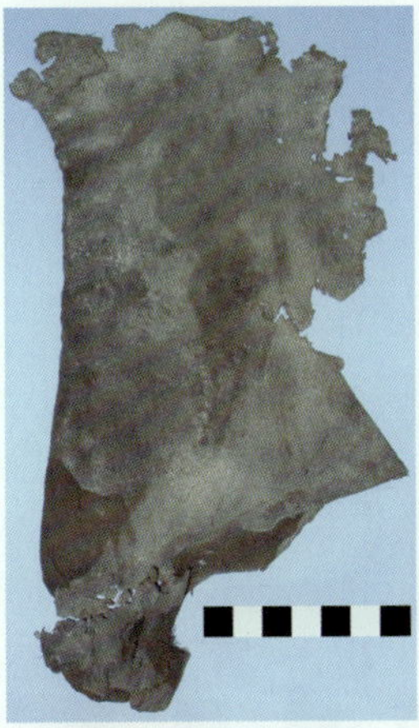

그림 53 얄로만-II, 쿠르간 51, 모자

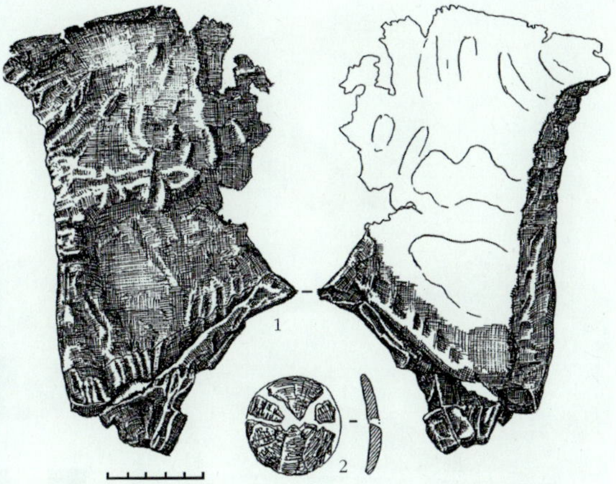

그림 54 얄로만-II, 쿠르간 51, 모자(1)와 장신구(2)

보존되어 있었다. 이 띠의 길이는 약 1.1m이고 폭은 0.36m인데, 무덤을 정리하는 과정에서 거의 모든 잔흔들을 수습하였다. 허리띠의 아랫부분은 보존상태가 매우 나빴지만, 거의 완벽하게 복원할 수 있었다(티쉬킨, 2005년a, 196~199쪽, 그림 1; 2~4, 그림 2; 8).

허리띠는 특별히 재단한 몇 개의 띠들을 서로 이어서 만들었다. 앞면은 광택제를 바르거나 색을 칠했다. 앞면은 가죽띠의 접힌 가장자리에 고정되었으며, 구멍이 뚫려 있다. 이 구멍에 청동제 핀을 꼽도록 고안되었다. 이 핀은 독특한 장식 효과를 낸다. 허리띠는 자신의 꼬리를 물고 있는 도마뱀 형상이 투조 기법으로 새겨진 청동제 버클과 결합되어 있었다(그림 55). 아래로 늘어지는 띠 끝을 고정하기 위해 띠의 한쪽에 좁은 가죽 끈을 달았다. 버클 아래에는 갈색의 안감이 잘 보존되어 있는데, 이 안감은 잔털 같은 것으로 만들었으며, 가죽 본판에 이어 붙였다.

청동 제품들은 이렇게 제작된 가죽띠 위에서 매우 인상적으로 보인다. 띠

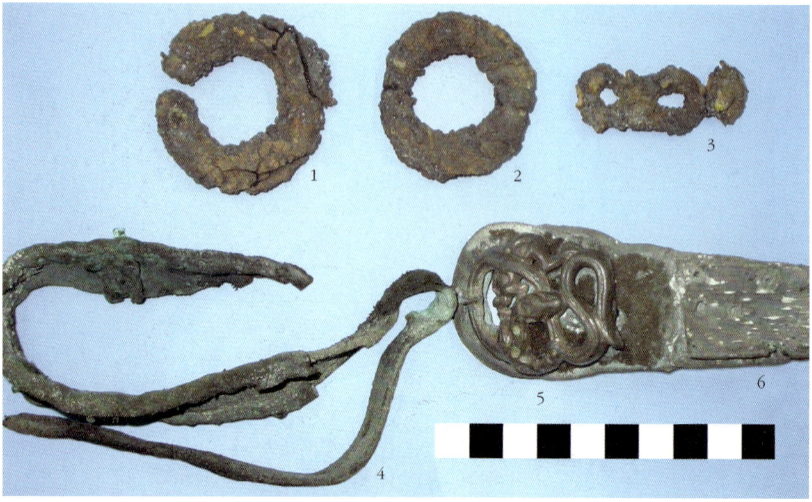

그림 55 알로만-II, 쿠르간 51, 철제 부속장치들(1~3)과 허리띠(4~6)

의 반대편 끝에는 8개의 구멍이 뚫려 있으며, 최대 폭이 1.6cm가 되게 잘랐는데, 이는 안감에 있는 절단면을 통과해서 버클에 걸기 위한 것이다. 허리띠를 하면 몸통을 감싼 둘레는 약 80cm 정도다. 이는 여자 시신이 모피 외투나 방한용 코트 같은 상의를 입고 있었음을 의미하는 것이다. 피장자의 허리띠 왼쪽과 오른쪽에서 철제 고리와 조임쇠(그림 55: 1~3)가 발견되었다. 이것은 아마도 보조띠에 장착된 것이거나 다른 장치에 사용된 것이다.

위에 열거한 물품들 외에도 구슬과 여러 종류의 물건들이 출토되었다(티쉬킨, 2011년). 구슬은 우스티-에디간 단계의 불란-코비 문화기에 알타이 지역에 축조된 여성 무덤에서 가장 흔히 발견된다. 이 구슬들에 대한 상세한 연구는 이제 시작 단계이다(티쉬킨·하브린·프렌켈, 2007년; 티쉬킨·루즈긴, 2009년). 이 구슬들은 수입된 것으로, 중국 제품도 몇 점 있지만, 대부분은 기원전 2세기에서 3세기경의 '유럽산' 유리 제품으로 잠정 결론을 내렸다. 유리 구슬 외에도 돌 구슬이 있다.

얄로만-II 유적에서 발견된 칠기들에 대한 연구도 앞으로 이루어져야 한다(티쉬킨, 하브린, 노비코바, 2008년).

불란-코비 문화 중 우스티-에디간 단계의 유적들에서 발견된 유품들을 살펴본 결과, 문화와 연대를 몇 가지 유형으로 분류할 수 있었다(티쉬킨·고르부노프, 2006년, 38쪽; 티쉬킨, 2007년б, 176·177쪽).

첫 번째 그룹은(가장 많이 나타나는 것으로) 흉노 시대의 물질문화에 바탕을 둔 유물들이다. 접합식 활, 파갑 화살촉, 코등이와 칼자루 끝장식 등이 없는 단검, 갑옷 비늘, 허리띠와 말굴레 장신구, 생활용 칼, 통, 꽃병, 솥, 작은 종 등이 여기에 속한다. 예로 든 유물들의 대부분은 기원전 3세기에서 2세기 사이에 발생하여 발전하였으며, 연대적으로는 우스티-에디간 단계의 말기에 속하는 것으로 추정된다.

중앙아시아(현재 북중국, 몽골, 남부 시베리아 지역)에서 발굴된 유물들 중 몇 점은 흉노 시대에만 존재했던 것이며, 고급품으로 간주된다. 투조기법으로 만든 허리띠 버클, 화살촉과 금속 장식판, 작은 숟가락 모양의 드리개, 말굴레 장식 등이 그것이다. 기원 1세기 이후에는 이 유물들이 이미 사용되지 않았는데, 이는 흉노 제국이 붕괴되면서 그 가치가 상실되었기 때문일 것이다.

두 번째 그룹의 유물들은 스키타이-사크 시대 물질문화의 전통들이 종결되었음을 보여주고 있다. 알타이와 알타이 산맥 주변 지역에서는 파지리크 문화와 카멘스크 문화를 계승한 물질문화의 전통이 형성되었다. 뾰족한 가시가 있는 전투용 화살촉, 토기 일부, 돌로 만든 향제단, 여러 가지 형상이 새겨진 금속 장신구, 귀걸이, 목걸이 등이 여기에 속한다. 이 유형의 유물들은 극히 일부를 제외하고는 연대적으로 우스티-에디간 단계의 초기에 해당하는 기원전 2세기에서 기원 1세기 사이에는 더 이상 사용하지 않았다.

세 번째 그룹은 사르마트와 내륙 아시아(쿠샨 왕조 초기) 지역에 나타난 물

그림 56 얄로만-II, 쿠르간 61, 돌과 유리 구슬

그림 57 얄로만-II, 쿠르간 61, 유리 구슬

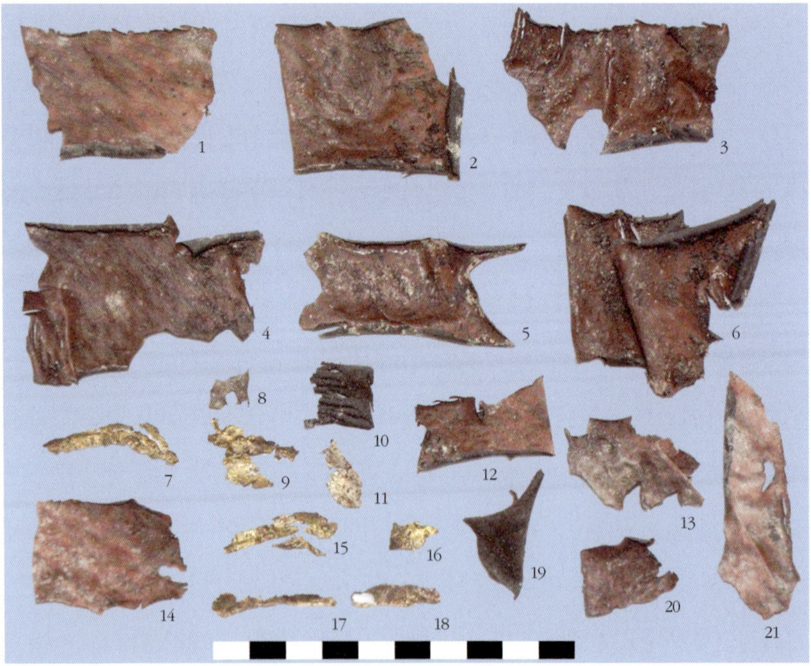

그림 58 얄로만-II 유적에서 발견된 칠기들

질문화의 영향을 받은 것들이다. 코등이와 칼자루 끝장식이 있는 단검, 돌출된 꼭지가 있는 거울, 천에 꿰매어 사용하는 반구형과 물방울 모양의 금속 장식판, 둥근 금속 장신구 등이 여기에 속한다. 이런 제품들은 기원전 3세기에서 기원전 1세기 사이에 발생한 것이다.

불란-코비 문화의 고유한 전통이 우스티-에디간 단계에서 형성되었다는 증거들이 많이 있다. 불란-코비 문화의 전통은 선행한 유물들이나 외래 유물들의 유형을 변형시키면서 발전된 것으로, 의복 장식에서 특히 두드러지게 나타난다. 우스티-에디간 단계의 전형적인 유형에 특정한 요소들이 결합된 유물들이 있는데, 이로 인해 불란-코비 유물들은 동시기에 존재한 인접 지역 문화 유물들과 확연히 구별된다(티쉬킨·고르부노프, 2006년, 37쪽).

우스티-에디간 단계의 유형별로 나눈 도구들을 매장 의례용 자료들과 같이 비교해보면, 불란-코비 문화는 다양한 문화 요소들이 혼합되어 형성되었음을 알 수 있다. 그 문화 요소들 가운데 하나는 시신이 다리를 약간 구부리고 옆으로 누운 자세를 취하고 있으며, 머리를 동쪽으로 두고 있다. 말은 무덤의 긴 벽 옆에 배를 아래로 향해 있고, 석곽이 있는 매장 유구의 요소와 관련이 있다. 이런 특징들은 '파지리크인들'이 자취를 감춘 후 남겨진 지방 유형의 요소이다. 그 요소는 도구에서뿐만 아니라 매장의례에서도 그리 큰 비중을 차지하고 있지는 않다.

다른 문화의 요소들은 다음의 매장의례의 요소들을 지닌 문화와 일치한다. 파지리크 문화에서는 나타나지 않은 묘지의 단면 형태와 새로운 무덤 위의 구축물, 등을 바닥에 대고 누워 있는 시신의 자세, 구조물의 덮개 위에 옆으로 눕혀진 말, 말만 매장된 무덤, 시신이 없는 독특한 무덤 등에서 보이는 특징들은 다른 곳에서 유입된 것이다. 도구 가운데는 흉노 시대의 유물들이 주를 이루고 있음에도 불구하고, 알타이 지역에서는 몽골과 자바이칼 지역

흉노 시대의 고유한 유적들과 연관된 무덤 구조물들이 나타나지 않는다.

불란-코비 문화를 영위한 주민들의 매장의례는 흉노의 매장의례에 비해 매우 독특하다. 매장의례에서 보이는 외래 요소들은 흉노 문화에 강한 영향을 받은 인종 그룹에 의해 형성된 것이라는 설이 있다. 이 인종 그룹은 몽골이나 신장 지역에서 이동한 민족일 것이다. 그 외에도 불란-코비 문화를 형성하는 데에는 카자흐스탄 동부 지역 주민들도 참여하였다(쿨라-주르가 문화, 마마다코프, 1990년, 18쪽). 실제로 쿨라-주르가 문화의 매장의례는 많은 부분에서 불란-코비 유적들의 매장의례들과 서로 유사하다. 쿠샨-사르마트 유형의 도구들이 카자흐스탄의 동부 지역을 거쳐 산지 알타이 지역으로 유입되었을 것이다.

알타이 지역에 새로운 공동체를 형성한 인종 문화 프로세스는 중앙아시아의 군사-정치 및 사회-경제 정세를 모르면 이해할 수 없다. 이미 이야기한 바와 같이, 기원전 3세기 말에 강력한 흉노 제국의 탄생 원인이 된 중대한 변화가 발생하였다. 흉노 제국의 중심은 처음에는 오르도스와 몽골 남부 지역이었다. 기원전 201년경에는 이미 묵돌 선우가 몽골 북부, 프리바이칼 남부 지역, 자바이칼, 남부 시베리아를 포함한 북부 지역을 정복하였다. 기원전 2세기 중반(기원전 165년)에 흉노는 강력한 적인 월지를 중앙아시아 지역의 서쪽에서 쫓아내고 그곳을 완전히 차지하였다.

이처럼, 불란-코비 문화 중 우스티-에디간 단계의 시작은 기원전 3세기 말에서 기원전 2세기 전반에 있었던 군사-정치적 사건들과 연관이 있다. 묵돌 선우가 북쪽으로 원정을 하여 남부 시베리아에 흉노 제국을 건설한 것이 결정적이었을 것이다. 파지리크 문화의 지배층들은 사라지게 되었고, 새로 획득한 영토를 확고히 하기 위해서는 충성스러운 부족을 알타이 지역으로 이주시켰을 것이다. 자신의 지위를 견고히 하기 위해 물질적 지원을 받은 '쿨라-주르가 민족'이 그곳에서 살았을 수도 있다. 새로운 곳에 정착하면서, 그들은 그곳에 남아 있던 지역 주민들을 포용하였다. 유입된 문화 요소가 두 개였다는 불란-코비 문화 형성 과정에 대한 다른 설이 있는데, 이 설은 아직 매장의례용 자료들과 일치하지 않는다.

우스티-에디간 단계의 불란-코비 문화를 영위한 주민들은 흉노 제국의 보호 아래에서 생활하였다. 이런 종속성은 군사-정치적인 상황에 따라 심화되거나 약화되었다. 예를 들면, 흉노가 몽골 북부지역으로 군사를 이동시켰을 때인 기원전 123년 이후에는 이 종속성이 증가하였으나, 기원전 56년부터 기원 48년까지('북 흉노'와 '남 흉노'로 분열)는 형식적으로 종속되었다. 기원 1세기 말에 북 흉노는 선비족들과의 전투에서 패하였으며(기원 93년), 중앙아시아에서 지배력을 상실하게 되었다. 알타이 지역은 승리자의 영향권 아래에 놓이게 되었으며, 이는 불란-코비 문화가 새로운 단계로 발전하기 시작하였음을 말해주고 있다(티쉬킨·고르부노프, 2005년a, 160·161쪽; 2006년, 38쪽; 티쉬킨, 2007년б, 178·179쪽).

얄로만-II 유적의 흉노 시대의 쿠르간들(필자가 2002·2003·2007년에 연구함)에서 출토된 고고학적 유물들은 국립 알타이대학교(바르나울 시)의 알타이 고고·민속학 박물관에 소장되어 있다(컬렉션 No.181).

6

알타이 지역의 바위 연대기

E.G. 데블레트(러시아과학아카데미 고고학연구소 교수)

아시아 대륙 중앙의 산악지역에 위치한 알타이 공화국은 독특한 자연 체계를 형성하고 있는 지역이며, 문화의 보고이자 여러 고대 민족들의 요람이다(그림 1~12). 이곳에 거주한 민족들의 예술적 능력을 가장 확실히 보여주는 것들 중의 하나로 고대 예술을 꼽을 수 있는데, 그중에도 바위그림이 세계적으로 유명하다(그림 13~31).

그림 1~6 알타이 공화국의 독특한 자연 경관 1. 크이즈일 쉰 전경 2. 엘란가쉬 전경 3. 말르이 얄로만 4. 차간카 5. 칼박-타쉬 2 유적 6. 카툰과 추이 강의 합수지점

그림 7 사슴돌(추이 지역)

그림 8 나무에 매단 헝겊(추이 도로변)

그림 9 부구준 고개

그림 10 추이 강

알타이 지역의 바위표면에 그려진 그림들에 대한 관심이 높은 것은 당연한 일이다. 이 그림들은 우리가 고고학적 자료들을 통해서만 이해할 수 있는, 문자가 없던 시대에 살았던 사람들의 생활을 파악하는 데 매우 중요한 자료일 뿐만 아니라 인류의 예술 창작의 기원을 추정할 수 있게 해 주었다.

'바위그림'은 가장 일반적으로 사용되는 용어로서, 채색화와 쪼아서 그린 그림, 그어서 그린 그림과 그래피티(graffiti: 선각화의 한 가지) 기법으로 제작한 그림, 바위표면을 반복적으로 갈아서 그린 그림 등을 모두 아우르는 용어이다. '암각화'는 엄격히 말해서 암면의 일부를 쪼아서 그린 그림을 뜻하는 것이며, 반대로 채색화라는 말은 '로스피시роспиcи'라는 말을 쓰고 있는데, 이는 가끔 회화의 개념과 혼동되기도 한다.

시베리아에서 사용되는 '피사니차писаница'라는 말은 제작 기법에 상관없이 모든 종류의 바위그림을 아우르는 용어이다. 러시아에서는 위가 막힘없이 한데 열린 공간에 그려진 바위그림들과 크고 작은 동굴 내부에 그려진 그림

그림 11 동물들(엘란가쉬)

그림 12 동물들(칼박－타쉬)

그림 13 동물들(차간카)

그림 14 사슴(칼박－타쉬)

그림 15 동물들(차간카)

그림 16 말(엘란가쉬)

그림 17 동물들(투루 알트이)

그림 18 사슴(메쉘드이크)

그림 19 채록장면

들뿐만 아니라 돌기둥, 돌판, 무덤 내부 벽에 사용된 돌 등에 그려진 그림 등도 함께 연구하고 있다.

바위 예술 유적과 그 편년

산지 알타이 지역에서 발견된 암각화는 바위표면을 쪼아서 그린 것이 대부분이지만, 암벽을 그어서 그린 그림들과 여러 가지 기법을 복합적으로 활용해서 그린 그림 등도 많이 확인되고 있다. 채색화는 주로 무덤 속 바위표면에 그려져 있다.

암각화 제작 기법은 다양하다. 몇 개의 바위표면에 그려진 그림을 통해서

그림 20 동물들(칼박-타쉬1)

그림 21 사람과 동물 중첩 관계(칼박-타쉬1)

그림 22 동물들(투루 알트이)

그림 24 바동물들(비치크투 봄)

그림 23 동물들(칼박-타쉬1)

그림이 어떤 순서로 그려졌는지에 대해 살펴볼 수 있었다. 일부 미완성된 그림들을 통해 밑그림을 먼저 그렸고, 그 다음에 그것을 어떤 식으로 쪼았는지 알 수 있었다. 알타이 지역 내 일련의 바위그림 유적에서는 채색을 한 것들도 발견되었다(쿠바레프 V., 2011년, 15·16쪽). 알타이 지역의 조형 전통에서 중

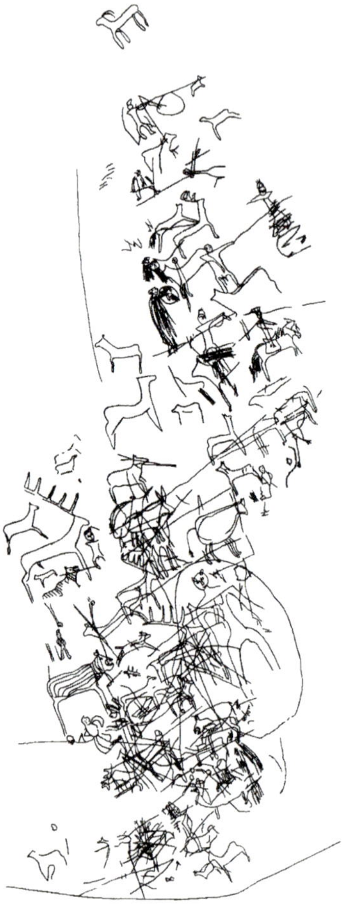

그림 25 중첩된 형상들(비치크투 봄)

요한 것은 그림이 그려진 바위표면, 돌기둥 그리고 돌판 등을 여러 시기에 걸쳐 재사용하였다는 점이다. 한 바위 표면에 다량의 덧그림이 겹쳐진 바위그림들이 그 예이다. 철기 시대와 유목민 시대의 조형 예술 제작 수준이 높았다는 것은 그만큼 문화가 발전하였음을 뜻하며, 바위표면에 이루어진 조형 예술의 행위는 물질문명과 정신세계의 관념을 표현한 하나의 방법이었음을 추측할 수 있다.

고대의 화가들은 강가의 절벽, 고갯길, 산길, 가파르게 경사진 바위표면, 외따로 서 있는 바위 등에 그림을 그렸다. 돌로 만든 무덤 구조물, 외딴 곳에 세워진 돌기둥, 무덤을 만드는 데 사용한 돌 등에도 그림을 그렸다. 구도는 복잡하고 또 여러 가지 기법들이 조화롭게 잘 어우러져 있으며, 바위표면의 자연적인 특징을 살려 그림을 그렸다는 점에서 흥미롭다.

여러 시기에 걸쳐 많은 연구자들이 알타이 지역의 바위그림을 조사하고, 그 내용을 기록하였다. 예를 들면 N.M. 야드린체프, V.V. 라들로프, P.P. 호로쉬흐, A.P. 오클라드니코프, E.A. 오클라드니코바, V.I. 몰로딘, V.D. 쿠바레프, E.P. 마토치킨, A.I. 마르트이노프, E.A. 미클라쉐비치, D.V. 체레미신,

A.P. 프랑크포르, Ja.A. 쉐르를 단장으로 하는 러시아－프랑스 공동학술단 등이 있다.

최근 30년 동안 알타이 지역의 바위그림에 대한 연구와 발표가 활발하게 이루어지고 있다. 현재 알타이 지역에는 암각화 유적이 적게는 200지점, 많게는 300지점 이상이 있는 것으로 추정되고 있다. 최근의 연구 성과는 기본서(오클라드니코프·오클라드니코바, 1985년; 오클라드니코프·오클라드니코바·자포로즈스카야·스코르이니나, 1979·1980·1981·1982년, 오클라드니코바, 1984·1990·2011년; 쿠바레프 V., 1988·2009·2013년; 쿠바레프·마토치킨·1992년; 쿠바레프 제이콥스, 1996년; 마르사돌로프, 1997년; 몰로딘·체레미신, 1999년; 몰로딘·예프레모바, 2010년; 마르트이노프·엘린·에르키노바, 2006년; 마르트이노프·치가에바·바자이첸코 외, 2010년, 마르트이노프·바자이첸코·드보르니코프 외, 2013년; 사랄레프, 1991년; 수라자코프, 2013년)를 비롯하여 다수의 논문들 속에 소개되었다.

1990년대 초반까지 출판된 알타이 지역의 암각화 전문 연구서는 V.D. 쿠바레프와 E.P. 마토치킨이 공동 저술한 『알타이 암각화(Петроглифы Алтая)』이다. 최근 20여 년간 발간된 몇 편의 논문들을 열거하면 다음과 같다. 쿠바레프 V., 2000·2002·2003년; 쿠바레프 G., 2004·2011년; 마토치킨, 2006·2011·2011년a; 미클라쉐비치, 2001·2003·2006·2011·2012년; 미클라쉐비치·무하레바, 2011년; 몰로딘, 1993; 몰로딘·포고제바, 1990년; 몰로딘·폴로시마크·노비코프 외, 2004년; 오크티야브리스카야·체레미신, 1999년; 소요노프 V.I., 2003년; 수라자코프·라린, 1994년; 체레미신, 1990·1996·1997·2001·2003·2004·2004a·2005·2007·2011년; 쉐르, 1997년; 체레미신, 1998·2000년 등이다.

가장 오래된 암각화는 칼구타 강 상류에 가로로 뻗어있는 암벽의 바위 표

그림 26 우코크 고원 전경

그림 27 우코크 고원

그림 28 우코크 고원

면에 그려진 것이다(그림 28~37). 알타이 공화국의 남쪽에 위치하면서 몽골, 중국, 동부 카자흐스탄의 국경과 접해 있는 우코크 고원에서 발견한 바위그림 그룹을 '칼구타 광산Kalgutinski Rudnik'이라 부른다(몰로딘 · 체레미신, 1999년). 말, 수소(물소)와 사슴 형상 등이 그려져 있다. 보존 상태가 나쁘지만, 규모가 큰 암각화들을 살펴보면, 윤곽을 따라 쪼아 낸 자국의 색이 바위표면의 색과 서로 구별이 안 될 정도로 훼손되어 있다.

동물 형상들은 주로 옆모습인데, 정적인 자세, 육중한 몸체 그리고 아래로 쳐진 배가 특징적이다. 또한 형상의 세부는 그다지 세밀하지 않으며, 동시에 많이 두껍지 않은 윤곽선으로 표현하였다. 의도적으로 미완성한 그림(특히 동물의 다리)은 이 형상이 양식적으로 아주 오래된 것임을 말해주고 있다. 그러나 이 유적은 아주 오래된 것은 아닌 것으로 보이는데, 그 이유는 바위그림

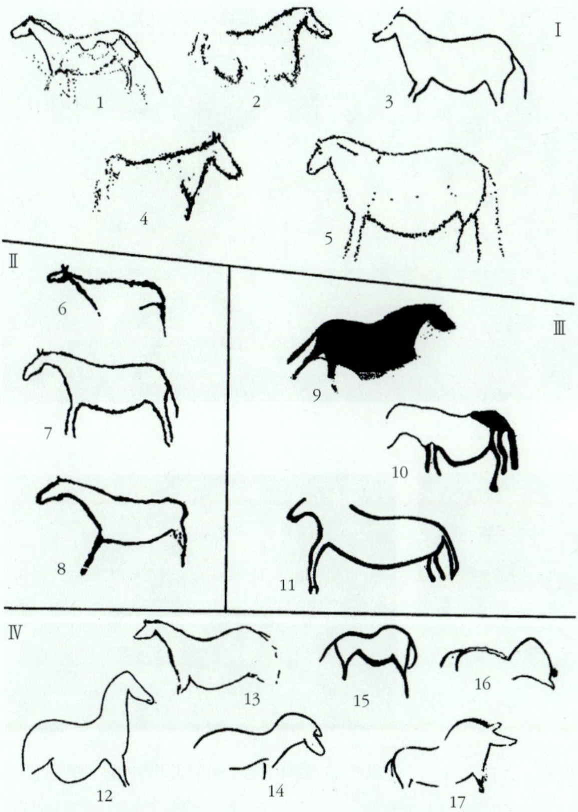

그림 29 말형상(I. 서유럽 바위그림: 1. 스에가 베르데 2~4. 포쉬 코아 5. 도밍고 가르시야. II. 암각화(우코크): 6~8. 우코크 고원. III. 아시아 암각화: 9. 백마 10. 아르샨 하드 11. 쉬쉬키노. IV. 12. 페르농 페르 13. 라 파스에가 14. 알타미라 15~16. 호이트 쳉헤르 17. 이그나티에프 동굴)

그림 30 카라톨 전경

그림 31 쿠르간 2(카라콜)

그림 32 무덤내부(쿠르간 2, 카라콜)

그림 33 유사 사람 형상(태양머리 사람, 쿠르간 2, 카라콜)

그림 34 유사 사람 형상(쿠르간 2, 카라콜)

그림 35 유사 사람 형상(쿠르간 2, 카라콜)

속 형상들 중에서 홍적세 초기에 살았던 동물 형상들이 보이지 않기 때문이다. 암각화의 레퍼토리 가운데서 얼어죽은 동물의 종들이 보이지 않는다.

그림 36 유사 사람 형상(5번 매장 5번 바위, 카라콜)

그림 37 형상들(중첩, 5번 매장, 5번 바위, 카라콜)

그림 38 유사 사람 형상(5번 매장 4번 바위, 카라콜)

그림 39 유사 사람 형상과 동물들(쿠르간 2, 5번 바위)

우코크 고원의 암각화를 연구한 V.I. 몰로딘과 D.V. 체레미신 등은 반대로 이 '칼구타 광산' 내 바위그림들이 지닌 유구한 역사성에 대해 신빙성 있는 논증을 제시하였다. 그들은 이 그룹의 그림과 유사한 것들을 고대 유라시아의 바위그림 유적들에서 찾았다. 그럼으로써 이 암각화들을 구석기 시대 말기의 것으로 편년하였으며, 이 암각화들이 현재 산지 알타이에서 발견된 바위그림 중에서 가장 오래된 것이라는 의견을 피력하였다.

알타이는 암각화의 레퍼토리와 양식에 있어서 남부 시베리아, 중앙아시아, 내륙아시아 등지의 특징들이 복합적으로 나타나는 독특한 공간이다. 이른 시기에 제작된 알타이 지역의 암각화는 주제와 양식의 면에서 오쿠네보 문화 이전의 예니세이 강 중류지역 바위그림들, 톰 강과 앙가라 강 유역의 암각화 등과 어느 정도 유사성을 갖고 있다. V.D. 쿠바네프는 1985·1988·2009년에 각각 산지 알타이 주 온구다이의 카라콜 시에서 아주 중요한 발견을 하였다(쿠바레프 V., 2009·2013년, 그림 38~53).

이 지역의 우르술 강 왼쪽 기슭에 위치한 쿠르간에서 바위표면을 쪼거나 긋거나 또는 갈아서 그린 여러 가지 그림들로 뒤덮인 돌판을 발견하였는데, 가장 흥미로운 점은 이 그림들이 붉은색과 검은색으로 칠해져 있었다는 것이다. 또한 그림을 그린 바위표면에서도 특이한 점이 확인되었는데, 바로 그림의 바탕이 되는 바위표면을 다듬었다는 것이다.

사슴, 산양, 새, 사람과 해, 수소, 머리에 광선이나 깃털이 난 유사 사람 등의 형상들이 나타난다. 유사 사람들 중에 여성 형상도 보이는데, 여성 형상들은 의식용 제복과 세로 선이 있는 긴 치마를 입고 있으며, 두 손을 하늘로 향해 치켜든 모습이다. 가끔은 이와 같은 여성들이 남근이 강조된 남성 형상과 같이 구성되어 있다. 한 손만 그려진 사람 형상도 있다. 몇 명은 꼬리가 달려 있다. 머리에 뿔이 달린 인간 모습의 형상도 보이는데, 이 뿔의 끝은 서로 이

그림 40 3번 바위 윗면의 형상들

그림 41 중첩 관계(5번 매장 1번 바위, 카라콜)

어져 있다.

D.G. 사비노프는 카라콜 문화기의 수소 뿔 가면을 쓴 사람 형상과 예니세이 강 중류를 따라 분포한 그림들을 서로 비교하였는데, 이 그림들은 특정한 신화적인 인물을 그린 것이 아니라, 그들과 관련된 종교 의식의 대상물에 특별한 의복을 입힌 것이라 추론하였다. 아주 오랜 옛날부터 의례복은 그 자체로 신성함을 지니고 있었다. 특별한 의례를 거행할 때, 특히 이지흐(가축신-역자 주)에게 희생 제물을 바칠 때 의례복을 장대에 매달아 성스러운 장소에 남겨두었다.

카라콜에서 발견되는 '태양 모양의 머리를 한' 형상은 지역적 특색을 지니고 있다. 예니세이 강 중류의 암각화에서 보이는 '태양 모양의 머리를 한' 형상과 카자흐스탄에서 발견된 '태양 모양의 머리를 한' 사람 형상 사이의 중간 고리 역할을 한다. V.I. 몰로딘은 카라콜 지역의 그림들을 오쿠네보 문화기의 그림들과 유사한 단일 문화군으로 간주하였다(몰로딘, 1993년).

카라콜 지역의 그림들은 결코 우연히 발생한 것이 아닌데, 이는 알타이 지역의 고고학자들이 최근에 오제르노에 마을과 베쉬-오제크 마을에서 발견

그림 42 태양머리 사람 형상(카라콜)

그림 43 태양머리 사람 형상(카라콜, 베쉬-오제크)

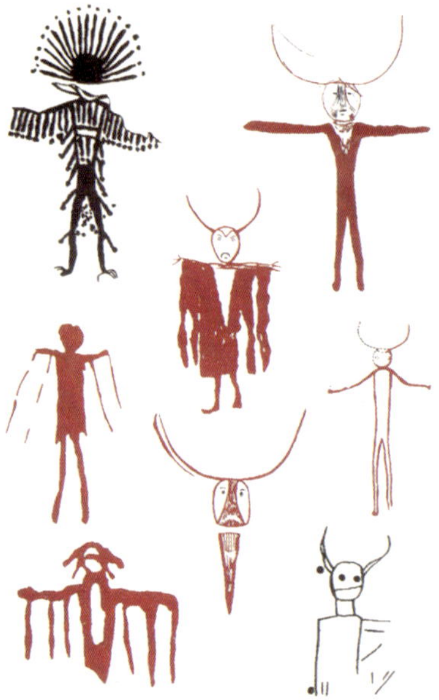

그림 44 정면으로 향한 유사 사람 형상(카라콜)

그림 45 소뿔이 달린 사람 형상(카라콜)

그림 46 소 형상들(오제르노에)

그림 47 유사 사람 형상과 소들(칼박－타쉬1)

한 돌판 속의 유사 형상들이 증명한다. 오제르노에 마을의 돌판이나 텐긴스코에 마을의 돌기둥은 매우 흥미로운데, 이 속에는 동물 떼들이 정교하게 그려져 있으며, 특히 긴 말뚝에 뿔이 묶인 수소들이 눈길을 끈다. 이것과 유사한 그림은 칼박－타쉬 암각화 속에서도 발견되는데, 이런 종류의 신화소 mythologema는 근동 지역에 기원을 둔 것으로 추정된다(그림 46·47).

오제르노에 마을, 베쉬－오제크 마을, 카라콜 시에서 돌기둥이 발견되었는데, 이 돌기둥을 제작할 때 아마도 바위구멍이 새겨진 것을 재사용했을 것으로 보인다. 이 돌기둥의 표면에는 그림들이 새겨져 있다. 젤룐노에 오제로 마을에 소재하는 암각화는 청동기 시대 초기의 것으로 편년되는데, 매우 독특하다(그림 48~51). 또한 차간카 강변에서 발견된 선으로 그린 '춤을 주는 사람들', '달리는 사람들' 그림도 매우 흥미롭다. 다수의 연구자들이 이 그림을 채록하였는데, 그중에서도 D.V. 체레미신의 것이 가장 정확하다(그림 56).

그림 48 유사 사람 형상(젤론노에 오제로)

그림 49 유사 사람 형상(젤론노에 오제로)

그림 50 유사 사람 형상(젤론노에 오제로)

그림 51 유사 사람 형상(젤론노에 오제로)

그림 52 사람과 동물(젤론노에 오제로)

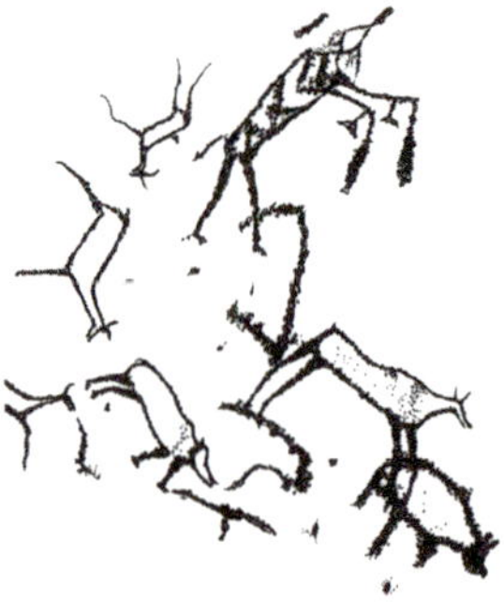

그림 53 동물과 유사 사람 형상(젤론노에 오제로)

그림 54 유사 사람 형상과 동물 등(젤룐노에 오제로)

칼박-타쉬 암각화군은 추이 대로 근처에 위치해 있는데, 이곳은 알타이 지역의 주요 강인 추이와 카툰 등 두 강의 합류점에서 얼마 떨어지지 않은 곳이다. V.D. 쿠바레프는 약 5천 점 이상의 형상들을 채록하였으며, 이들이 신석기에서 중세 후기 사이에 제작된 것으로 보았다. 또한 그는 알타이 지역과 인접한 중앙아시아 내 여러 지역 소재 암각화 유적들의 연대를 결정하는 데 칼박-타쉬의 암각화가 중요한 역할을 한다고 하였다(V.D. 쿠바레프, 2011년).

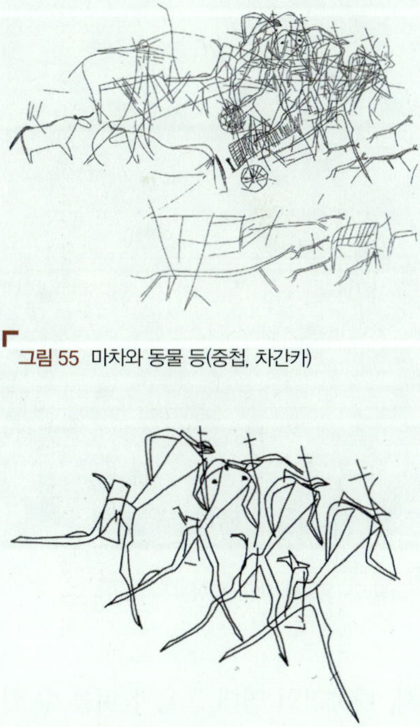

그림 55 마차와 동물 등(중첩, 차간카)

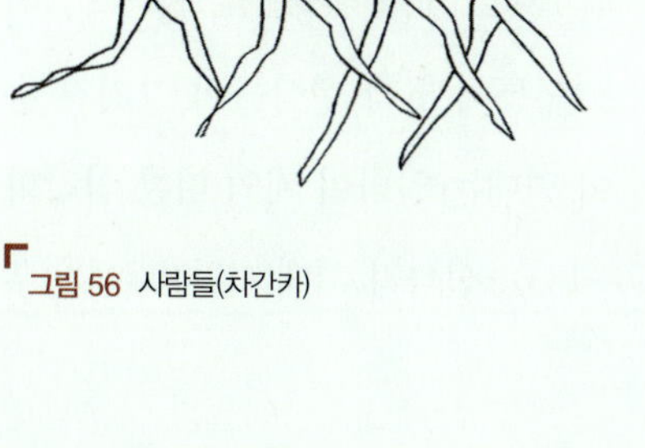

그림 56 사람들(차간카)

그림 57 칼박-타쉬 1 유적 전경

그림 58 동물들(칼박-타쉬 1)

그러나 오랜 시간에 걸쳐 제작된 적지 않은 수의 훌륭한 형상들이 아직 연구 되지 않은 채 남아 있다. 칼박-타쉬 같은 경우에는 한 유적지 내에서, 좀 더 정확하게 말하자면 아직도 학계에 소개되지 않은 형상들이 집적되어 있는 소규모의 바위그림 유적들을 통해서 바위그림의 발전 과정을 더듬어 낼 수 있었다.

덧그려진 형상들도 많은데, 이를 통해서 각 형상들이 그려진 순서, 대략적인 연대 등을 살펴볼 수 있다. 이 연대는 알타이 지역 다른 암각화들을 기반으로 추론할 수 있었다(그림 66~133). 신석기 시대(기원전 4세기 후

그림 59 칼박-타쉬 1 유적(부분)

그림 60 사슴 형상들(칼박-타쉬 1)

그림 61 사슴(칼박-타쉬 1)

그림 62 사슴(칼박-타쉬 1)

반~기원전 3,000년 초)에 이곳에서는 선쪼기 기법으로 제작한 큰뿔 사슴, 큰 사슴, 멧돼지, 곰, 뱀 형상 등과 바위구멍 등이 우세하게 나타난다. 몇몇 동물 형상들은 그 크기가 2~3m까지 이른다.

금석병용기 시대(기원전 3,000년) 암각화의 레퍼토리는 주로 사슴이었으며, 야생 수소와 말도 가끔씩 나타난다. 이 동물들은 유사 사람 형상들과 함께 그려졌다. 가장 전형적인 그림은 손가락이 세 개인 손을 위로 들어 올리고 정면을 향해 서 있는 여성 형상들이 남근이 강조된 남성 형상을 향해 모여드는 장면이다.

이 유적에서 가장 많이 나타나는 형상은 청동기 시대(기원전 2,000년 초반과 중반)에 제작된 것이다. 동물 형상 가운데는 수소가 가장 많이 나타나는데,

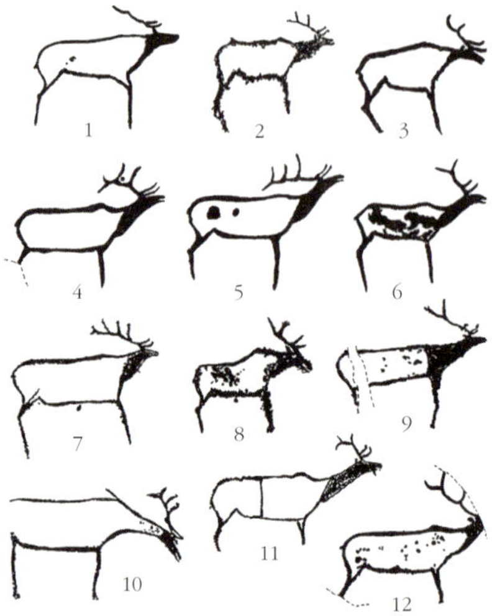

그림 63 순록(칼박-타쉬 1)

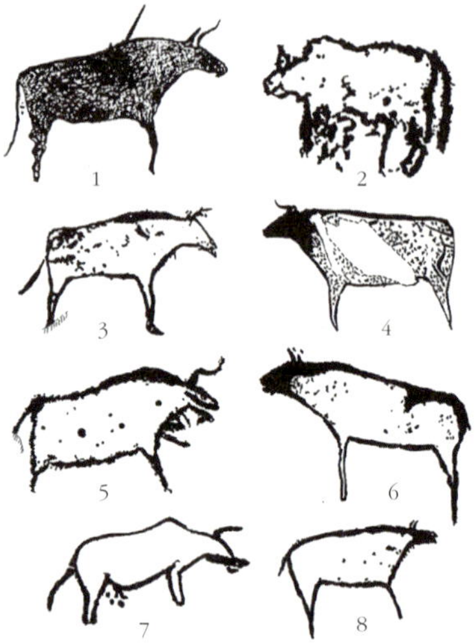

그림 64 소(칼박-타쉬 1)

그림 65 사슴(칼박-타쉬 1)

그림 66 가축들(칼박-타쉬 1)

그림 67 서로 겹쳐진 형상들(칼박-타쉬 1)

수소의 등에는 종종 짐이나 사람이 그려져 있다. 수소, 사슴, 산양 등과 같이 그려진 버섯모양의 모자를 쓴 사람 형상도 보인다. 사슴과 수소가 합성된 형상들과 기괴한 모습의 맹수 형상들도 나타난다. '태양모양 머리'를 한 사람 형상이나 '소머리'를 한 사람 형상도 그려져 있다.

청동기 시대 후기와 철기 시대 초기(기원전 1,000년)에는 사슴돌 양식으로 제작된 마차 형상이 나타난다. 추격 장

그림 68 동물들(칼박-타쉬 1)

그림 69 칼박-타쉬 1의 암각화(부분)

그림 70 동물들(칼박-타쉬 1)

면에서는 개 혹은 늑대, 고양이과 맹수들이 묘사되어 있다. 그림의 배경으로 집을 그리기도 했다. 스키타이 시대에 그려진 암각화 속 산양, 사슴, 늑대, 고양이과 맹수, 말 등과 같은 여러 동물 형상들을 사슴돌 속에 그려진 것들과 비교해 보면, 이 가운데는 중앙아시아뿐만 아니라 내륙아시아의 특성도 나타나 있음을 알 수 있다. 사냥과 전투 장면들도 그려져 있다.

스키타이 시대의 문화에서 공통적으로 나타나는 주요 현상 중 하나는 스키토-시베리아 동물양식의 전파인데, 이 양식의 중요한 특징으로 일정한 규칙에 따라 독특한 세부 장식을 한 동물, 특히 사슴 형상을 들 수 있다. 기원전 2,000년에서 1,000년 경 사람이나 전쟁영웅을 구현한 사슴돌 제작방식이 바위그림 속 사슴 형상의 제작방식에 결정적인 영향을 끼쳤다. 일정한 규칙에 따라 바위그림과 돌기둥에 표현된 그림들의 제작 과정은 서로 비슷하다.

사슴돌에서 동물 형상이 여러 번 반복적으로 그려지면서, 이 형상들은 점

그림 71 동물들

그림 72 그림 71의 그림 부분 확대

점 양식화되어 갔는데, 이로 인해 동일한 형상들을 반복적으로 그릴 때는 사실적인 모습보다는 일정한 규칙에 따른 형상들을 제작하게 되었다. 사슴돌을 통해 형상들을 양식상 두 가지 그룹으로 분류할 수 있었다. 첫 번째 그룹은 몽골과 자바이칼 유형의 사슴돌과 관련이 있다. 동물 형상은 과장되게 양식화되어 있으며, 화려한 무늬들로 장식되어 있다. 몸통은 비정상적으로 길고, 다리는 마치 잘린 것처럼 짧으며, 머리는 새 부리처럼 길쭉한데 입을 벌린 모습이다. 사슴들은 마치 위를 향해 날아갈 듯이 표현되어 있다. 어쨌든 사슴 형상들은 기묘한 외모를 하고 있다.

두 번째 그룹은 사얀-알타이 유형의 사슴돌과 연관이 있는데, 여기에 그려진 동물은 비교적 사실적으로 표현되어 있으며, 심지어는 매우 세세하게 표현되기도 하였다. 고대의 화가들은 종종 사슴의 특징을 과장하여 그렸는데, 긴 목과 높게 쳐든 머리를 지닌 날씬한 형태를 강조하였다. 사슴은 발굽 끝으

그림 73 그림 70의 도면

그림 74 사람과 가축(칼박 - 타쉬 1)

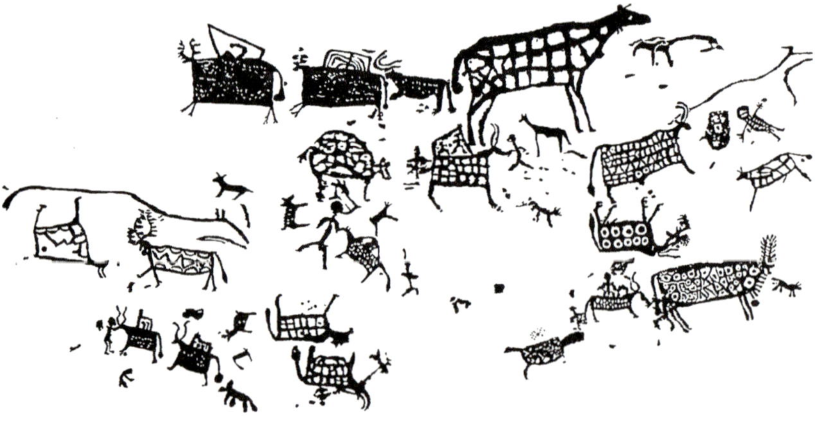

그림 75 사람과 동물들(칼박 - 타쉬 1)

그림 76 동물 형상들(칼박-타쉬 1)

그림 77 동물 형상들(칼박-타쉬 2)

그림 78 순록

로 서 있거나 배 밑으로 다리를 굽혀 누워 있거나 또는 '날듯이 질주하고 있는' 자세를 취하고 있다. 둘씩 짝을 지어 있는 동물 형상들도 가끔씩 보인다.

현재 러시아 학계의 바위그림 연구자들은 청동기 시대나 철기 시대 초기에 제작된 신화적 주제보다는 전쟁, 기마병, 전투와 사냥 장면 등 서사적인 주제를 더 선호하고 있다. 타쉬트이크 문화 양식으로 제작된 그림들도 드물게 발견된다. 중세 시대에 그어서 그린 독특한 형상들도 있는데, 이런 유형의 형상들은 가끔 고대 투르크 비문에 새겨져 있기도 한다(쿠바레프 G., 2011년).

그림 79 몸통 장식이 된 소 형상

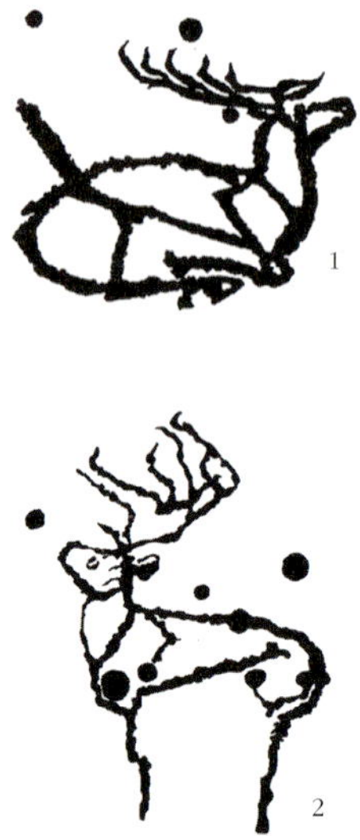

그림 80 사슴(칼박 – 타쉬 1)

그림 81 사슴(엘란가쉬)

그림 82 사슴(칼박 – 타쉬 1)

그림 83 동물 형상들(잘그이즈 토베)

그림 84 동물 형상들(카라 오유크)

그림 85 맹수(칼박 - 타쉬 1)

그림 86 사슴(칼박 - 타쉬 1)

그림 87 산양(칼박 - 타쉬 1)

그림 88 멧돼지(칼박 - 타쉬 1)

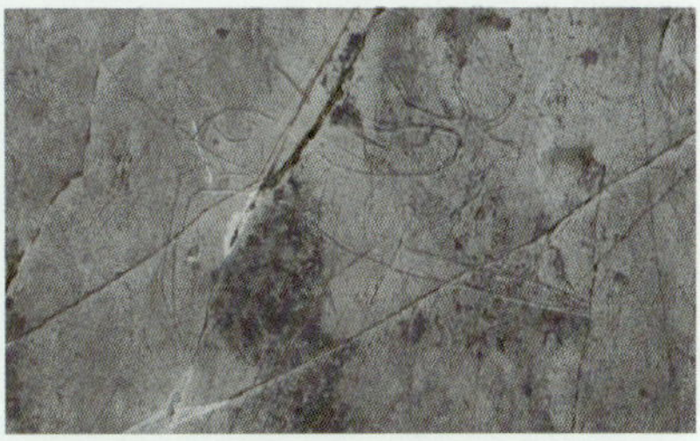

그림 89 사슴(칼박 - 타쉬 1)

그림 90 사슴(칼박 - 타쉬 1)

그림 91 개(칼박 - 타쉬 1)

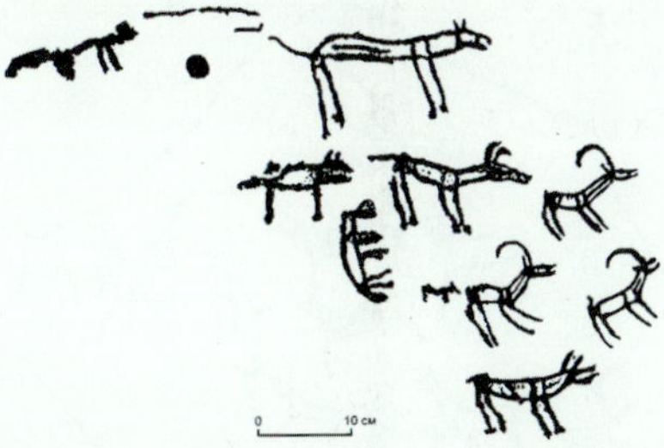

그림 92 동물들(칼박 - 타쉬 1)

그림 93 동물들(칼박 - 타쉬 1)

그림 94 선 그림들(비치크투 봄)

그림 95 투르크 고대문자와 동물들(칼박-타쉬 1)

그림 96 동물 형상들(비치크투 봄)

이 시기에는 전투 장면이 특징적인데, 공격용이나 방어용 무기들이 묘사되어 있다. 흉노-사르마트 시기(기원전 2세기~기원후 5세기)와 중세 초기, 중기, 말기의 암각화에 대한 연구는 미흡하다. 여러 학자들은 흉노족, 투르크족, 예니세이 지역의 키르키즈족, 아바르족 등 여러 민족 중에서 어떤 민족이 이와 같은 그림을 제작하였는지에 대한 결정을 내리지 못하고 있다(쿠바레프 V., 2011년, 62쪽).

그림 97 동물들(우스튜 아이르이)

중세 시대의 기마 전사들은 유라시아 스텝의 전 지역에 형성된 유목민들의 조형예술에 있어서 꼭 필요한 인물이 되었다(그림 117~127). 이전에 보편적으로 사용한 쪼기 기법으로는 사람 형상의 디테일한 부분까지 표현하는 데

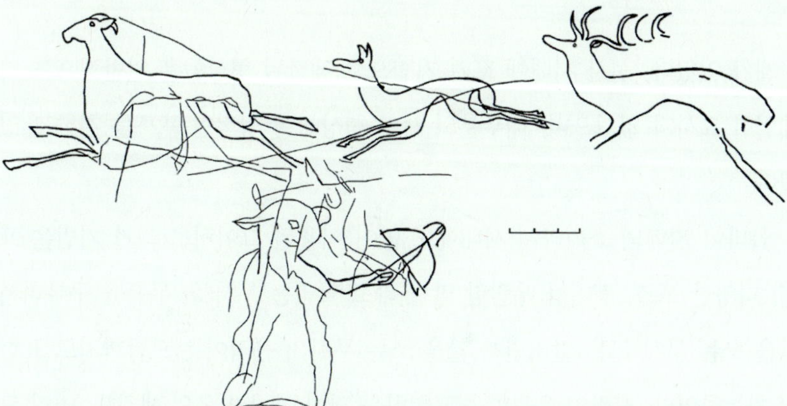

그림 117 동물들(우스튜 아이르이)

그림 99 사슴과 사냥꾼들(고라 탈다)

그림 100 사수들(비치크투 봄)

한계가 있었다. 선사 시대에 쪼기 기법으로 제작된 형상들은 일반적으로 디테일한 묘사가 없었으며, 대부분의 사람 형상들은 정적인 포즈를 취하고 있었다.

알타이 지역의 스키타이 시대에도 많이 이용된 그어서 그리기 기법은 표정, 다양한 포즈, 걷거나 우람한 말을 타고 달리는 무사들, 무릎을 구부려서 활을 쏘는 무사 또는 달리면서 활을 쏘는 무사의 움직이는 모습까지도 표현이 가능하였다. 사람의 윤곽만을 표현하는 것이 아니라 옷의 생김새, 머리 모양, 활, 화살, 창, 화살통, 갑옷과 같은 것들도 디테일하게 표현할 수 있게 해

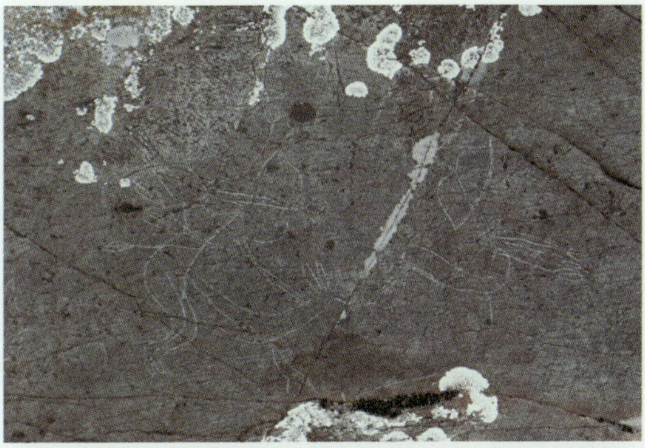

그림 101 사냥(칼박-타쉬 2)

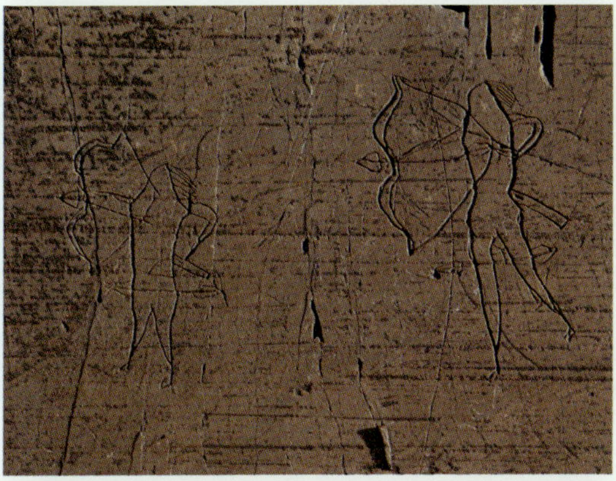

그림 102 사냥꾼(차간카)

그림 103 사슴(차간카)

그림 104 말과 전사(차간카)

그림 105 기마상(차간카)

그림 106 기마전사(차간카)

그림 107 낙타를 탄 사람(엘란가쉬)

주었다. 영웅-무사와 기마병은 영웅 설화나 영웅 서사시에서와 같이 전투와 사냥하는 모습으로 형상화 되었는데, 이는 공동체 생활에서 그들의 역할이 증가하였음을 보여주는 것이다.

그어서 그린 다수의 형상들과 그래피티 기법으로 그린 형상들은 인류학적 시기의 것으로 분류된다. 특정 민족의 전통 의식, 주거지, 전투장면과 사냥 장면, 샤먼의 의례 장면 등이 묘사된 그림들도 발견되었다(그림 129~133).

칼박-타쉬는 산지 알타이 지역의 바위그림 가운데서 가장 뚜렷한 특징과 많은 정보를 보유하고 있는 유적이다. 이 유적의 연구는 지금도 계속되고 있다. 2013년 여름 이 책의 저자들은 동북아역사재단과 공동으로 산지 알타이

그림 108 사냥(차간카)

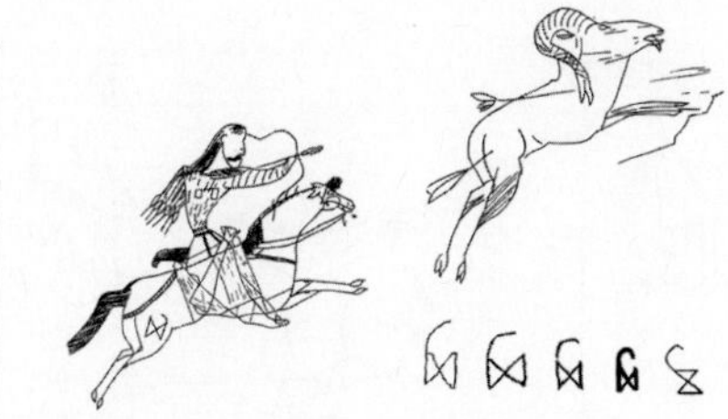

그림 109 사냥(차간카)

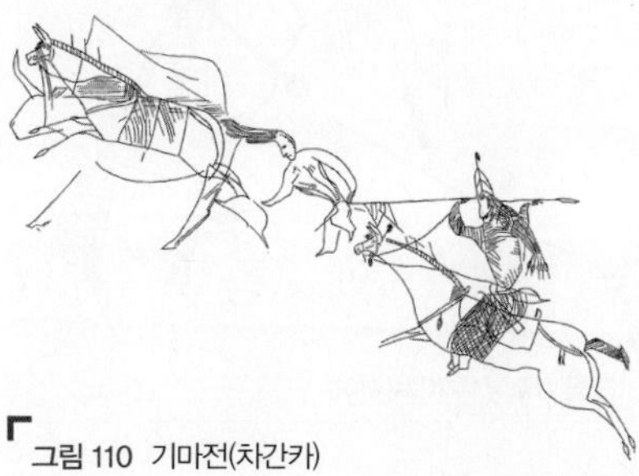

그림 110 기마전(차간카)

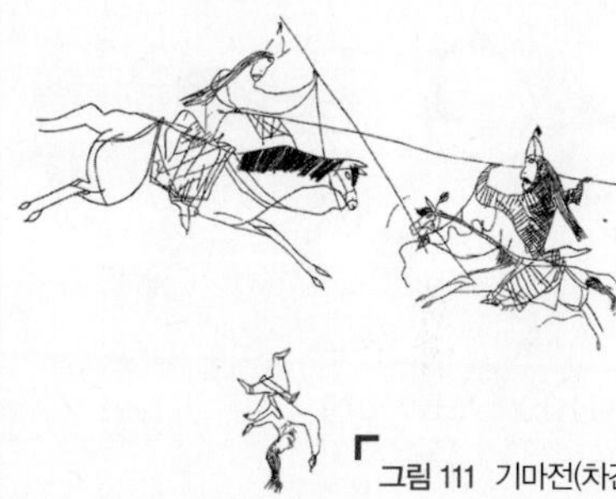

그림 111 기마전(차간카)

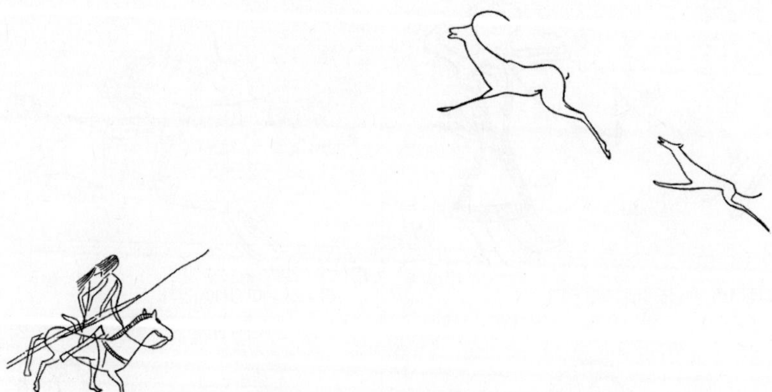

그림 112 사냥(차간카)

지역 내 몇 곳의 유적들을 조사하였으며, 얄로만 강(그림 134~139). 칼박-타쉬, 그리고 칼박-타쉬 I 유적 등과 같이 몇몇 유적에서도 일련의 형상들을 채록하였다(쿠바레프 V., 2011년). 칼박-타쉬와 알타이 지역의 여러 유적에서 발견되는 암각화들은 바위그림들의 의미와 이 속에 제시된 신화적 모티프 분

그림 113 사냥꾼들(차간카)

그림 114 전투(아비자이)

그림 115 사냥꾼(비치크투-봄)

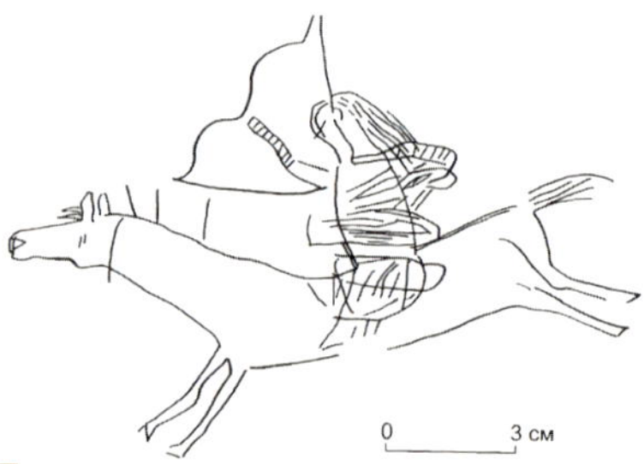

그림 116 기마전사(차간카)

그림 117 사람(비치크투-봄)

그림 118 기마전사(비치크투-봄)

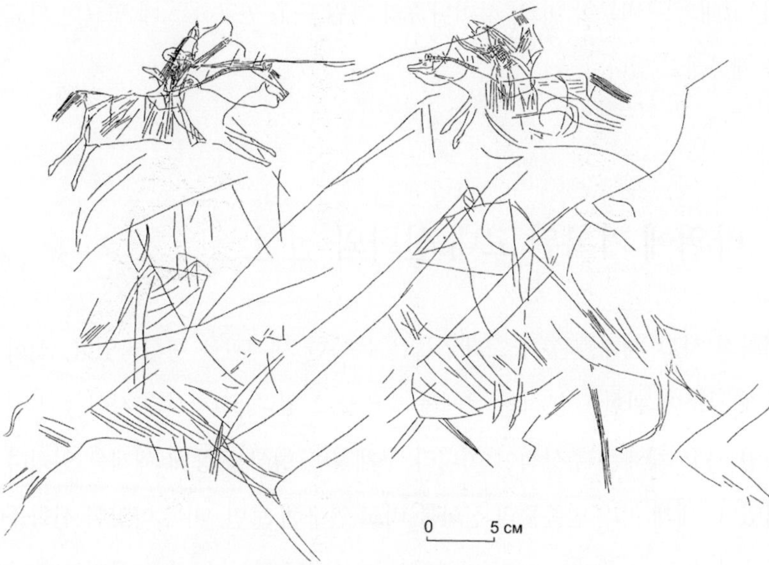

그림 119 기마전투(차간카)

그림 120 기마사냥꾼(비치크투–봄)

석, 고대의 구비문학 비교, 샤머니즘의 기원 등을 연구하는 데 필요한 자료들을 제공하고 있다.

바위에 기록된 고대 신화와 전설

신화적 사고 체계를 통해 고대인들은 독특한 세계관을 형성하였다. 신화는 세계 창조에 관한 근본적인 문제를 그려놓고 있다. 선사시대 사람들의 신화적인 사고 체계는 추상적이 아니라 구체적인 형상을 통해 세계를 인식하게 하였다. 세계 여러 민족들의 신화를 비교 연구해 보면, 비록 다양한 신화들이 존재하지만, 그 주제는 여러 지역에서 서로 비슷하거나, 종종 동일하게 나타나기도 함을 알 수 있다. 심지어 외따로 떨어진 오지의 바위그림 유적지에서도 신화적 주제를 설명해주는 모티프, 형상, 그리고 장면 등이 발견된다(데블레트 E., 데블레트 M., 2005년, 2011년).

구전설화는 매우 보수적이어서 각기 다른 시기에 여러 구연자들이 기록한 텍스트가 거의 동일하게 나타나는데, 구비전통에서는 그와 같은 경우를 거의 찾아 볼 수가 없다. 고대 원시 공동체 발전의 초기 단계에서 신화는 신성한 것이었으며, 종종 비밀을 간직하고 있는 특정 원시 공동체의 소유물이었다. 사람들은 다른 민족과 이방인들에게는 신화를 얘기하기 않았으며, 신화에 대한 특별한 지식이 없는 사람들에게는 의도적으로 신성한 부분을 감추었다. 심지어 영웅 전설도 특별한 이유가 없는 한 구연하지 않았으며, 외부인이 있는 곳에서는 언급하지 않았다.

신화는 구연될 수 있고, 판토마임의 형식으로 보여줄 수도 있으며, 회화로도 표현할 수 있다. 신화를 구술하는 것과 이를 조형예술로 구현하는 것은 항

그림 121 샤먼 형상들(카라콜과 샬코브이)

그림 122 알타이 샤먼들의 북에 그려진 형상들

상 서로 밀접한 관계 속에서 이루어진다. 말로 표현한 것은 시간이 지남에 따라 달라질 수 있다. 그러나 바위그림들은 고대의 화가, 암각화 제작자가 그림을 그리는 그 시점에 형성된 관념을 바위표면에 예술적으로 표현한 것이다.

신화는 시간이 흐름에 따라 세계관, 세계 인지라는 본연의 기능을 상실하게 되면서 구비문학, 서사시, 옛날 이야기 등으로 인식되었다. 서사시 전통은 지금까지도 전해지고 있다. 현재 여러 그룹의 알타이나 쇼레츠 인들 사이에

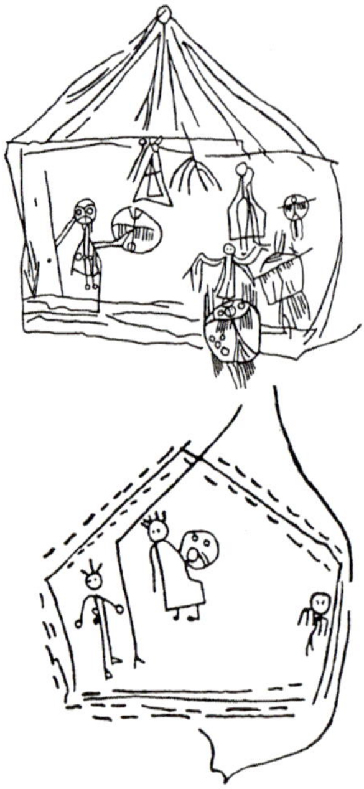

그림 123 유르타 속에서 의례를 거행하는 샤먼

그림 124 샤먼(카라콜)

는 10명 이상의 구연자들이 있다. 바위그림의 고대 전통 또한 명맥을 이어가고 있다. 알타이 지역의 주민들은 아직까지도 바위에 그림을 그리고 있는데, 신화 또는 서사적 주제보다는 오히려 삶의 실제 모습을 그래피티 기법이나 쪼기 기법 등으로 표현하고 있다.

바위 예술에 나타난 태양 숭배 체계

암각화에 나타난 도식화된 고대의 상징 기호는 태양, 달, 별 등을 의미하는 것으로, 이는 비록 몽골 알타이 지역보다는 훨씬 적은 수이지만, 산지 알타이 지역에 거주한 고대 주민들에게도 태양 숭배 사상이 존재하였음을 증명해 주는 것이다. 태양은 보통 눈에 보이는 대로 그렸는데, 원판이나 원에 선을 그려 사방으로 뻗어나가는 '광채'를 표현하였다.

사얀-알타이와 중앙아시아의 청동기 시대에 제작된 바위그림 속에는 수적으로는 얼마 되지 않지만 동일한 모티프를 그린 독특한 그룹이 나타난다. 그것은 광선으로 둘러싸인 원판을 머리에 이고 있는 동물 형상이다. 이 형상에는 실존하는 동물들과 태양을 상징하는 양식

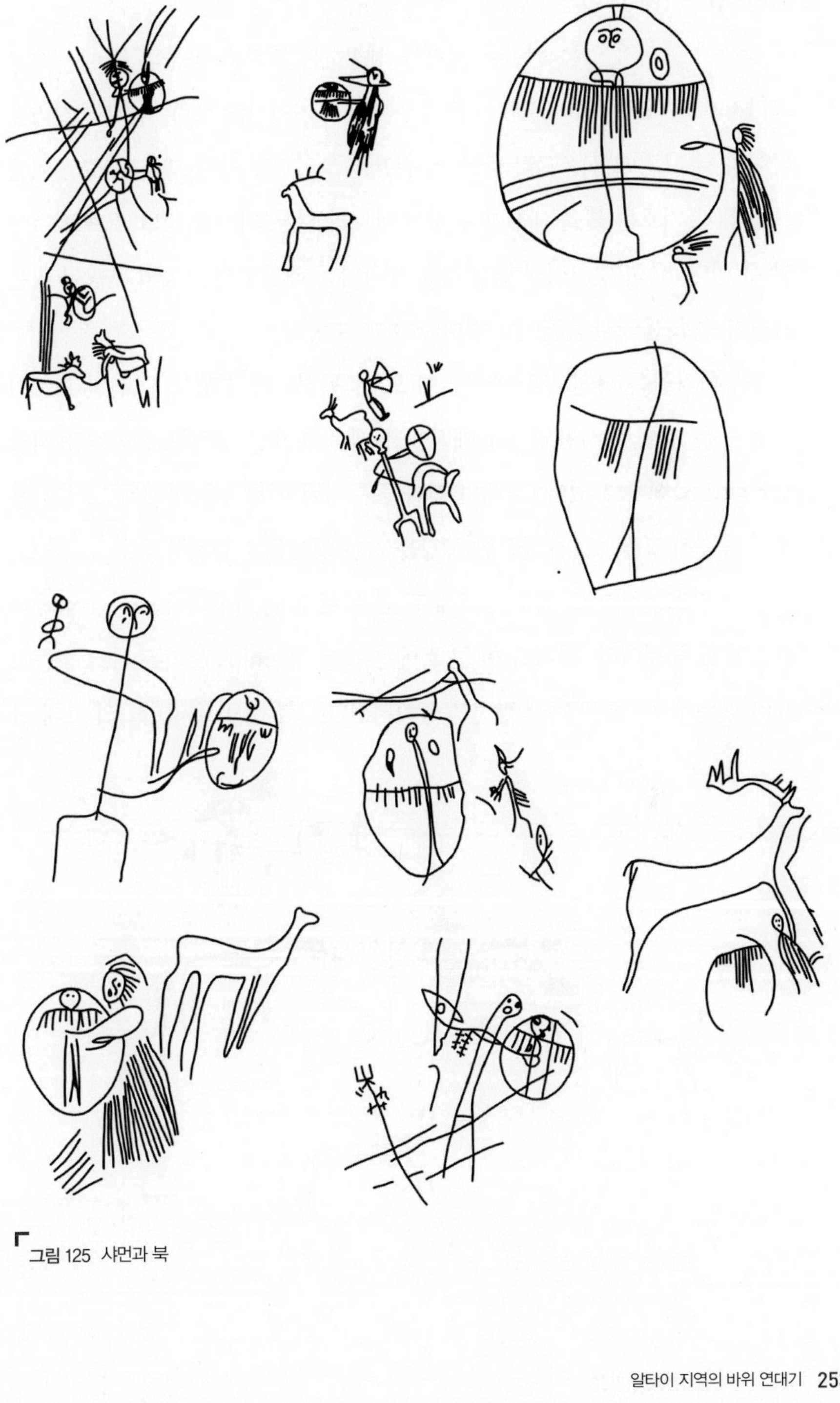

그림 125 샤먼과 북

화된 여러 가지 기호들이 함께 그려져 있다.

광선이 그려져 있는 원판은 태양을 상징하는 것으로 동물의 뿔 대신으로 그려지기도 하고, 또 가끔은 뿔의 끝부분에 그려지기도 했다. 심지어 칼박-타쉬의 말 그림에서는 꼬리 끝에 이 원판을 그리기도 했다(그림 74·75). 이를 보면 태양 기호는 뿔을 대신하는 것이 아니라 다른 의미를 지닌 것으로 추정할 수 있다. 특히 덧그려진 형상 가운데 하나는 태양광선 모양의 후광이 있는 가면이 수소 등에서 움직이고 있다(그림 71·73).

인류학자들은 나선모양, 소용돌이 모양, 동심원형의 꺾쇠, 동심원 모양의 기호 등은 제물로 사용되거나 예전에 실제로 존재한 신성한 동물을 표시한 것이라고 확신하고 있다. 고대의 화가들은 이런 기호들을 바위에 그려진 동물의 몸통에 그림으로써 독특한 상징을 지닌 형상으로 표현하였다.

태양 기호는 아마도 매우 심하게 휜 큰 뿔이 달린 산양이나 숫산양 형상과 관련이 있을 것이다. 활처럼 휜 큰 뿔에는 작은 톱니라고 불리는 가로 줄들이 그려 있는데, 이 줄은 가끔 광선을 상기시킨다(그림 126). 유라시아의 고대 신

그림 126 샤먼과 동물(솔코)

그림 127 얄로만 암각화 유적

그림 128 사슴(얄로만)

그림 129 사슴 떼(얄로만)

그림 130 사슴(얄로만)

그림 131 동물들(얄로만)

그림 132 낙타(얄로만)

화에서는 산양이나 숫산양 형상에 천계와 우주에 대한 관념을 표현하였다. '산양이나 숫산양의 몸통 위로 뻗어있는 활 모양으로 크게 휜 뿔들은 볼록한 하늘과 천구를 연상시킨다'(오클라드니코프·오클라드니코바·자포로즈스카야·스코르이니나, 1980년, 78쪽).

그림 133 꼬리 달린 사람(칼박-타쉬 1)

그림 134 몸통이 장식된 사슴(칼박-타쉬 1)

여성 민족 시조 형상

어머니-종족의 조상에 대한 신화적 형상은 원시 공동체의 발전 과정에서 발생되는 보편적인 주제이다. 현재 학계에서는 최초의 씨족 사회는 항상 모계 사회였으나, 어떤 경우는 이 씨족사회가 비교적 이른 시기에 부계사회로 전환되었으며, 다른 경우는 원시 공동체가 와해되는 초기 또는 이보다 더 늦은 시기까지도 모계 사회 형태를 유지하였다고 보고 있다.

고대에 매우 널리 분포되어 있는 어머니-종족의 조상 형상과 그와 연관된 여러 형태의 숭배는 여기에서 기인한 것으로 추정된다. 세계 대부분의 신화를 보면 어머니-신은 중요한 존재였다. 민족의 시조인 여성 형상은 여러 시대에 걸쳐 수많은 지역의 바위그림 속에서 구체적으로 구현되었으며, 독특한 지역적, 연대기적 특성을 갖춘 다양한 변형들도 존재한다.

양식화되어 도식적으로 그려진 여성 형상이 주목을 끈다(그림 136~145). 여성 형상은 정면을 향해 있으며, 손은 하늘을 향해 치켜들고 있다. 이와 같은 형상은 손가락이 보통 세 개이다. 가끔 점이나 몸통에서부터 양측으로 뻗어 나오는 가지 모양으로 젖가슴을 표시하였다. 머리는 마름모꼴로 표현되었으며, 간혹 두 개 또는 세 개의 가지가 나있다. 사람 형상의 아랫부분에는 세로 면은 짧고 가로 면이 넓은 직사각형이 표현되어 있는데, 이는 통이 넓은 치마를 연상시킨다. 치마에는 주로 줄무늬나 체크무늬가 그려져 있다. 가끔은 아랫면을 그리지 않은 사각형의 양 옆면 아랫부분에 발가락 세 개를 그림으로써 '치마'와 다리를 동시에 표시하기도 하였다.

그림 135 동물들(칼박-타쉬 1)

청동기 시대의 암각화에서는 사람의 옷이 거의 묘사되지 않았는데, 이렇듯 화려한 장식무늬가 있는 복장이 그려져 있다는 것은, 곧 고대 화가에게 그것이 매우 중요한 의미를 지니고 있었음을 시사하고 있다. 남근을 그려서 남성 형상임을 표시한 것처럼, 여성 형상은 종 또는 마름모 모양과 비슷하게 그린 치마로 식별된다. 여러 지역에서 유사한 여성 형상들이 나타난다는 것은 고대 민족들이 직·간접적으로 교류하고 있음을 보여줄 뿐만 아니라, 서로 같은 신화관을 갖고 있었음을 말해주는 것이다(데블레트 E.·데블레트 M., 2005년).

칼박-타쉬 암각화에서 가끔 보이는 주제 가운데 하나는 뱀이다. 뱀과 여자가 서로 관련된 전설은 지금까지도 전해지고 있다. 제단 위의 바위에 여자와 뱀이 그려진 바위가 놓여 있는 지하 궁전 전설이 있는데, E.A. 오클라드니코바는 알타이 지역의 코쉬-아가치, 쿠오스, 칼박-타쉬 등의 암각화 가운

그림 136 여인(칼박-타쉬 1)

그림 137 여인(칼박-타쉬 1)

그림 138 여인(칼박-타쉬 1)

그림 139 여인(칼박-타쉬 1)

데서 이 전설을 상기시키는 동굴에 대한 정보를 얻었다. 칼박-타쉬의 동굴 입구는 암각화가 그려진 두 번째 바위표면 옆에 위치해 있다. 지역 주민들에 의하면, 이 동굴은 그 길이가 매우 길며, 절벽 아래에 그림이 그려져 있다.

고대에는 술로 장식을 하고, 천 조각들을 이어서 만든 옷을 신성하게 여겼다. 이런 의복 장식 가운데도 특정한 관념이 내재되어 있다. 예를 들면 짠 물건과 술은 뱀의 몸과 동일시된다. 후에 술은 투르크-몽골족 샤먼의 무복에 나타나는 고유한 특징이 되었다. 알타이 민족들에게는 찰람이라는 신성함을 상징하는 물건이 있는데, 일상생활에서는 이것을 간단하게 '리본'이라고 한다. 샤먼의 의례용 무복과 북, 나무 방망이 등에 이것을 매달았다.

현재 시베리아와 중앙아시아에서뿐만 아니라 여러 지역의 약수터, 산기슭, 고개, 위험한 강의 나루터에 묶여있는 리본을 볼 수 있다(그림 8~10). 알타이 인들은 직물을 손으로 찢어서 리본을 만들었는데, 그 폭은 사람의 손가락 굵기보다 더 넓으면 안 되었다. 전통 문화에서는 이 보다 더 넓은 리본을 만들지 않았는데, 그 이유는 '알타이의 주인이 화를 낼 수 있기 때문이다. 알타이의 주인은 자신보다 더 부유하다고 뽐내는 사람을 벌 줄 수 있다'(지야코노바, 1984년, 40쪽).

토템-시조와 그의 부인에 관한 신화

알타이와 아시아의 여러 지역에서는 아이를 낳고 있는 여성을 바위에 표현한 형상도 발견되는데, 이 형상은 매우 자세하게 묘사되어 있다. 여자는 다리를 벌리고 있으며, 그 다리 사이에 태아가 그려져 있다. 연구자들은 수소와 여성 형상 사이의 의미상 상관관계에 대해 여러 번 언급하였다. 암각화 가운데서 아이를 낳고 있는 여성 형상, 어머니-종족의 조상 등의 형상은 수소와 함께 그려져 있다. 이렇게 그려진 그림은 토템-시조와 그의 부인에 관한 신화를 도상적으로 구현해 놓은 것으로 볼 수 있다. 이와 유사한 그림들은 요르단과 고부스탄의 암각화 가운데서도 발견된다.

목축민들에게는 신화적으로나 제의적으로 남성과 수소를 동일시하는 관념이 있다. 고대인들의 관념에서 소는 남성성의 기원이며, 남신 또는 그의 상

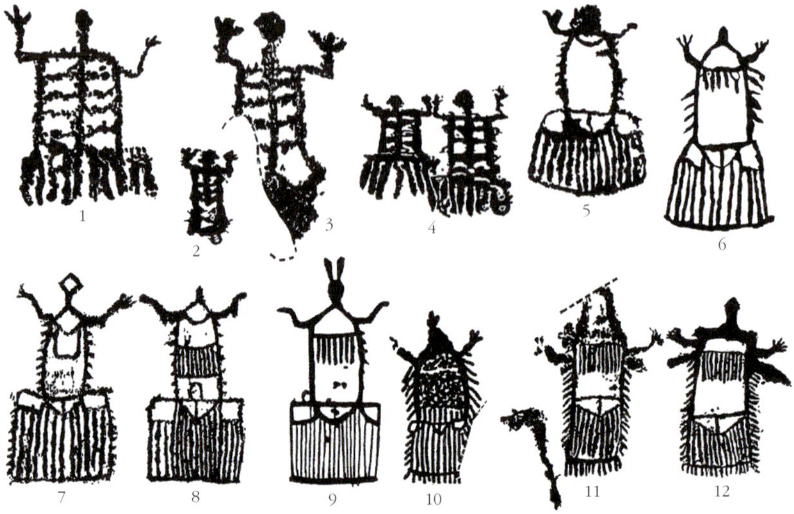

그림 140 양식화된 여인상(칼박-타쉬 1)

그림 141 양식화된 여인상들

징물을 뜻한다. '그리베다'에서는 남성의 정력을 표현하기 위해 '수소'라는 단어를 종종 사용하였다. 따라서 수소를 풍요의 화신으로 간주한 것이 분명하다. 수소가 번식력의 원천인 남성성을 상징하기 때문에 뿔은 넓은 의미에서 용기를 뜻하게 되었다.

중세 시대에 기사의 투구에 수소의 뿔을 달거나 남성 조각상에 뿔을 다는 것도 바로 이 때문이다. V.V. 이바노프는 수소 형상과 신화에서 등장하는 수

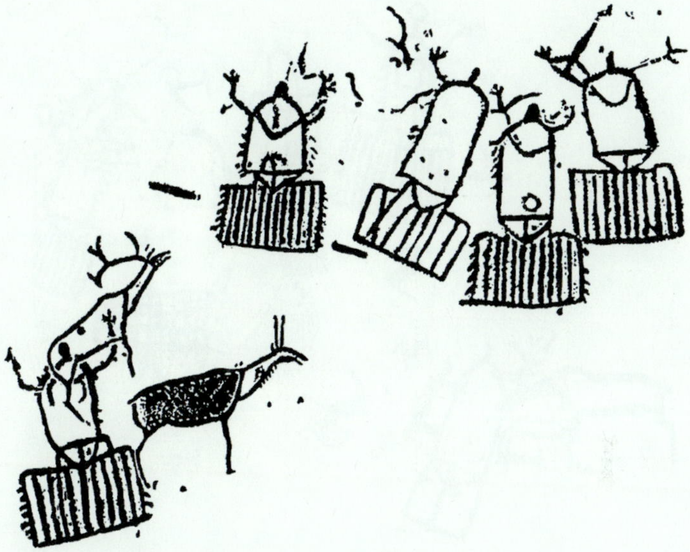

그림 142 여인과 동물 형상들(칼박-타쉬 1)

소들 사이의 관계를 분석하였는데, 이를 통해 수소 형상들이 신적인 존재임을 뜻하는 표식이 드러나 있거나 또는 감춰져 있다고 강조하였다. 고대 히타이트의 문서 속에도 신격화된 수소의 기록이 남아 있다(이바노프, 1987년, 203쪽).

종족 어머니-종족의 조상과 함께 남근이 달린 사람의 옆모습이 그려져 있는데, 이 형상은 양식화 되어 있고 또 매우 상징적으로 표현되어 있다. 이 형상은 어머니-종족 조상의 남편이다. 남성의 머리와 여성의 머리 형태는 한 그림 내에서는 비슷하게 그려져 있다. 연구자들은 이런 사람 형상들 대부분을 금석병용기 시대에서 청동기 시대에 제작된 것으로 보고 있다. 칼박-타쉬 절벽에 여성과 남성 형상이 같이 그려진 장면들 중에 손을 양쪽으로 벌리고 정면을 향해 서 있는 여자 형상이 눈에 띈다. 가슴을 몸통에서부터 옆으로 뻗어 나오게 표현하였으며, 옷자락에 술이 달려있다. 큰 성기의 남성 형상은 측면을 향해 서 있다. 그는 활과 화살을 들고 있는데, 화살은 여자를 겨냥

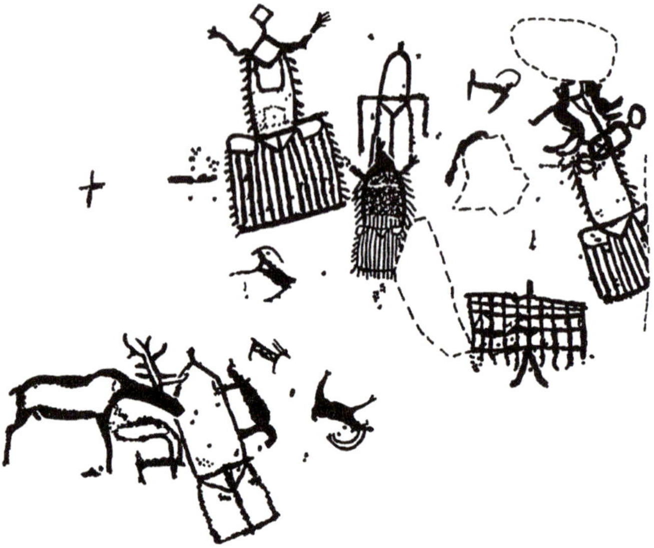

그림 143 여인, 마차, 동물들(칼박-타쉬1)

하고 있다(그림 145).

남녀가 성교하는 장면을 묘사한 그림들도 여러 개 있는데, 그중에서도 중앙아시아의 여러 지역에서 확인된 것들이 탁월하다(옥티야브리스카야·체레미신, 1999년). 이와 같은 그림 속에서는 제3의 인물이 나타나는데, 그는 활로 무장하고 있으며, 반대편에 있는 사람을 화살로 공격하고 있다. '불필요한 제3의 인물'은 중심 인물들과 가까운 곳에 위치해 있다. 이 형상은 경쟁자와 경쟁자가 선택한 여자에게 공격적인 자세를 취하고 있는데, 곤봉이나 전투용 도끼로 그들의 머리를 때리거나 활을 쏘기도 한다. V.D. 쿠바레프는 이런 유형의 그림들을 '사랑의 삼각관계'라고 불렀다.

그는 알타이 지역의 암각화와 바위 표면에 그려진 회화들을 연구하면서 다음의 규칙을 발견하였다. 측면을 향해 있는 남자 형상은 정면을 향해 있는 여자 형상의 왼편에 있다. 게다가 카라콜 지역에서 발견한 바위 표면에 그려

그림 144 여인과 동물들(칼박 – 타쉬1)

그림 145 토템(종족의 조상, 어머니)

진 형상 가운데서 남자는 검은 색으로, 여자는 빨간색으로 그리는 등, 색을 이용하여 이와 같은 대립을 더 강조했다. V.D. 쿠바레프는 의미상 그리고 도상해석학상 지속적으로 나타나는 이런 유형의 주제는 주인공이 갖가지 난관을 극복해가며 투쟁을 통해 약혼녀를 얻는 투르크족 영웅 서사시의 가장 오래된 유형을 보여주는 예라고 언급하였다.

버섯 모양의 머리 장식을 쓴 '춤추는' 사람 형상

1970년대 중반에는 예니세이 강의 사얀 협곡에서 발견한 암각화를 바탕으로 이른바 '버섯 모양'의 머리 장식을 한 형상을 '춤추는' 사람이라고 보았다. 얼마 후 이런 유형의 사람 형상들이 사얀 알타이 여러 지역 암각화에서 적지 않게 발견되었는데, 이는 일종의 '중앙아시아적 조형 규범'으로 볼 수 있다. 이와 유사한 그림들이 몽골과 중국의 북부 지역에서도 발견되었는데, 특히 몽골 알타이 지역에서 많이 확인되었다. 바가-오이고르강 분지와 차간-살라강 분지에서 현재 180점 이상의 형상들이 발견되었으며, 쉬베트-하이르항 산맥 근처에 소재한 암각화 유적에서도 이 형상들이 260점이나 발견되었다.

2004~2005년 사이에 러시아-독일 고고학 공동 조사단은 바르수치 로그 쿠르간을 조사하였는데, 이 쿠르간은 하카스코-미누신스크 분지에 소재한 스키타이 시대의 무덤 가운데서도 가장 큰 것에 속한다. 쿠르간의 울타리를 만들 때, 이 지역에서는 비전형적인 형상들이 그려진 돌을 재사용하였는데, 그것은 중앙아시아 전통의 영향을 강하게 받은 것이다. 한 돌표면에는 버섯 모양의 머리 장식을 한 궁수 형상들이 그려져 있다. 이 형상은 일정한 규칙에 따라 그려진 형상들이 분포한 지역 가운데서도 가장 북쪽 지역에서 많이 나타난다. 유사 사람 형상은 산양, 사슴, 멧돼지, 수소, 말, 큰 사슴 등을 사냥하고 있다. 창, 곤봉, 단검 등으로 무장한 몇몇 사람들이 싸우는 장면도 있다. 또한 청동기 시대의 전차에 타고 있거나, 거인과 신화적 맹수 등이 싸우는 장면 가운데서도 나타난다.

칼박-타쉬 I 유적의 고대 성소에는 거대한 바위가 있고, 이 앞에는 넓은 공터가 있는데, 이 바위에도 버섯 모양의 머리 장식을 한 사람 형상이 여섯 점이나 그려져 있다. 이 사람 형상은 같은 양식으로 그려져 있어 서로 거의 비슷하다. 이들의 몸통은 정면을 향해 있고, 한 손은 엉덩이 위에 얹고 있으며, 어깨가 넓은 남자들이다. 또 다리는 측면에서 바라보았으며, 종아리가 두껍다. 버섯 모양의 머리 장식 이외에 이들이 지닌 독특한 상징물로는 둥근 주머니 혹은 허리 부근에 매단 소꼬리 등을 들 수 있다(그림 146~149)

사람들은 구불구불한 선으로 표시된 길을 따라 열을 지어 오른쪽으로 움직이고 있는 모습이다. 무릎을 약간 구부리고 있는 남자 형상도 보이는데, 이

그림 146 환상의 동물과 버섯 모양 머리에 꼬리가 달린 사람 형상들(칼박-타쉬 1)

그림 147 버섯 모양 머리에 꼬리가 달린 사람과 동물(146의 부분)

그림 148 버섯 모양 머리를 한 사람 형상 (146의 부분)

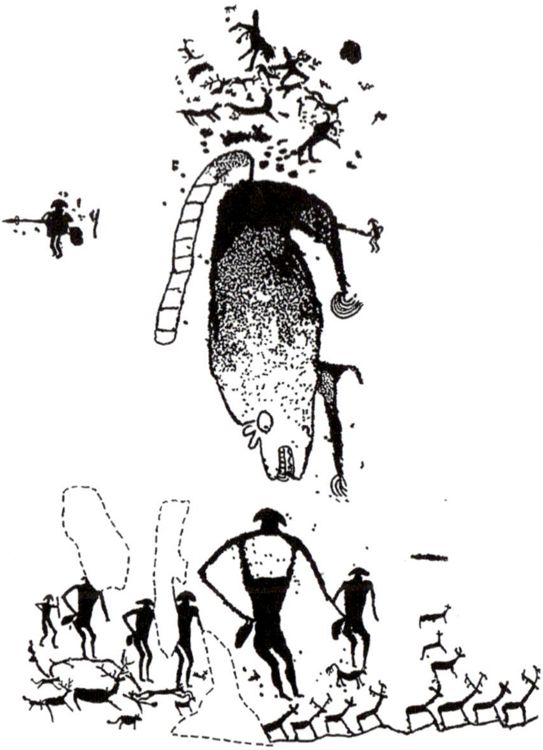

그림 149 146의 도면

는 고대의 제례 때 추는 원무를 표현한 것이다. 바위에는 원을 그리며 둥글게 움직이는 사람이나 동물의 행렬이 표현되어 있다. 이것은 자연 현상의 순환을 상징적으로 나타낸 것인데, 낮에는 지평선을 따라, 밤에는 땅 아래로 사라지는 태양의 움직임을 각각 표현한 것이다.

사람 가운데 한 명은 크게 그려졌다. 크고 환상적인 괴물이 바로 그에게 위협을 가하고 있다. 이 괴물은 육중한 몸통, 날카로운 이빨이 있는 얼굴, 큰 눈, 둥근 귀, 날카로운 발톱이 있는 발, 줄무늬가 있는 긴 꼬리 등으로 구성되어 있다. 괴물은 바위의 가운데서 약간 위에 그려져 있는데, 벌린 입은 버섯 모양의 모자를 쓴 '중심' 형상의 머리를 향하고 있다. 괴물은 사람을 덮치려고 살금살금 다가가고 있는 모습이다. 유사 사람 형상들 아래에는 길을 표시한 것으로 보이는 구불구불한 선이 그려져 있고, 그 선 위에는 그리 크지 않은 사슴 형상들이 새겨져 있는데, 그 뒤를 개가 뒤따르고 있다. 선의 아래 부분에는 다양한 동물들이 그려져있다. 그중에는 수소, 사슴, 산양, 양, 말 등의 형상이 있으며, 그와 더불어 유사 사람 형상과 마차도 보인다.

지금은 사라진 신비한 광대버섯 사람과 모든 것을 빨아먹는 괴물 신화가 칼박-타쉬 암각화의 주요 주제이다. 여러 가지 특징들이 혼합되어 있는 추적자 형상은 지역별로 다르게 표현되는데, 서부 시베리아의 암각화 속에는 곰과 유사한 생명체의 형상으로, 동부 시베리아의 암각화 유적에서는 용과 비슷한 생명체로 각각 표현되었다. 이들은 화석 도마뱀처럼 긴 몸통과 짧은 다리, 등을 따라 톱니 모양의 돌기가 나 있다. 그러나 오직 칼박-타쉬 I 암각화 속에는 모든 것을 흡입하는 괴물과 버섯 모양의 머리장식을 쓴 사람 형상이 같이 등장한다.

북아시아와 중앙아시아의 여러 지역에서는 환각 성분이 있는 버섯을 숭배하였는데, 이 지역의 고대 화가들은 바위에 사람과 독버섯의 특징을 혼합하여 환상적인 존재를 그렸다. 버섯 모양의 머리장식을 한 유사 사람 형상, 활력이 넘치는 특이한 포즈의 유사 사람 형상, 격렬한 춤을 추는 것 같기도 하고 빠르게 달리는 것 같기도 하며, 혹은 달리면서 점프하는 것 같은 유사 사람 형상이 사하라의 타실리 암각화에서도 발견되었다.

이들 각각은 한 손에 버섯을 들고 있으며, 사람의 발에서 뒷머리까지 2개의 점선이 이어져 있다. 이 바위그림은 사하라의 신석기 시대 문화(프랑스 인종지학자인 A. 로트에 따르면 '둥근 머리 인종의 시기', 기원전 5천 년 전)의 것이다.

중앙아메리카 인디언인 마야족에게는 사람과 유사한 버섯 모양의 석상이 있으며, 또한 의례에 사용된 버섯의 머리 부분을 기술한 문헌들도 남아 있다. 불가리아 전설 가운데는 최초의 버섯들이 대홍수 이후 땅이 되살아나면서 등장하는데, 남성과 여성 버섯이 인간을 만들었다고 한다.

신비한 체험과 관련된 의식은 고대인들의 삶에서 아주 중요한 위치를 차지하였다. 시베리아의 원주민들이 의례를 거행하기 위해 의식적으로 환각을 유발하는 광대버섯을 먹는 것도 이와 관련이 있다. 시베리아의 원주민들은 광대버섯을 사람과 독버섯의 특징이 합성된 환상적인 존재로 표현하였다. 한트족은 광대버섯이 의식을 혼미하게 만드는 효과가 있는 것은 그 속에 '특별한 신'이 거주하고 있기 때문이라고 한다. 케트족의 전설에는 버섯을 숲 속에 있는 아주 쇠약한 남근으로 설명한다. 코랴크족의 신화에서는 광대버섯이 원래 여성이었는데, 남편에게 모욕을 당하고 버섯으로 변하여 자식을 데리고 지하로 떠났다고 한다. 니브흐족에게는 타이가의 오솔길에서 사람 모습의 광대버섯을 만날 수 있다는 믿음이 있다. 선사 시대에는 의식에 참여했던 사람들이 신화적인 조상, 버섯-사람, 사냥꾼과 무사들을 버섯 모양 머리를 한 사람으로 바위에 그렸을 수도 있다. 시베리아의 원주민들 사이에는 샤먼 외에도 그와 비슷한 역할을 하는 사람들, 즉 예언자, 약사, 대장장이, 예견자, 구연가 등이 있다. 알타이 지역의 바위에 그려진 버섯 모양 모자의 신화적인 인물이 바로 샤먼과 비슷한 역할을 하는 이들의 표현일 수도 있다.

칼박-타쉬 I 암각화 속의 중심부에는 내용상 중심부에 그려진 형상들과 상관이 없는 형상도 몇 점 있다. 바위의 위쪽 왼편에는 전통적인 물건인 주머니 또는 꼬리가 달려있고, 또 버섯 모양 머리장식을 한 사람 형상들이 그려져 있다. 이 형상들의 다리는 구부러져 있고, 한 손은 허리에, 다른 한 손은 지팡이를 잡고 있다. 어떤 지팡이의 끝부분에는 뿔 장식이 있으며, 이 지팡이의 중간에서 약간 아래쪽에는 깃발이 달려있다.

칼박 – 타쉬 암각화와 인접한 곳에 있는 바위에는 알타이 지역의 다른 암각화 유적에서와 같이 활, 창, 투창, 곤봉으로 무장한 사람 형상들이 많이 그려져 있다. 이와 같은 무기들은 고대의 무사들뿐만 아니라 샤먼이 의식을 거행할 때에도 사용하였던 것이다(그림 153). 이것들은 투르크의 구비문학에서는 없어서는 안 되는 것이었으며, 신이나 정령을 묘사할 때도 함께 그렸다. 알타이의 영웅서사시에는 다음과 같은 노래가 있다.

아홉 개의 비탈이 있는 산 꼭대기에서부터
알타이의 주인인 칭송 받는 선인이 내려 왔다네
왼손에는 붉은 구리 지팡이를
오른 손에는 노란 구리 지팡이를 들고 있네
(마아다이 – 카라, 1973년, 291쪽)

텔레우트 족의 샤먼 신화 속의 한 신은 다음과 같이 묘사되어 있다.

붉은 수소를 타고 다니는 신은
붉은 뿔로 만든 지팡이를 들고 있으며,
푸른 수소를 타고 다니는 신은
푸른 뿔로 만든 지팡이를 들고 다닌다(푼크, 1997년, 62쪽).

카라콜 유적에서 발견한 수소머리의 유사 사람 형상은 팔이 하나뿐인데, 손으로는 무언가의 물건을 쥐고 넓은 보폭으로 걷거나 뛰는 모습이다. 이 형상은 카라콜 유적의 어딘가로 향해 달려가는 팔 하나에 '양 모양 머리'의 존재와 비교할 수 있는데, 이 형상의 근처에도 정체를 알 수 없는 둥근 물건이 그려져있다. 카라콜 암각화 유적에서 발견된 사람 형상은 움직이는 모습인데, 이는 다리는 벌리고 또 발은 들고 있는 모습이다. '머리 장식'은 아마도 신성함을 표시한 것으로 보인다. 팔이 하나 있으며, 손에 둥근 물건을 쥐고 있거나 손 옆에 둥근 물건이 놓여 있다(그림 150).

그림 150 유사 사람 형상들(카라콜)

이 물건이 무엇을 상징하는지에 대해 답하기는 어렵다. 예니세이 강 중류의 오쿠네보 문화기 무덤 부장품 가운데서 흰 돌로 만든 공이 나왔는데, 그것은 대리석으로 추정된다. 이 공의 직경은 2~6cm 정도인데, 중간에는 주로 구멍이 뚫려 있다. 간혹 구멍이 없는 것도 있다. 바위구멍은 움직이는 듯한 유사 사람 형상 옆에 새겨져 있는데, 이것은 아마도 무덤부장품 가운데서 나온 공과 유사한, 실제로 존재한 신성한 물건인 공을 상징하는 것으로 추정된다. 알타이 지역의 암각화 가운데서 '팔이 하나인' 유사 사람 형상의 주먹 속에는 바로 이와 같은 공이 있었을 수도 있다.

이것은 투척용 물건일 수도 있는데, 전투용이 아니라 의식용으로 쓰였을 것이다. 돌로 만든 공은 서부 시베리아 지역에 형성된 청동기 시대의 사무시 문화와 크로토보 문화기의 유적에서도 많이 발견되었다. 이회암이나 대리석으로 갈아서 만든 지팡이 머리 장식은 남부 우랄 지역의 신타쉬타 강 유역에 기원을 두고 있다. 우랄 지역의 마그니토고르스크 시 근처의 말로크이즐스코에 마을에 있는 청동기 시대의 쿠르간 가운데 한 곳에서 크리스탈로 만든 공 모양의 지팡이 머리장식이 발견되었다. 불을 비추면 이 공은 빛을 머금고 반

그림 151 남자 형상들(옆모습)

그림 152 소(칼박-타쉬 1)

짝거린다. 연구자들은 이 지팡이를 신성한 물건으로 결론지었다.

민족지학적 자료에 따르면, 입무식入巫式 때 남성과 여성을 상징하는 돌이 있다고 한다. 밝고 붉은색의 돌은 '여성'을, 투명하고 짙푸른색의 돌은 '남성'의 돌로 여겼다. 갓 샤먼이 된 사람은 의례를 행하는 동안에 '성스러운' 땅에서 '마력을 지닌 물건'을 찾거나, 혹은 그것을 유산으로 받았다. 중요한 것은 이 돌의 형태와 빛깔이 독특하다는 점이다. 샤먼은 '마력을 지닌 크리스탈'의 도움으로 날씨를 바꾸고, 병을 고쳤다. 이 돌은 용도에 따라 '비의 돌', 또는 '치유의 돌'이라 불렸다.

입무식을 행할 때 성스러운 장소에서 신비로운 물건을 획득할 수도 있다. 원주민들은 특이한 상황 속에서 습득한 돌도 신성하다고 여겼다. V.V. 라들로프는 대대로 날씨를 변경하는 능력을 물려받은 가계가 있다고 언급하였다. '날씨를 변경하는 주술사들 가운데 몇 명은 매우 유명하다. 사람들이 이

그림 153 버섯 모양 머리에 꼬리가 달린 사람 형상들

야기하기를, 날씨를 조정하는 힘이 매우 강한 사람들이 있는데, 이들은 태양이 얼굴 바로 앞에서 빛나게 할 수도 있고, 또 비가 등 뒤에서 내리게 할 수도 있다. 날씨를 바꾸는 마술을 할 때에는 '날씨 돌йада таш'을 사용하였다. 내가 보았던 돌은 천연 크리스탈이었다'라고 라들로프는 글을 맺었다.

비현실적인 환상의 동물 그림

환상적인 동물을 그릴 때는 주로 그 동물의 신체 가운데 어떤 부분을 합성하는 방법으로 표현하였다. 예를 들면 뿔이 많거나 귀가 여러 개인 동물 형상이 많이 나타난다. 실제로 존재하지 않는, 변신이 가능한 환상적인 동물들에 대한 관념은 사얀-알타이 지역 거주 민족들의 신화와 영웅 서사시 속에 반영되어 있는데, 바위그림 속에 구현된 형상을 바탕으로 판단하건대, 이들은 청동기 시대, 초기 철기 시대에 기원을 두고 있다. 바위에 비정상적으로 거대한 뿔이 달린 동물들이 표현되어 있는데, 이런 동물들은 자연에서는 볼 수 없는 것들이다(그림 71·73).

현실 속에는 존재하지 않는, 나무 모양의 뿔이 달린 발굽 있는 동물 형상이 유명한데, 이 동물의 뿔 끝부분에는 광선이 뻗어 나오는 원이 그려져 있는데, 그것은 태양을 상징한다. 알타이 족의 영웅 전설 속에는 여성 용사의 말이 에를리크가 보낸 사자使者와 결투를 하기 위해 밤색 털의 수소로 변하였으며, 이 수소의 머리에는 60개의 곁가지가 나 있는 뿔이 두 개 있다[ㄱ] 한다. 뿔은 마치 나무 기둥에 가지가 많이 나 있는 것 같이 묘사되어 있는데, 이것은 생명의 부활 사상과 관련이 있다.

현실 가운데서는 그 원형을 찾을 수 없는 매우 기묘한 형태의 뿔을 가진 동물 형상도 그려져 있다. 가끔 이 뿔들은 샤먼의 세계수와 동일한 의미의 계단을 연상시키는데, 시베리아 원주민들의 사고 체계에서는 샤먼은 이 계단을 이용하여 천계로 올라간다. 알타이 투바족의 이야기 가운데 하나의 도입부에는 신화적 시대에 대해 언급하고 있다.

> 낙타의 꼬리가 땅에 끌렸던,
> 그리고 산양의 뿔이 하늘에 닿았던
> 그 옛날(알타이 지역 투바족 이야기와 전설, 1994년, 154쪽).

알타이족의 구비문학 가운데서도 비현실적인 형상들이 등장한다. 이는 지하세계의 존재나 신성한 하늘의 기운을 의인화한 것으로, 마력을 지닌 존재이다. 알타이 영웅 서사시에 나타나는 지하 왕국의 주인인 에를리크는 뱀들이 휘감겨 있는 사람 뼈로 만든 길다란 지팡이와 사람의 두개골로 만든 술잔 등 공포를 야기하는 상징물을 지니고 있으며, 열 개의 뿔이 달린 검은 수소를 타고 다닌다. 알타이의 영웅 전설인 '마아다이-카라'에서는 귀가 네 개이고 발이 빠른 요술 말에 관한 이야기가 있다. 난관에 봉착했을 때 이 말은 변하여 포로로 잡힌 늙은 주인공 마아다이-카라를 도와주었다.

> 비밀스러운 개울에서
> 알타이로 와
> 암말은 물을 마시네
> 그때 암말은
> 머리에 뿔 네 개가 달린
> 푸른색의 어린 암소로 변하였네(알타이 영웅 전설, 1983년, 49쪽).

이 뿔이 네 개 달린 암소는 바위 밑 풀밭에서 새끼를 낳았는데, '귀가 네 개인 숫송아지, 뿔이 네 개인 숫송아지'를 데리고 왔다. 이 요술 암소의 젖으로

그림 154 버섯 모양 머리에 꼬리가 달린 사람 형상과 동물(칼박 - 타쉬 1)

그림 155 버섯 모양 머리에 꼬리가 달린 사람(154의 부분)

그림 156 사냥(얄로만)

그림 157 사슴(칼박 - 타쉬 2)

늙은 마아다이-카라의 아들인 코규데이가 알타이 땅의 주인으로 자라게 되었다. 후에 코규데이는 독수리로 변하고, 그의 말은 늑대로 변하여 세계를 돌아다녔다. 그러고 나서 코규데이는 40개의 뿔을 가진 큰 사슴으로, 말은 30개의 뿔을 가진 큰 사슴으로 변하였다. 마지막에 그들은 천상의 송아지를 만나서 원하는 바를 얻었다.

그림 158 사냥(엘란가쉬)

큰 사슴이 순식간에
훌륭한 말로 변하였네
그 뒤를 이어 다른 사슴이
코규데이로 변하였네(알타이 영웅 전설, 1983년, 114쪽).

이 전설의 변이형에서는 젊은 용사가 70개의 가지가 난 뿔을 지닌 털 많은 검은 사슴으로 변하고, 코규데이의 말은 가지가 90개인 뿔이 달린 검은 사슴으로 변하였다고 한다. 변신은 여기에서 끝나는 것이 아니다. 지하세계의 주인인 에를리크의 최고 사수들이 코규데이를 포로로 붙잡아 지하왕국에 두었다. 주인을 구출하기 위해 말은 날개가 넷 달린 검은 독수리로 변하여 주인을 공중으로 들어 올려 치유의 샘으로 데리고 갔다. 여자 용사 오치-발라는 괴물로부터 도망치면서 미래를 예견하는 자신의 말의 충고에 따라 날개가 아홉 개 달린 독수리로 변하였다. 적과의 싸움에서 승리를 한 후에야 그녀는 다시 인간의 모습으로 되돌아 왔다(알타이 영웅전설, 1983년, 235쪽).

그림 159 버섯 모양 머리에 꼬리가 달린 사람과 산양(칼박-타쉬 1)

그림 160 그림 159의 도면

그러나 뿔이 많이 달린 동물들만이 바위에 새겨진 것은 아니다. 고대 화가는 다리가 세 개, 다섯 개, 또는 이보다 더 많은 동물들을 그리기도 하였다. 어떤 경우에는 그와 같은 형상들을 의미론적 측면에서 이해해야 한다. 다리가 많은 동물들은 더 빨리 움직이고, 또 다른 세계로 들어갈 수 있는 능력을 지녔다고 믿었기 때문에 그와 같이 다리를 많이 그린 것이다. 쇼레츠족의 '카라 카안' 전설 가운데는 세 개의 귀를 가진, 다른 말들보다 훨씬 뛰어난 말이 황금 말뚝 옆에 서 있다고 한다.

바위그림 속에는 간간히 날개 달린 말 형상들이 그려져 있다. 알타이의 울란드리크 강변에 위치한 쿠르간에는 등에 독특한 구멍이 뚫린 말 조각들이 발견되었는데, 이 구멍은 아마도 날개를 끼우기 위해 만든 것으로 보인다. 스키타이 양식으로 그린 날개 달린 천마 형상이 산지 알타이의 암각화 가운데서도 보인다(쿠바레프, 1979년, 78쪽, 그림 참조). '말은 날개'라는 알타이의 속

그림 161 버섯 모양 머리의 사람 형상과 산양(엘란가쉬)

그림 162 버섯 모양 머리의 사람 형상과 산양(엘란가쉬)

그림 163 동물들(칼박-타쉬 1)

그림 164 마차(칼박-타쉬 1)

그림 165 동물들(칼박-타쉬 1)

그림 166 동물들(칼박-타쉬 1)

담이 그냥 생긴 것이 아니다. 알타이의 서사시 가운데서 날개 달린 망아지는 주인공의 신비한 조력자이다. 날개 달린 망아지는 식인 델베겐에게 쫓기는 아이들을 구해준다. 하카스족의 영웅 서사시 '알트인-아르이그'에서도 말은 조력자 역할을 한다.

수소-생산자

사얀-알타이 민족들의 신앙에 따르면, '수소-생산자'는 선과 안녕을 상징하는데, 수소 형상은 샤먼의 위엄과 위력을 구현한 것이다. 굿을 할 때 샤먼은 새와 짐승의 소리를 흉내냈다. 샤먼은 자신의 위력을 과시하면서 수소의 울부짖는 소리를 흉내내기도 하였다. 민속학적 자료와 서사시를 바탕으로 고대의 의례 속 의식을 위한 소싸움에 관하여 추정을 할 수 있는데, 이는 서로 대립하는 초인적인 힘을 의인화한 것으로 볼 수 있다.

암각화 속에는 적을 향해 뿔을 들이대고 있는 수소나 서로 뿔을 맞대고 서 있는 수소 형상들이 있는데, 이는 아마도 변신한 샤먼이나 샤먼을 도와주는 혼을 표현한 것일 수도 있다. 샤먼과 그에 대적하는 존재 사이의 싸움을 이르는 말로, 야쿠트인 구연자는 '하르사르'라는 단어를 사용하는데, 이는 '뿔로 들이 받는다'는 의미를 지니고 있으며, 또 뿔이 있는 동물들 사이의 싸움에서만 이 말이 사용된다.

중앙아시아의 여러 민족 서사시 속에는 보통 색이 다른 두 마리의 수소가 서로 대치하고 있는 장면이 자주 등장한다. 이 소들은 영웅과 그 적의 수호신인데, 수소의 형상으로 적과 싸우는 주제를 형상화한 것은 이미 잘 알려져 있다. 알타이의 전설 속에는 알타이의 주인인 검은색 소와 바다의 주인인 회색 소 사이의 싸움에 대한 이야기가 있다.

두 마리의 거대한 소들이
두 개의 산 정상에서
서로 대치하여 서 있네
뿔과 뿔이 부딪쳤다네
뿔에서 불길이 일고
이마에서는 불꽃이 튀었네
7년 동안 소들은 뿔로 들이 받아 싸웠는데
그들 중 누구도 그 장소에서 꼼짝도 하지 않았다네
(말츠이－메르겐, 1974년, 49쪽)

샤먼의 전설, 중앙아시아 서사시적 이야기, 그리고 근래 어린이들의 놀이에서도 고대의 소 숭배와 소를 이용한 의식의 흔적을 찾을 수 있다. 그 기원은 석기 시대, 청동기 시대에서 찾을 수 있다.

사슴 형상

그림 167 사슴(엘란가쉬)

시간상 소 형상이 중앙아시아와 내륙아시아의 바위그림과 이데올로기적 관념 가운데서 우위를 나타낸 시기는 광활한 유라시아 대륙에 사슴돌이 나타난 시기이다. 그리고 신화와 암각화 가운데 사슴 형상이 중요한 위치를 차지하였던 시기보다 이르다. 알타이와 몽골의 바위에는 여러 갈래로 갈라져 있는 뿔을 가진, 사슴과 비슷한 소 형상 등이 나타나는데, 이는 고대인들이 이전의 숭배 대상을 새롭게 바꾸고자 하는 욕구가 표출된 것으로 설명할 수 있다. 그렇기 때문에 소뿔에 가지를 추가하여 사슴뿔을 상징적으로 형상화한 것이다.

다른 세계로 여행하는 신화적 모티프

다른 세계로의 이동 주제는 신화적 모티프 가운데서도 가장 보편적인 것이다. 여러 민족들이 죽은 사람의 영혼은 사슴이 끄는 마차나 아니면 배를 타고 다른 세계로 떠난다고 생각하였다. 죽음의 세계로 가려면 물, 즉 강이나 바다를 건너야 한다고 생각하였기 때문에 유라시아의 암각화 속에는 배나 다른 수상기구가 많이 그려져 있다.

카렐리야와 추코트카 등지에서도 이런 그림들이 많이 발견되고 있으며, 톰 강, 예니세이 강, 앙가라 강, 레나 강, 올료크마 강, 셀렌가 강, 아무르 강 등지에서도 이런 암각화들이 발견되었다. 배는 매우 도식적으로 그려졌는데, 주로 가로선으로 표현하였다. 가끔은 선의 양 끝부분이 곡선을 그리면서 위로 향하게 함으로써 배를 표현하기도 했다. 배에 앉아 있는 사람들은 짧은 세로 선으로 표현하였으며, 선의 윗부분을 굵게 표시한 것도 간혹 보이는데, 이는 노를 젓는 사람들의 머리를 표현한 것이다.

청동기 시대의 신화를 살펴보면, 이동 수단으로 사용되는 마차도 배처럼 죽음의 세계로 갈 때 이용되었다(그림 168~170). 청동기 시대의 여명기에는 기술사적으로 중대한 사건이 있었다. 근동의 어딘가에서, 또는 여러 지역에서 거의 같은 시기에 바퀴가 달린 운송수단을 독자적으로 발명하였는데, 처음에는 수레를, 그 다음에는 마차를 발명하였다. 수레가 나타나기 전에는 사람들이 짐이나 무거운 것을 스스로의 힘으로 이동시켰다.

동물이 끄는 수레와 같은 신기술이 발생하기에 앞서 바퀴가 발명되었으

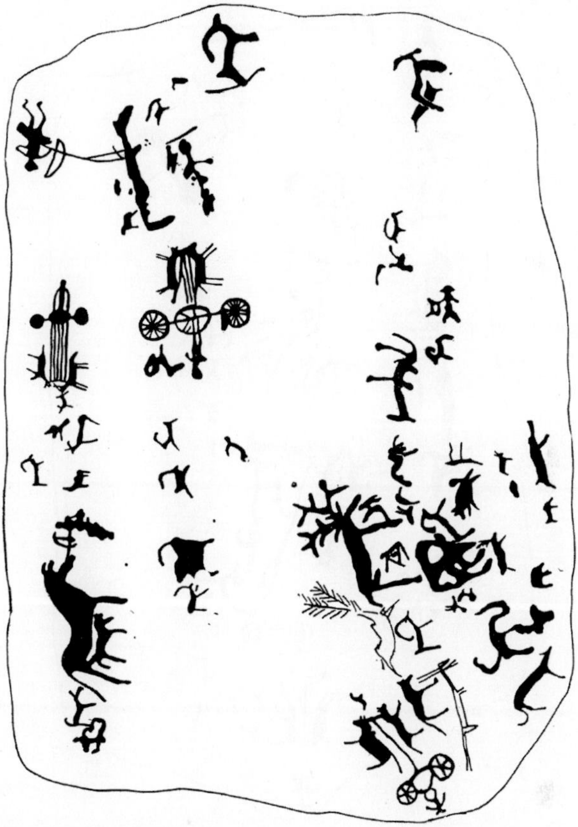

그림 168 마차와 동물들(엘란가쉬)

며, 또한 동물들을 가축화하여 노동력으로 이용하였다. 초기의 수레는 무겁고 날렵하지 않았으며 통바퀴였다. 수레는 천천히 움직였는데, 보통은 수소가 끌었다. 나중에 청동기 시대 발전기에서는 기동성 있고 날렵한 마차가 발명되는데, 이 마차의 바퀴에는 살이 설치되어 있다. 이 마차에는 소가 아니라 두 마리의 말을 매었다.

마차 형상은 최근에 유라시아 대륙의 바위그림 가운데서 많이 발견되었는데, 이 형상들은 현재 수백 점에 이른다. 이 형상 가운데서 바퀴가 달린 운송

그림 169 마차와 동물들(엘란가쉬)

수단의 구조적 특징과 마구의 부속품들 사이의 차이를 살펴볼 수 있었다. 이와 같은 형상이 그려진 바위그림은 일종의 마차 '설계도'인 셈이다. 이와 같은 바위그림들은 매우 중요한 자료인데, 왜냐하면 수레와 마차가 그려진 암각화 유적 근처에서는 바퀴가 있는 수레의 잔흔들이 발견되지 않기 때문이다.

민속학자들이 증명하듯이, 길이라는 주제는 시베리아 원주민들의 전통적인 세계관 가운데 깊이 자리 잡고 있다. '개개의 사람들은 생명의 길과 같은 자신만의 길이 있다. … 이처럼 죽은 이들도 공동체의 길과는 분리된 자신만

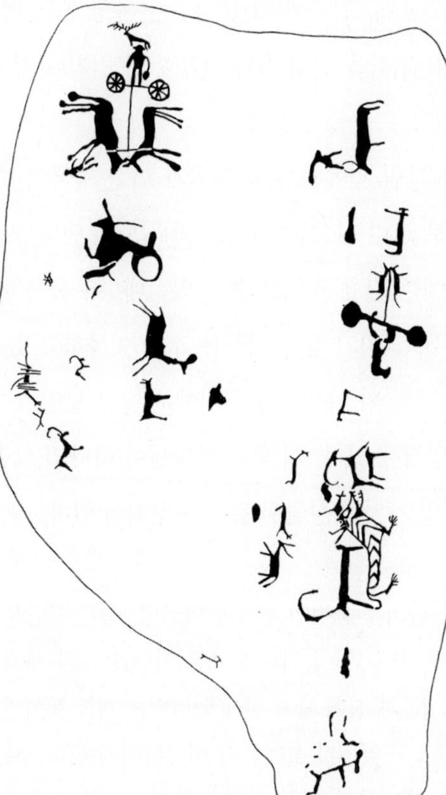

그림 170 마차와 동물들(엘란가쉬)

의 길을 가야 한다'(솔로마티나, 1993년, 45·46쪽). 쇼레츠족의 샤먼은 죽은 사람의 영혼에게 '이름과 자신의 길을 말하라'라고 함으로써 그 영혼을 지배할 수 있게 된다고 여겼다.

길은 이름과 함께 영웅의 서사시에 나오는 주인공을 특징짓는 데 필요한 요소이다. '자신의 이름과 길을 말해라. 너는 어디에서 왔으며 어디로 가느냐?' 이 문구는 사얀-알타이 민족들의 서사적 이야기에 등장하며, 주로 용사에게 던지는 전형적인 질문이다. 길을 모티프로 여러 형상들이 함께 그려진 바위그림들이 있는데, 길을 따라 움직이는 야생 동물 행렬 그림, 야생 동물뿐만 아니라 마차와 짐을 싣고 소가 길을 따라 걷거나 길 주변에 있는 그림 등을 예로 들 수 있다.

간혹 이와 같은 그림 옆에는 말굽 자국과 화살 자국이 보인다. 아주 가끔 닫힌 형태의 선으로 그린 화살표(⇨) 모양의 길도 보인다. 사얀-알타이와 몽골의 바위그림 속에는 길을 표현한 선이 있는데, 이 선을 따라 마차 또는 마차로 추정되는 물체, 그리고 짐을 나르는 소가 이동하고 있으며, 야생동물의 행렬이 이어지고 있다. 이 야생동물 근처에는 발굽 모양의 기호와 방향을 가리키는 화살표가 밀집해 있다. 이 모든 형상들이 하나의 그림 속에 그려져 있다기 보다는 주로 몇 가지 형상들이 같이 구성되어 있다.

> 알타이 거주 민족의 전통적인 관념에 따르면, 죽은 사람은 흔적을 남기지 않는다. 죽은 지 40일이 지나면 죽은 사람은 다른 세계로 이동을 하며, 40일 이전에는 자신이 죽기 전에 있었던 세계를 돌아다닌다. 그들은 처음에는 자신이 죽었는지 살았는지 이해하지 못한다. 목소리도 낼 수 있다. 사람들이 얘기하길 '나는 풀밭을 걸어 다녔는데 흔적이 없더라고. 땅을 밟고 걸었는데도 발자국이 없어. 혼란스럽더라. 내가 죽었나?' (바티야노바, 1995년, 57쪽).

투르크족과 몽골족들의 영웅 서사시 속에는 종종 거대한 발자국에 대해 이야기하고 있는데, 이 발자국은 용사가 타고 다니는 말발굽의 자국이다. N.K. 레리흐는 중앙아시아를 여행하면서 '사람들은 고대 아시아의 대大 영웅인 게세르-한의 말에 대해 들었으며, 심지어 티베트의 바위 가운데서 그 말의 편자 자국을 보았다. … 흰 말의 보폭은 중국의 대륙 크기만큼 넓다'고 하였다(레리흐, 1995년, 26년).

남부 시베리아 거주 투르크 인들의 서사시 속에서도 용사의 말발굽에 대한 노래가 있다. 용사의 말은 거대한 발자국을 남기고, 이 자국은 심지어 바위에도 남아 있다. 전설에 의하면 하라 다그 산맥의 북쪽에는 사르다크반의 말발굽 자국이 있는데, 유르타 하나를 치는 데 필요한 크기의 홈을 남겼다. '사람들은 아크 살라(흰 골짜기) 쪽에는 사르다크반의 말발굽 자국이 있고, 발굽 하나가 부락 한 개의 크기에 이를 정도다'고 말한다(알타이 지역의 투빈족 이야기와 전설, 1994년, 282쪽).

여전사 오츠이-발라에 대한 알타이 거주 민족의 영웅 서사시 속에도 그녀의 용맹한 말에 대해 노래하고 있다.

산에서는 말발굽 아래로
불꽃이 일고
초원에서는 빠른 속도로 인해
호수들이 생겼다 (알타이의 영웅 전설, 1983년, 204쪽).

오늘날까지도 알타이의 투바족 문화 영웅인 사르다크반에 대한 전설이 전해진다. 사르다크반은 사물, 자연, 우주를 창조하고, 중요한 지형과 암각화를 그리는 등 조물주만이 할 수 있는 업적을 남겼다. '사르다크반이 바위에 여러 가지 야생동물의 형상들을 그렸다. 이 바위그림 속에는 늑대, 사슴, 산지에 사는 야생 양, 큰 뿔이 달린 야생 양 등 그가 살던 시기의 짐승들이 표현되어 있다'(알타이 지역의 투빈족 이야기와 전설, 1994년, 284쪽).

샤머니즘

알타이에 거주하고 있는 민족들의 신앙은 역사적으로 그 뿌리가 매우 깊다. 아주 오랜 시간이 흘렀기 때문에 샤머니즘 같은 원시종교의 기원을 찾을 수 없게 되었다. 샤머니즘의 기원에 대해 말해줄 연결고리들이 없기 때문에 전문가들은 샤머니즘이 언제 발생하였으며, 그 필수적인 요소들이 언제 생겨나게 되었는지에 대한 근거가 있는 해답을 정확하게 내리는 데 어려움을 겪고 있다.

단지 바위그림 속 형상들을 통해 신앙 체계로서의 샤머니즘은 기원전 2,000~3,000년 전에 형성되었다고 추정할 뿐이다. 바위그림 가운데 몇 개의 형상만이 샤머니즘과 관련되어 있는데, 이는 이전 문화에서도 샤머니즘적인 요소들이 존재했음을 말해주고 있다. 알타이 지역의 바위그림 유적들 가운데는 세계관을 재구성하는 데 중요한 단서가 되는 조형 모티프들이 남아 있다. 암각화와 암채화는 샤먼의 무복 구성 요소와 변화 과정을 보여주는데, 이 무복의 구성 요소는 샤먼의 상징물로서 인류학 시대에 이미 알려졌다.

전통 사회에서 샤먼은 특별한 위치를 차지하고 있었다. 그 이유는 신들이 샤먼을 직접 선택한 사람으로 간주하였기 때문이다. 선조가 샤먼이었던 사람들을 '진짜' 샤먼으로 여겼으며, 가장 '강한' 샤먼으로 생각했다. 투바족의 민간신앙에는 전설 속에 등장하는 조상이나 실제로 존재했던 조상들을 샤먼의 수호자로 여겼다(지야코노바, 1975년, 47쪽).

A.M. 사갈라예프와 I.V. 오크탸브리스카야는 '샤먼은 저 세상과 친밀하기 때문에 실제 조상과 신들을 구분하기 애매하거나 혹은 이 구분이 중요하지 않는 태고 시대로 무언가를 보냄으로써 자신의 능력의 정당성을 증명해 보였다'고 하였다(1990년, 89쪽).

샤먼의 조상신은 샤먼의 머리장식에 있는 얼굴 형상 가운데 깃들어 있다. '과장하지 않고 얘기하자면, 사얀-알타이의 신들은 대부분 조상들이다. … 오직 혈연 관계에 있는 존재들만이 믿을 수 있고 실제적이며 확실하다. 가족과 그 가족의 윗대 영혼들은 이승과 저승에 거주하고 있으며, 사람들은 친인척 관계를 나타내는 호칭이나 어떤 특징을 나타내는 단어를 사용함으로써 살아있는 사람뿐만 아니라 죽은 사람의 영혼을 칭한다'(1990년, 38쪽). 샤먼은 조상들과 관계를 맺고, 자신에게 특별한 능력을 부여한 수호신들에게 도움을 청할 수 있는 능력을 지니고 있기 때문에 그가 속한 사회에서 특별한 위치를 차지한다고 설명한다.

샤먼의 뼈는 그의 특별한 능력을 물질로 구체화한 것으로, 윗대 조상과의 관계를 구현한 상징물이기도 하다. 샤먼이 능력을 받기 이전에는 무병을 앓거나 일련의 시련을 겪는데, 그것은 샤먼이 될 후보자가 그의 소명에 적합한지를 신들이 시험하는 것으로 이해할 수 있다. 샤먼의 특별한 능력을 물질로 구현한 상징물이 바로 샤먼의 뼈인데, 신들은 예비 샤먼의 가죽을 벗기고 철로 만든 갈고리로 살을 찢어 뼈대를 꺼내서 새롭게 재조립한다.

몸이 찢기는 고통은 신들에게 선택받은 사람이 거쳐야만 하는 시련일 뿐만 아니라 죽음과 부활로도 해석이 가능하다. 몸은 신에게 바치는 제물로 이해된다. 입무入巫 단계는 다음과 같다. 신들은 샤먼 후보자의 몸을 찢어서, 뼈와 살을 발라내고, 이 살을 서로 나누거나 모든 길에 뿌린다. 신들은 특별한 샤먼의 뼈를 찾기 위해 몸에서 분리된 뼈를 면밀히 검사하는데, 이 뼈에서는 다시 살이 생성된다.

만약에 뼈를 검사해서 이 후보자가 샤먼이 되기에 적합하다고 판명되면 그는 신비한 죽음의 체험을 견뎌내고 샤먼으로 부활하게 된다. 이 과정은 고통스러운데, 이에 앞서 고통스러운 전조 단계가 있다. 신에게 선택받은 사람은 신으로부터 굿을 하라는 명령을 받게 되고, 그런 다음 무병을 앓는다. 그의 몸은 '죽은 듯이' 누워있고, 그의 혼은 몸에 가해지는 고통을 모두 느낀다.

신은 철로 만든 갈고리로 후보자의 몸을 찢고, 그의 영혼은 중요한 의무를 행하기 위해 새로운 힘을 얻게 된다. 만약에 입문자가 성공적으로 시련을 이겨내면, 그는 새로운 사람으로 다시 태어나게 되고, 조력신과 함께 강인한 정신력도 얻게 된다. 신체 '절단'이라는 신화적 모티프의 기원은 암면에 그려진 유사 사람 형상들 가운데서 찾을 수 있는데, 이 모티프는 시간이 지남에 따라 서사시와 설화의 주제로 변하게 되었다.

나중에 신화 속의 신체 절단이라는 모티프는 변형되어 나타나는데, 신체가 절단되는 대상이 샤먼이 아니라 신이나 주인공이다. 재생의 증표로서 뼈와 관련된 고대의 다양한 모티프는 설화 가운데서도 찾아 볼 수 있는데, 설화에서는 보관하고 있던 뼈에서 어떻게 살해당한 사람이 살아나게 되는지에 대한 내용을 다루고 있다.

남부 시베리아의 투르크 인들에게는 '뼈'와 자신의 가문을 동일시하는 독특한 관념이 형성되어 있는데, 그 이유는 '죽은 사람, 조상으로부터 남은 것이 뼈이며, 그것은 생명의 본질적인 특성을 간직하고 있는 가장 작은 물질'이기 때문이다(사갈라예프 · 오크티아브리스카야, 1990년, 39쪽). 샤먼은 살아있는 사람들의 세계와 죽은 사람들의 세계 사이의 중간에 있는 자로서, 그들을 서로 연결해 줄 수 있는데, 그는 자기 신체 중 가장 단단한 부분을 사용하여 자신의 소임을 다한다.

바위그림에 나타난 늑골과 척추, 그리고 가슴이 표현된 사람 형상들은 샤먼의 능력 획득 및 샤먼의 특별한 뼈를 찾기 위한 신들의 절단 의식 주제 등과 관련이 있다. 이런 그림들은 뢴트겐 양식(X-ray)으로 그린 것이다. 이와 유사한 그림들은 알타이뿐만 아니라 다른 여러 지역에서도 발견된다(데블레트 E. · 데블레트 M., 2005 · 2011년).

샤먼의 뼈가 지니는 특별한 능력에 관한 모티프는 다른 세상에 거주하는 존재들에 대한 관념과 어느 정도 연관이 있다. 죽은 이를 종종 불완전성이나 뼈 구조의 독특함으로 구분 짓는데, '그 어떤 비정상적인 특성이든지 간에 그것은 인간 세계에 속한 것이 아니며, 크든 작든 표준에서 벗어난 것임을 뜻한다'(리보바, 1989년, 64쪽). 다른 세상의 존재가 갖고 있는 특성은 샤먼에게로 옮겨질 수도 있으며, 이것은 인간 세계와 신의 세계를 연결하는 중재자로서 샤먼 속에 내재하게 된다.

이런 관념은 실을 꼬아서 만든 장식용 술, 어깨에 걸쳐 입는 리본이 많이 달린 옷, 두개골 모양의 가슴장식이 있는 옷, 드리개 등 샤먼의 무복 구성요소들 가운데도 나타난다. 뿔이 달린 머리 장식이나 이마에 매는 끈은 포괄적인 의미를 내포하고 있다. E.D. 프로코피에바는 샤먼의 무복에서 중요한 의미를 지니는 구성 요소를 네 개의 그룹으로 분류하였다. 첫 번째 그룹은 새 형상을 표현한 것이고, 두 번째 그룹은 샤먼의 지배 아래에 있는 짐승과 새, 그들의 혼, 그리고 샤먼의 수호신 등을 상징하는 동물과 인간을 표현한 것으로서, 동물들 중에서는 사슴과 큰 사슴 형상이 주를 이룬다. 세 번째 그룹은 태양, 땅, 달, 별, 지하 세계로 가는 문 모양의 구성요소이다. 네 번째 그룹은 가장 나중에 형성된 것으로, 철제 소형 무기, 연장, 샤먼의 이동 수단 등이다(1971, c. 6).

시베리아 거주 민족들 모두가 이와 같은 요소들이 다 갖추어진 무복을 갖고 있는 것은 아니다. 살면서 무복은 변하게 되는데, 초보 샤먼은 단지 몇 가지 요소만 갖추고 있고, '숙련된' 샤먼은 모든 종류의 요소를 다 갖추고 있다.

바위그림 속에 나타나는 유사 사람 형상은 세세하게 묘사되었다. 이 형상은 정면을 향해 있으며, 기도를 하는 자세를 취하거나 손을 양 옆으로 크게 벌리고 있다. 손 아래에는 선이나 돌기가 표현되었는데, 이것은 샤먼의 무복에서 중요한 의미를 갖는 것으로 추정된다. 이와 유사한 형상은 주로 산지 알타이의 암각화 가운데서 발견되며, 몽골 알타이와 중부 예니세이에서도 나타난다.

청동기 시대의 암각화 속에 그려진 유사 사람 형상이 입고 있는 특이한 무복이 관심을 끄는데, 이 무복은 천을 잘라서 만든 긴 띠와 드리개를 소매에 꿰매어 단 실제 샤먼의 무복과 일치한다. 샤먼의 무복에서 보이는 조류의 특성은 인간의 세계와 신들의 세계를 연결해 주고 다른 세계, 천계에 들어갈 수 있는 샤먼의 초인적인 능력을 가시적으로 표현한 것이다.

무복과 북에 달린 드리개는 샤먼을 천계에 들어갈 수 있는 새에 비유하기 위해 달아놓은 것일 수도 있지만, 의식용 무복의 소매나 북 안쪽에 설치한 십자형으로 이은 두 개의 막대에 매단 끈은 뱀을 상징한 것일 수도 있다. 뱀은 샤먼과 지하세계 사이의 관계를 보여주는 존재이다. 뱀은 예로부터 샤먼이 자신의 능력을 받을 때 관여하는 존재였는데, 시간이 지남에 따라 뱀을 상징하는 물건이나 뱀 형상은 샤먼의 상징물이 되었으며, 샤먼의 무복 구성요소 가운데 하나가 되었다. 아마도 이런 방법을 통해 인간 세계와 신의 세계를 연결하는 샤먼의 능력을 강조하였을 것이다.

바위에 표현된 형상들 중 샤먼이 등장하기 이전의 그림과 샤먼이 등장한 후의 그림들 사이의 연대적 경계를 정하기는 매우 어렵다. 알타이의 암각화와 암채화에서, 그리고 남부 시베리아, 중앙아시아의 인접한 지역에 형성된 바위그림 속에는 유사 사람 형상이 그려져 있는데, 이 형상을 샤먼과 관련된 그림의 원형으로 보고 있다. 이 형상들 속에는 몇 가지 특징적인 것들이 있는데, 이것들은 나중에 샤먼의 무복과 상징물에 구현되었다. 알타이의 암각화 속에, 그리고 청동기 시대의 무덤 돌 가운데 그려진 형상 중에는 연대를 결정하는데 가장 확실한 근거를 제공하는 무복의 구성요소들이 나타나는데, 나중에 이 구성요소들은 샤먼의 무복에서도 보인다.

수백 년 심지어 수천 년 동안 여러 민족이 같은 장소의 바위에만 그림을 그렸다. 이와 같은 곳은 조상이나 신들의 거주 공간이거나 활동하는 무대, 영웅의 혼이 깃든 곳, 특별히 신성시되는 지형물이 있는 곳으로, 이곳에 있는 암각화나 암채화는 이 바위의 신성성을 다시 한 번 더 강조해 준다.

7 알타이 그리고 한국 민족 문화

장석호(동북아역사재단 책임연구위원)

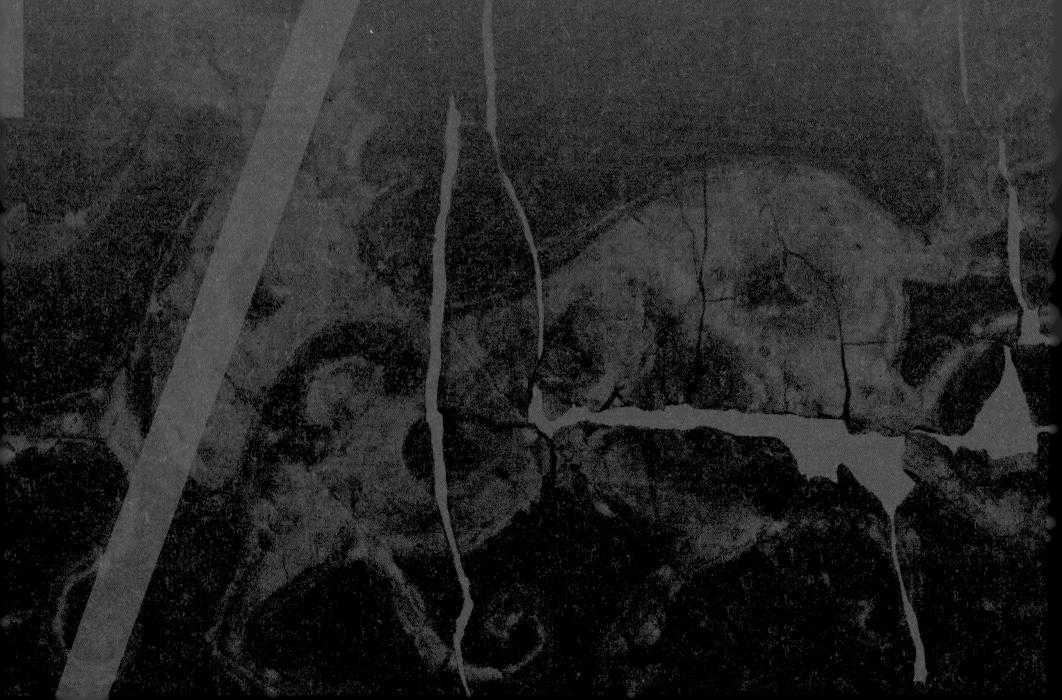

한민족사에서 '알타이Altai'라는 말이 지금처럼 자주 사람들의 입에 오르내렸던 시절이 있었을까? 20세기 후반부터 최근 몇 년 동안 '알타이'라는 말은 언어, 문화 그리고 역사는 물론이고 정치와 경제, 언론 등 사회의 전 분야에서 중요한 화두 가운데 하나로 자리를 잡았다. 그에 따라서 북방, 더 나아가 중앙유라시아의 유목민 문화는 새롭게 주목해야 할 분야로 급부상하였다. 소련의 붕괴와 때를 같이 하면서 개최되었던 '스키타이 황금전'(1991년)이나 '알타이 문명전'(1995년) 등은 그동안 터부시되어 수수께끼로 남아있던 북방 혹은 중앙유라시아의 선사 및 고대 물질문명과 정신문화가 뜻밖에도 우리와 직·간접적으로 관련이 있는 것으로 재해석되는 계기를 마련해 주었다.

우리나라에서 '알타이'라는 말을 가장 일찍 그리고 빈번하게 차용하여 쓴 것은 국어 학계라고 할 수 있다. 그것은 우리말이 알타이어계의 일파일 것이라는 주장 때문이다. 이와 같은 주장은 일본의 시라토리 쿠라키치白鳥庫吉[1]를 비롯하여 러시아의 E.D. 폴리바노프E.D.Polivanov, 핀란드의 언어학자 G.J. 람스테트G.J.Ramstedt 그리고 포페N.Poppe 등 해외의 학자들이 20세기 초반에 제기하였다.

이들 가운데서도 특히 G.J. 람스테트는 어원적語源的·비교언어학적 관점에서 음운音韻 대응 및 문법구조의 분석 등을 통하여 한국어 속에 보이는

---

1 白鳥庫吉은 한국어가 스키타이어족에 속한다고 이해하였다가 나중에는 우랄-알타이어족에 속한다고 바꿔 주장하였다.

7모음제, 후설모음, 어휘, 문법 등이 알타이 제어諸語[2]와 유사한 점을 띠고 있다고 보고, 우리말을 알타이어와 연결시켰다.[3] 오늘날에 와서는 G.J. 람스테트 등의 주장에 대한 찬반론이 팽팽하게 맞서 있는 상황이지만, 여전히 한국어는 '우랄-알타이어계' 가운데서 '알타이어족'에 속한다는 시각이 국내외 다수의 학자들 사이에 팽배해 있고, 더욱이 인류학 및 민족학 그리고 신화학 등의 견지에서 볼 때 알타이의 민족과 그 문화소는 우리 민족의 시원문화와 여러 분야에서 서로 관련이 있는 것으로 비쳐지고 있다.

1990년 이후, 그동안 이데올로기 대립으로 인하여 통제되었던 북방의 여러 나라들에 대한 여행이 자유로워졌고 알타이를 중심으로 한 주변 지역과 민족들에 관한 다양한 정보들이 국내에 유입되기 시작하였다. 그 전까지 유럽이나 구소련, 미국 등지에서 간행된 도서나 전시 도록 등을 통하여 단편적으로 파악하였던 이들 지역의 문화상, 즉 이 지역에 거주하였던 사람들과 그들이 누렸던 정신문화 및 물질문명의 세계를 이제는 언어, 민속, 종교 그리고 고고학 등 여러 분야의 전문가들이 현장 조사를 통하여 직접 접할 수 있게 된 것이다. 그로 인하여 이들 지역과 그 속의 사람, 그들의 문화를 소개하는 각종 도서와 다큐멘터리 필름 등이 발간·소개되기 시작하였다.

그리하여 알타이를 중심으로 한 중앙유라시아와 그 문화 그리고 그곳에서 사는 사람들이 여전히 우리와는 다른 이방의 문화로 낯설게 다가오거나 반대로 더 이상 우리와 무관할 수 없는 친족 내지는 이웃으로 재인식되기에 이르렀다. 그리고 그중의 일부는 이들 지역의 민족과 언어 그리고 풍습 등이 우리와 세계 어느 민족의 그것들 보다도 더 깊은 친연성이 있음을 주목하고, 그

2 투르크, 몽골 그리고 만주-퉁구스계 등의 언어를 이르는 것이다.
3 이숭녕(1955), 「람스테트 박사와 그의 업적」, 『음운론연구』, 민중서관, 114~142쪽.

역사적 연원을 재규명하였다. 일부에서는 양자 사이를 보다 가까운 관계로 재정립하려는 적극적인 시도들도 있었다. 그것이 바로 이들 지역의 국가 및 지식인들과 전 방위적으로 개최하였던 각종 포럼과 학술회의, 전문가 교환 연구, 공동 조사 등이며, 이를 통해 결과적으로 이 지역과의 교류 확대에 일정 부분 기여하기도 하였다.

이 글에서는 '알타이'라는 말이 지닌 역사문화사적 함의가 무엇인지 살펴보고자 한다. 알타이의 지정학적 위치와 의미, 이 지역을 중심으로 하여 켜켜이 쌓여 있는 정신문화와 물질문명의 세계를 검토하면서, 한국민족문화와의 상관성을 논해보고자 한다. 한국의 고대 문화 중 북방 알타이 지역과의 관련성을 각종 유물과 고분벽화 속 도상자료 등을 통해서 검토해 보고, 우리 문화와의 상관성을 논해보고자 하는 것이다.

| 알타이의 시공간적 특성

알타이는 러시아의 산지 알타이Gorno-Altai와 카자흐스탄 동남부, 몽골 서남부 그리고 오늘날 중국의 신장新疆에 이르는 총 연장 1,600km의 거대한 산맥을 일컫는 말이다. 이 산맥의 서북쪽 끝은 러시아의 산지 알타이 지역을 거쳐 서시베리아의 저지대에 잇닿아 있는데, 이를 '러시아 알타이'라 한다. 또한 몽골의 고비 사막을 향해 동남쪽으로 뻗어 있는 산맥을 '몽골 알타이'라고 하는데, 경우에 따라서는 이를 몽골 알타이와 '고비 알타이'로 구분하여 부르기도 한다.

이 산맥의 최고봉은 산지 알타이에 있는 벨루하Belukha 봉인데, 그 높이는 해발 4,506m에 이른다. 또한 몽골 알타이에 있는 타븐 보그드 산Tavan Bogd

그림 1 알타이 지역 지도

uul의 후이틍Khuten 봉도 그 높이가 해발 4,370m에 이른다. 그 밖에도 해발 4,000m 급의 고봉들이 이 산맥의 중간 중간에 솟아 있는데, 이들 봉우리에는 만년설과 빙하가 뒤덮여 있다. 알타이의 만년설과 빙하는 녹아서 실개천을 만들고, 그것들이 모여서 카툰, 비야 등의 계곡과 강을 이루며, 다시 그것들은 이르티슈와 오비 등 거대한 강들과 합류하여 북극으로 흘러간다.

몽골 알타이 지역에는 타누Tanne Ola와 한가이Khagai 산맥에서 흘러내린 실개천들이 모여서 오브스, 햐르가스 등의 호수를 만들며, 이들로 인하여 오브스, 호브드 그리고 고비 알타이 등의 아이막에 이르는 거대한 호수들의 저지대 '이흐 노로딘 호트고르Ikh nuruud'in khotgor'가 남북으로 길게 뻗어있다.[4]

4 동북아역사재단(2009), 『몽골서북부 지역의 암각화』, 동북아역사재단, 43쪽.

한가이와 알타이 두 산맥 사이에 펼쳐진 이 저지대는 동남쪽으로 이어져 몽골 고원 가운데 있는 이렝Iren 분지에 이어지는데, 바로 이 분지는 중국의 화북 지역에 잇닿아 있어서[5] 예로부터 중국 북부지역에서 서시베리아까지 이어지는 자연 교통로 역할을 하였다.

알타이 산맥은 정상부에서 아래로 내려오면서 수직의 기후대를 적나라하게 보여 주고 있는데, 그것은 산정상부의 빙하, 그 아래의 영구동토지대, 고산초원 그리고 스텝 등의 구조를 보이고 있다. 따라서 알타이 산맥 가운데는 눈 표범을 비롯하여 멧돼지, 늑대 그리고 야생산양 등 동물들이 서식하고 있고, 또 목동들은 계절에 따라 아래위로 이동하면서 가축을 기르는 유목 생활을 하였다. 그와 더불어 이 산맥에는 금과 철 등의 광산이 있어서 일찍부터 제철산업이 발달할 수 있는 조건을 갖추고 있었던 곳이기도 하다. 투르크의 선조들은 이 산맥에서 대장장이 일을 하면서 세력을 키웠던 것도 광물 자원과의 관계를 보이는 하나의 단면이라 할 수 있다.[6]

'알타이'란 말은 몽골어로 '황금'을 뜻하는 '알트alt, altan'와 접미사 '타이(tai, ~와 함께, ~와 더불어)'가 서로 결합한 것이다.[7] 이와 같은 말을 통해서 현지인들에게는 이 산이 얼마나 풍요로움을 제공해 주었는가에 대해 짐작해 볼 수 있다. 이는 산지 알타이가 러시아의 전체 황금 생산의 90%를 차지한다는 사실을 통해서 알 수 있듯이, 이 지역은 황금을 포함한 광물 자원의 보고임에는 틀림이 없다. 그런 연유 때문인지 중국에서는 이 산을 '금산金山'이라고 표

---

5 스기야마 마사아키 지음 · 이경덕 옮김(2013), 『유목민의 눈으로 본 세계사』, 시루, 62쪽.
6 동북아역사재단 편(2010), 『역주 중국 정사 외국전 9: 北史 外國傳 譯註 · 下』, 동북아역사재단.
7 장석호(2013), 「알타이 스케치 1 – 몽골 알타이 편」, 동북아역사재단 엮음, 4쪽.

기하였다.[8] 그러나 이 산이 지니는 가치는 비단 황금뿐만이 아님을 이 지역 주민들의 풍요로운 정신세계를 통해서도 살필 수 있다.

주지하는 바와 같이, 이 산을 둘러싼 주변 지역에는 이미 이른 석기 시대부터 사람들이 터를 삼아서 살았던 흔적들이 곳곳에 남아 있다. 가장 이른 것은 울라린카Ularinka와 카라마Karama 등의 유적이며, 이 둘은 지금으로부터 이미 100만 년도 더 전에 산지 알타이 지역에 사람들이 살았었음을 증명해 준다.[9] 그 밖에도 30만 년 전으로 거슬러 올라가는 데니소바Denisova 동굴을 비롯한 다수의 동굴 속에는 인류의 존재를 증명하는 이빨과 두개골 등을 비롯한 석기들이 남겨져 있었다. 석기 시대와 인류학을 연구하는 학자들은 이들 자료들을 통하여 이 지역 최초의 선주민 및 그들과 고알타이족 그리고 몽골로이드의 출현에 관한 가설을 수립하게 하였다. 또한 석기를 통해서 도구의 시원형과 발전 과정을 유추할 수 있게 해 주었다.

당시의 먼 조상들이 남긴 주거지나 유적 그리고 그 속에 남겨진 유물 등은 인류 문명 중 시원형에 대한 답을 제시해 주고 있다. 예를 들어 바이칼 호수 인근의 말타Malta나 부레트Buret 등의 유적지는 이 문화 주인공들이 함께 살았던 매머드의 뼈로 만든 주거지와 마을 그리고 매장 유적들이 남아 있다. 또한 몽골의 헨티 아이막 라샨 하드Rashan Khad에는 석기 공방이 있었다. 그뿐만이 아니라 알타이의 남쪽 기슭에 있는 호이트 쳉헤르 동굴[10]이나 우랄의

8 최근에는 '알타이'를 소리 나는 대로 전사하여 '阿爾泰'로 표기하는 추세이다.

9 이에 관해서는 이 책의 제2장 「알타이 지역의 석기시대」(A.쿤구로프) 참조. V.I. Molodin(2005), 「서 · 남부 시베리아의 고대주민」, 『시베리아 고대문화 특별전 초원의 지배자』, 서울대학교 박물관, 100쪽.

10 А.П.Окладников(1972), Центрально-Азиатский очаг первобытного искусства, НАУКА, Новосмбирск, 15~50쪽.

그림 2 매머드 바위그림(카포바야, 우랄)

카포바야 동굴[11] 그리고 알타이 지역의 선사 시대 바위그림 유적 가운데는 지금은 이곳에 살지 않는 매머드(그림 2)나 코끼리, 순록(그림 3), 타조 등이 그려져 있다. 그리고 그 뒤를 잇는 후속 세대들의 문화상들이 차례차례 덧그려져 있다.

이와 같은 예들은 알타이를 중심으로 하여 중앙유라시아의 넓은 지역에서 흩어져 살았던 사람들이 가장 이른 시기에 남긴 문명의 흔적들이다. 이로써 당시에 이 지역의 풍토 속에서 서식하였던 동식물 그리고 광물 등 이용할 수 있는 각종 물질들을 적절히 활용하면서 살았음을 알 수 있으며, 이를 통해서 구석기 시대의 이 지역 자연 환경이 지금과는 현저하게 달랐음을 살펴볼 수 있다.

지금으로부터 1만 년 전부터는 후빙기가 도래하였으며, 그에 따라서 서식

11 О.Н.Бадер(1965), Каповая Пешера, НАУКА, Москва, 15~23쪽.

그림 3 순록(이쉬긴 톨고이, 몽골)

동물들이 교체되었고, 생업과 생활이기 생산 방식에 커다란 변화가 일어났다. 이른바 중석기와 신석기 등 보다 진보된 시대가 그 뒤를 이었다. 그에 따라서 이전에 보이지 않던 활과 화살, 나무배, 어망추, 그물 등 생활이기들이 만들어졌고 또 실생활에 이용되었다.

그러므로 알타이를 중심으로 한 중앙아시아는 심한 환경 변화의 소용돌이가 휘몰아쳤고, 그로 인하여 한때 이 지역에서 서식하였던 동물들이 멸절하였거나 다른 곳으로 이주하였음을 파악해 낼 수 있다. 그럼에도 흥미로운 점은 이 지역의 초기 문화 주인공들이 남긴 각종 생활이기 등 물질문명의 세계와 주검의 취급 방법 그리고 무덤 축조 등 시원 문명의 양상이 현재 이 지역 주민들의 문화상과 비교할 때 여러 가지 부분에서 유사하다는 것이다.

석기 시대를 뒤이어 금석병용기, 청동기, 그리고 철기 등으로 불리는 금속기의 시대가 열렸다. 남부 시베리아와 산지 알타이 지역에는 아파나시에보Afanas'evo, 오쿠네보Okunevo, 안드로노보Andronovo, 그리고 카라수크Karasuk 등의 청동기 문화가 차례로 흥기하였다.

| 알타이의 문화주인공들과 정신문화 및 물질문명의 세계

정신문화

칭기스 칸의 조상은 푸른 늑대와 아름다운 사슴 '아랑 고아Aran Goa'이다. 『몽골비사(元朝秘史)』에는 칭기스 칸 가계와 조상의 계보가 기록되어 있다.[12] 하늘로부터 생명을 얻어 태어난 푸른 늑대는 아름다운 암 사슴 고아 마랄Goa Maral를 아내로 삼아 가정을 이룬다. 이들은 바다 '텡기스Tengis'를 건너서 오논 강 상류의 '불칸Bulkhan' 산에 자리를 잡고 살면서 자식을 낳았는데, 그 아들이 바트차강Batchagan이다. 바트차강의 10대 후손은 도븐 메르겐Duvn Mergen이며, 그의 아내는 '아랑 고아'이다. 두 사람 사이에는 두 명의 아들이 있었으나, 도븐 메르겐이 일찍 죽고 말았다.

그런데 아랑 고아는 남편이 죽은 뒤에도 세 명의 아들을 더 낳았다. 그러자 앞의 두 아들이 뒤에 새로 태어난 세 명의 동생들 아버지에 대해서 이러쿵저러쿵 하였다. 이를 알게 된 아랑 고아는 아이들에게 밤마다 누런 금빛의 사람이 게르(Ger, 몽골의 천막집)(그림 4)의 천장에 난 환기창Toono을 통해 내려와서 배를 쓰다듬으면, 그 금빛이 배를 투명하게 해 주었는데, 그가 바깥으로 나갈 때는 해와 달빛에 의해 누런색의 개처럼 기어서 나갔다[13]고 하면서, 그런 까닭에 그에 의해 태어난 아이들은 곧 하늘의 자손임에 틀림이 없다고 하

---

12 유원수 역주(2004), 『몽골비사』, 사계절, 23쪽 이하 참조.

13 유원수 역주(2004), 위의 책, 27쪽; 김장구 역주(2014), 『역주 몽골 황금사』, 동북아역사재단, 37~38쪽.

그림 4 몽골의 천막집 게르

였다. 칭기스 칸은 이들 세 명의 아들 가운데 막내인 보돈 챠르Bodon Char의 후손이었다.

그러므로 칭기스 칸과 그 조상은 하늘에서 생명을 얻은 푸른 늑대와 암사슴 고아 마랄 사이에서 태어났는데, 이를 통해서 이들의 신화가 천손강림과 동물 토템의 두 가지 신화소가 결합되어 있음을 알 수 있다. 이와 같은 유형의 신화소와 구조는 북방 수렵 및 유목민족들의 민족 기원 신화 가운데서 보편적으로 살펴 볼 수 있다. 투르크족 아사나阿史那 씨족이나 오손烏孫족의 토템은 늑대이다.[14] 아무르 강 나나이족(골디족)의 토템은 호랑이이다. 그런데 우리 민족의 단군신화는 하늘에서 내려온 하느님(환인)의 아들 환웅과 곰에서 변한 웅녀 사이에서 출생하였으며, 그가 건국한 나라가 바로 고조선이다.

이렇듯 북방 수렵 및 유목민들의 세계에서 토템은 대체적으로 동물들이었음을 알 수 있다. 앞에서 살펴 보았듯이 몽골족의 조상은 푸른 늑대와 흰 사

---

14 동북아역사재단편(2010), 『역주 중국 정사 외국전 9: 北史 外國傳 譯註·下』, 동북아역사재단, 446쪽.

승이었으며, 투르크와 오손의 조상은 늑대였다. 나나이족의 조상 아크텐카Akhtenka는 호랑이와 처녀 사이에서 태어났다. 물론 단군은 곰이었다. 그런데 그와 같은 예들을 부여의 씨족명 가운데서도 확인할 수 있는데, 그것은 다름이 아니라 마가馬家, 우가牛家, 저가豬家 등이다. 말이나 소 그리고 돼지 등이 곧 그들의 토템과 관련되어 있음을 말해주는 것이다.

앞에서 살펴본 바와 같이, 칭기스 칸의 조상 신화 가운데서 도븐 메르겐의 아내 아랑 고아는 남편이 죽은 다음에 하늘에서 내려온 빛에 감응을 받아 회임하고 또 세 명의 아들을 더 낳았다. 밤마다 게르의 천장에 난 창을 통해서 내려온 금빛 사람은 천상의 빛이자 또 다른 한편으로는 동물 토템이기도 하다. 그런데 고구려의 시조 주몽 신화도 하백의 딸 유화가 빛의 감응을 받아서 회임을 하고 알을 낳았으며, 그로부터 주몽이 탄생한다는 구조를 띠고 있다. 한편 에스키모의 소녀 우바브누크Ubavnuk는 빛의 감응을 받고 샤먼이 되었다. 그녀는 새벽에 소변을 하려고 바깥에 나왔다가 하늘에서 날아 온 빛을 피하지 못하고 기절하였다가 깨어난 뒤, 사람들에게 희망과 치료를 선사하는 유능한 샤먼이 되었다.[15]

빛의 감응을 받아서 회임한 유화 부인은 사람이 아니라 알을 낳았다. 왕을 비롯한 부여의 왕가에서는 그 알을 개와 돼지에게 던져주고 또 길에 버렸으나 온갖 동물과 새들이 보호하였고, 또 그것을 깨트리려 하였으나 그것마저 여의치 않아, 결국은 다시 그 알을 유화 부인에게 되돌려주었으며, 그렇게 하여 탄생한 이가 바로 주몽이다. 이렇듯 신이한 존재는 새와 동물 등의 도움을 받으며 고난을 극복하는데, 그와 유사한 예를 아사나족의 신화를 통해서도 살필 수 있다. 암컷 늑대가 손발이 다 잘린 채 버려진 아이에게 고기를 물어

---

15 홀거 칼바이트 지음 · 오세종 옮김(1994), 『세계의 무당』, 도서출판 문원, 181쪽.

다 주어서 기른다.[16] 신라의 시조 박혁거세도 말이 놓고 간 알에서 태어난다. 이렇게 신비롭게 태어난 존재들은 성장하여 민족과 국가를 세우고 왕이 되는 등 중요한 역할을 한다.

뿐만 아니라 이와 같은 신화의 구조는 하늘과 땅, 그리고 땅속(굴) 혹은 물이라는 세 개의 서로 다른 세계가 아래위로 층위를 이루고 있음을 보여준다. 신화 속에서 하늘은 전능한 존재인 하느님의 영역이며, 땅은 금동물 또는 인간이 사는 세계이다. 그 밖에도 땅속이나 물은 또 다른 차원의 존재들이 거주하는 공간인데, 이로써 북방 수렵 및 유목민의 전통적인 세계관은 삼계三界로 구성되어 있음을 알 수 있다. 그리하여 종족의 창시자와 국가의 지도자 그리고 유능한 샤먼의 탄생은 서로 이질적인 이들 세계의 통합에 의해 비롯되는 점도 알 수 있다. 물론 이와 같이 서로 이질적인 공간을 지상의 존재인 인간과 동물 등은 자유로이 이동할 수 없다.

보편적으로 인간과 동물들은 하늘과 물 등 다른 세계에 거주하는 신적인 존재들에 의해 일방적으로 감화를 받는 등 특이한 체험을 하게 되는데, 이와 같은 일은 곧 서로 이질적인 세계의 통합 또는 이질적인 세계와의 조화라는 메타포가 감춰져 있다.[17] 신화의 구조 속에서 신성한 존재는 산꼭대기의 나무나 지붕에 난 창 등을 통해 지상세계로 내려오는데(천손강림), 그것은 주로 삼계가 하나의 축을 이루는 모습을 띤다. 환웅은 태백산 신단수를 통해서 내려오고, 칭기스 칸의 조상은 게르의 천장에 난 창을 통하여 인간 세계로 하강하였다. 유화 부인을 감응시킨 빛도 창문을 통해서 방안으로 스며들었다. 이

---

16 동북아역사재단편(2010), 앞의 책, 446~455쪽.

17 장석호(2011), 「바위그림 유적지의 공간과 제재의 상징성 연구」, 『역사민속학』 37호, 한국역사민속학회, 170~201쪽.

와 유사한 예들을 우리는 북방의 여러 민족의 탄생 및 건국 신화 가운데서 어렵지 않게 살필 수 있다.

샤머니즘에서는 하늘과 지하(물 속, 굴 속) 그리고 땅 등 세 개의 서로 이질적인 세계(공간)가 설정되어 있으며, 그로 인하여 각 세계 사이의 피할 수 없는 단절을 소통시키는 샤먼이 상정되어 있다. 샤먼은 특이한 체험(접신, 엑스타시)을 통해서 다른 세계他界를 자유로이 왕래할 수 있는 존재이며, 주로 반신반인半神半人의 모습을 띠고 있다.[18]

이미 앞에서 언급한 바 있는 우바브누크는 하늘에서 내려온 강력한 빛을 받아서 샤먼이 되었으며, 그가 부르는 노래는 사람들의 마음을 편하게 해 주었고, 또 그가 어루만진 손길은 사람들의 상처를 치료해 주었다. 이렇듯 샤먼은 병든 자, 희망을 잃은 자, 불투명한 미래 때문에 불안한 자들을 어루만져서 낫게 할 뿐만 아니라, 또 다른 한편으로는 하늘과 땅 속 등 다른 세계를 여행하면서 신의 의지와 인간들의 간절한 희망 등을 서로에게 전달해 주는 존재이기도 하다.

그런 까닭에 샤먼은 필요하다고 판단이 될 때 타계의 여행을 하게 되는데, 도중에 만나게 될 온갖 어려움을 극복하고 또 악령이나 병마 등과 싸우기 위하여 조력자들의 도움을 받는다. 그가 두드리는 북鼓은 하늘을 여행할 때 타는 상징적인 말이다. 그는 사슴의 뿔이 달린 모자를 쓰고, 또 날개가 달린 옷을 입는다. 그의 옷에 달린 여러 종류의 동물 형상들은 여행 중에 그를 도울 조력자들이다. 그가 신들과 교통하면서 춤을 출 때와 기도할 때는 사람도 신도 아닌 반신반인의 모습을 띠는데, 우리들은 그와 같은 샤먼의 모습을(그림

---

18 장석호(2014), 「선사 및 고대 미술 속 하이브리드 형상 연구」, 『중앙아시아연구』 제19호 제1권, 중앙아시아학회, 26쪽.

그림 5 반수인

그림 6 반수인(A. P. 오클라드니코프)

5, 6) 동굴벽화나 바위그림 가운데서 살필 수 있다.[19]

이렇듯, 알타이를 중심으로 한 광활한 중앙유라시아에서는 천손강림과 동물 토템, 삼계 그리고 샤머니즘 등 몇 가지 문화소들이 동시에 관찰되고 있다. 그런데 이미 앞에서도 확인한 바 있듯이, 우리 민족의 건국신화나 탄생설화, 토템, 세계관 그리고 샤머니즘 등도 그 기본 구조는 이들과 같은 양상을 띠고 있다. 우리는 신화나 토템뿐만 아니라 동시대에 제작된 조형예술 가운데서도 그와 같은 신화소를 살펴낼 수 있다. 그러한 점을 암각화 속의 샤먼이나 고분벽화 속의 해와 달, 반수인(그림 7), 반조인, 세계수 등 상징도형들과 그것들의 구성 내용 등을 통해서 확인할 수 있다.

이러한 점은 곧 중앙유라시아의 선사 및 고대 수렵민과 유목민들의 세계관

---

19 А.П.ОКЛАДНИКОВ(1966), ПЕТРОГЛИФЫ АНГАРЫ, ИЗДАТЕЛСТВО "НАУКА", М.Л., 16쪽.

그림 7 고구려 고분벽화(덕흥리) 속 '성성지상'

이 우리 민족의 그것들과 기본적으로 같은 구조를 띠고 있음을 말해주는 것이다. 그것을 보다 직접적으로 증명해 주는 것이 민족과 언어의 동질성이다. 주지하는 바와 같이, 중국어와 한국어는 문자는 물론이고 문장구조, 그리고 음운체계 등이 근본적으로 다르지만, 만주와 몽골 더 나아가 투르크어계의 언어도 넓게 보면 그 뿌리가 서로 같음을 부인할 수 없다. 그것은 곧 우리 민족이 중국보다는 이들 북방계 민족들과 사유 방식이 서로 같았음을 말하는 것이며, 그런 까닭에 중앙유라시아의 고대 정신문화의 세계는 지역 차이가 있었음에도 서로 동질성을 보일 수밖에 없었다.

그림 8 사슴

물질문명

앞에서 살펴보았듯이 신화, 전설, 원시종교, 그리고 언어 등의 측면을 놓고 볼 때, 한국 민족 문화는 북방 수렵 및 유목민 문화와 깊은 관련성이 있음을 부인할 수 없다. 천손강림설이나 동물토템, 빛에 의한 감응 잉태 등의 예들이 그러하다. 샤머니즘의 세계관, 모자를 비롯한 무복 등의 생김새도 유사하다. 물론 언어적인 면에서도 '알타이제어'라는 말로 통칭되기는 하지만, 한국어는 분명히 몽골어나 퉁구스어와 같은 문법 구조를 갖고 있다. 즉 인도 유럽어의 문법 구조와는 분명히 다르다.

한국 민족 문화의 시원형은 그 모습과 성격 등이 비중국적이었다고 할 수 있다. 지금까지 한반도와 그 북부 지역에서 출토된 각종 금속이기들의 모양이나 그 표면에 새겨진 문양 등은 중국 중원 지역에서 발견된 것들과 크게 다르며, 따라서 양 지역의 제작 집단 사이에는 좁힐 수 없는 이질성이 있었음을 알 수 있다. 이와 같은 점은 적어도 청동기 시대까지 양 지역은 문화적으로 서로 무관하였으며, 독자적으로 발전하였음을 의미하는 것이다. 그러니까 그와 같은 점은 곧 양 지역의 물질문명 속에는 눈에 띄는 유사성이 보이지 않음을 시사하는 것이다.

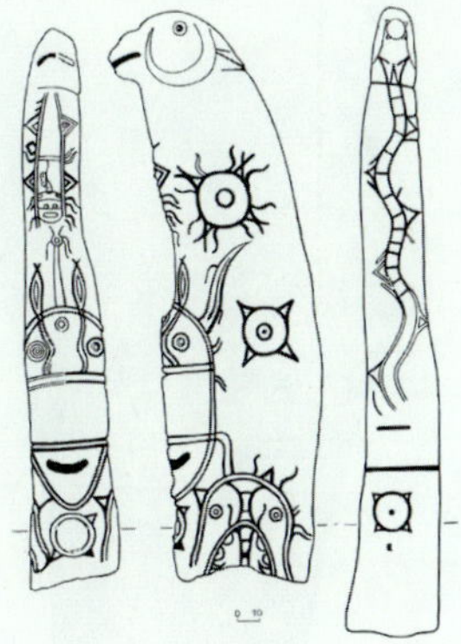

그림 9 이즈바야니에

그런데 정신문화의 이와 같은 유사성에도 불구하고 물질문명의 세계에서 북방 수렵 및 유목민의 그것과 직접적인 관련이 있는 것을 찾아내기는 어렵다. 한반도에서 발견된 각종 청동기 가운데서 이른바 북방 초원 문화의 그것들과 궤를 같이 하는 도구(청동검, 전투용 도끼, 투구, 그리고 각종 동물 양식으로 제작된 패식 따위)(그림 8)들도 보이지 않는다. 뿐만 아니라 초원에 세워진 오쿠네보 시대의 이즈바야니에 Izbayanie(얼굴, 해, 달, 별, 동물 등이 새겨진 선돌)(그림 9)나 철기 시대에 세워진 사슴 돌Deer stone, Olenniye Kameny(그림 10) 등과 같은 거석 기념물도 보이지 않는다.

그림 10 사슴돌

그런 까닭인지 한반도의 선사 시대 조형예술 가운데서는 중앙유라시아 대륙의 수렵 및 유목민들이 남긴 것과 같은 유형의 미술품들도 찾아보기 어렵다. 광활한 중앙유라시아 대륙에 무진장하게 그려진 바위그림 속에는 이 지역의 물질문명과 정신문화의 세계를 살피게 하는 도상들이 그려져 있다.[20] 시대가 바뀌고 또 문화의 주인공이 교체됨에 따라 그림의 제재와 양식 등도

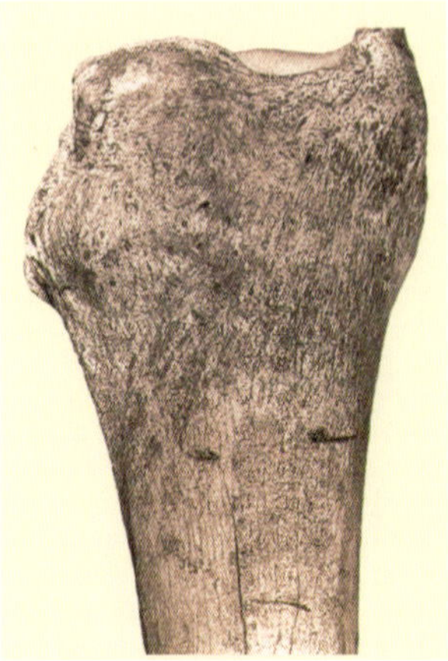

그림 11 얼굴

그림 12 신암동 여인상

따라서 변하였으며, 그 속에는 당대 문화의 세계가 적나라하게 투영되어 있다. 다시 말하자면, 제작 주체들이 만들고 썼던 각종 생활이기들이 무덤이나 주거지 등에서 발견되고 있는데, 바위그림 속에는 그와 같은 유물들이 조형언어로 번역되어 있다는 것이다.

주지하는 바와 같이 선사시대의 바위그림 유적지는 해당 지역의 문화 주인공이 바뀌어도 변하지 않았으며, 여전히 새로운 집단의 성소로 활용되어 왔다. 따라서 하나의 바위그림 유적지에는 차례차례 바뀌어 온 제작 집단의 문화상들이 겹을 이루며 덧그려져 있다. 따라서 오랜 기간에 걸쳐 반복적으로 그려져 온 바위그림 속의 도상들을 제작 순서대로 나열하면, 인류가 어떤 변화의 과정을 거치면서 문명화의 길을 걸어왔는지 알 수 있다. 그러므로 바위그림이야말로 어둠 속에 묻혀있었던 인류의 문명화 과정을 증언해 주는 무문자 시대의 연대기인 셈이다.[21] 바로 그런 이유 때문에 많은 연구자들이 바위그림을 서슴없이 조형언어로 번역한 선사 시대의 연대기라고 하는 것이다.

20 동북아역사재단 편(2007), 『중앙아시아의 바위그림』, 동북아역사재단.
21 이와 관련하여 이 책 제6장 「알타이 지역 바위 연대기」(E.G. 데블레트) 참조.

그림 13 흙으로 빚어 구운 멧돼지 상(경남 통영 욕지도)

그림 14 조가비 얼굴

그림 15 동삼동패총 사슴

한반도에도 천전리와 대곡리를 비롯하여 약 20여 곳의 크고 작은 선사 시대 암각화 유적이 있다. 이들은 물론 한반도에 터를 잡고 살았던 무문자 시대 인류의 서사시이다. 또한 충남 공주의 석장리와 경기도 연천의 전곡리, 그리고 충북 수양개 등지에는 구석기 시대의 인류가 문화 유적지가 남아 있다. 이와 같은 유적지에는 비단 석기류 뿐만 아니라 얼굴(그림 11)[22] 등 한반도에서 가장 이른 시기에 해당하는 조형예술품도 발견되었다.[23] 또한 울산 서생면 신암리에서는 중앙유라시아의 넓은 지역에서 발견된 신석기 시대 토제 비너스상의 한반도식 유형인 여인상(그림 12)이 출토되었다.[24] 그리고 경남 통영의 욕지도에서는 흙으로 빚어 구운 멧돼지 상(그림 13)도 확인되었다.[25] 그런가 하면 부산 동삼동 패총에서 얼굴 모양의 조가비[26](그림 14)와 사슴 형상이 시문된 토기 파편(그림 15) 등이 발견되었다.

이와 같은 일련의 조형 예술품들은 한반도의 옛 조상들이 남긴 석기 시대의 조형예술품들이다. 이들을 뒤이은 청동기와 철기 시대에도 다양한 유형의

22 손보기(2000), 「바위그림 이전의 예술: 이른 옛사람과 지닐 예술품」, 『박물관기요』, 단국대학교 석주선 기념 박물관, 13~15쪽.
23 이융조 · 우종현 편저(1998), 『선사 유적 발굴도록』, 충북대학교 박물관, 58쪽.
24 국립중앙박물관(1989), 『신암리 Ⅱ』, 국립중앙박물관, 17~18쪽.
25 국립진주박물관(1989), 『욕지도』, 국립진주박물관 · 통역군, 79쪽.
26 국립중앙박물관편(2008), 『한국미의 태동 구석기 · 신석기』, 통천문화사, 113쪽.

그림 16 다뉴세문경

그림 17 빗살무늬토기

그림 18 어은동 사슴

그림 19 농경문청동기

그림 20 동물문견갑청동기

생활이기와 조형예술품들이 제작되었다. 생활이기 가운데는 다뉴세문경(그림 16)과 빗살무늬토기(그림 17) 등이 있다. 또한 조형예술품 가운데는 경북 영천시 어은동에서 출토된 말과 사슴 머리 등의 청동 조각품(그림 18)과 대전에서 출토된 것이라 전해지는 농경문청동기(그림 19), 경주시 인근에서 출토된 동물문견갑형동기(그림 20) 등이 있다.[24]

이 시기에 제작된 조형예술품들은 동물을 주요 모티프로 삼고 있음에도 그것들이 알타이를 중심으로 한 중앙유라시아의 수렵 및 유목민들의 청동기나 철기 시대의 조형예술품들과는 양식의 측면에서 커다란 차이를 보이고 있다. 다시 말하자면, 양 지역 조형예술 사이에는 유사성보다는 상이성이 더 뚜렷하다는 것이다. 그렇다고 같은 시기에 제작된 중국 조형예술들과 관련성이 있다는 것은 더더욱 아니다. 제재적인 면에서는 수렵 및 유목민의 조형예술과 친연성이 보이지만, 그러나 양식적으로는 지역적 독자성이 보다 더 돋보인다.

그런데 한반도에 고대 국가들이 흥기하면서 제작된 조형예술은 제재는 물론이고 주제와 양식의 면에서 북방 수렵 및 유목민들의 조형예술들과 동질성을 띠고 있음을 확인할 수 있다. 각 시기별로 특색이 있는 제재 및 주제의 해석이 있었고, 그에 따라 시대별로 독자성이 있는 양식을 창출시켰다. 그러나 이 시기에 접어들면서 한반도를 포함한 유라시아 대륙 문화 주인공들의 지각방식에는 커다란 변화가 일어났으며, 그에 따라서 조형예술의 제재 해석도 크게 바뀌었다. 그러한 예를 유목민들의 조형예술에서뿐만 아니라 한반도의 고분벽화 가운데서도 살필 수 있다.

| 한국과 알타이의 고대 미술

흔히들 고구려 벽화 고분은 세 단계의 변화 과정을 거치면서 정형화되었다고 한다. 그 첫 번째 단계는 곁간이 있는 여러 방多室 무덤이었으며, 그 속에는

---

27 有光敎一·西谷正·司馬遼太郎·大西修也·齊藤忠 著, 『韓國 端正なる美』, 新潮社, 11쪽.

그림 21 덕흥리 무덤 주인공(덕흥리)

그림 22 무덤 주인공 복원(안악3호분)

주로 인물 풍속도가 그려졌다는 것이다. 두 번째 단계는 두 간 무덤에 인물풍속도와 사신도가 같이 그려진 시기이며, 세 번째는 외간에 사신도만 그려진 시기이다.[28] 초기 고분은 주로 4세기 말에서 5세기 초에 축조되었으며, 그 가운데는 안악3호분(357년), 덕흥리 고분(408년), 무용총, 삼실총 그리고 장천1호분(5세기 후반) 등이 있다.

이와 같은 고분 속에는 이미 언급한 바와 같이 무덤 주인공(그림 21, 22)과 그의 생전 생활 모습을 살피게 하는 인물 풍속도들이 그려져 있다. 예를 들면 무덤 주인공 실내 생활 모습, 행차도, 개마무사, 기마전투도, 마차도 등이 그것이다. 그 밖에도 주거, 부엌, 우물, 사냥, 나들이, 그리고 하늘의 세계와 우

28 주영헌(1985), 「고구려 고분벽화에 대하여」, 『고구려 고분벽화』, 조선화보사 ; 안휘준, 『고구려 회화』, 효형출판사, 25쪽 ; 전호태(2004), 『벽화여, 고구려를 말하라』, 사계절, 225~226쪽.

주를 구성하는 다양하고 기상천외한 생김새의 페르소나들 등도 조형언어로 번역되어 있다.[29] 이와 같은 그림들은 사회 상황과 세계에 관한 제작 집단의 관념 등을 살피게 하는 중요한 도상자료들이다.

흥미로운 것은 이들이 모두 일정한 규범canon에 의거하여 그려졌으며, 그에 따라서 하나하나의 도상과 장면들은 매우 높은 완성도를 보이고 있다는 것이다. 고구려 고분벽화의 조형성은 정면성正面性과 측면성, 주대종소主大從小, 입체감 도입, 운동감 중시, 이야기 도입 그리고 사회상황 반영 등 몇 개의 카테고리로 묶어낼 수 있다.[30] 벽화 속의 도상들은 이와 같은 조형 규범에 의거하여 그려졌으며, 각 형상 하나하나는 그것들이 지니는 비중에 따라 배치되고 또 구성되었다.

이 가운데서 정면성과 측면성의 문제는 무덤 주인공과 그의 주변 인물들 사이의 관계를 살피게 한다. 안악3호분이나 덕흥리 고분, 그리고 약수리와 쌍영총 등의 고분 벽화 속에 그려진 무덤의 주인공은 언제나 정면을 향하도록 배치되어 있다. 그리고 그 주인공 이외의 사람들은 모두 옆으로 향한 모습이며, 그에 따라서 시선은 언제나 주인공을 향하도록 배치되어 있다. 그와 같은 점은 이 시기에 그려진 인물화에서 살필 수 있는 불문율이고, 이로써 당시는 철저한 신분제 사회였으며, 신분 계급hierarchy에 따라 맡은 임무와 역할에 차이가 있었음을 알 수 있다.

물론 그림의 주인공과 그를 둘러싼 주변 인물들 사이의 관계는 취하고 있는 방향뿐만 아니라 차지하고 있는 위치와 형상의 크기 등을 통해서도 살려

---

29 장석호(2012. 8), 「덕흥리 고분벽화 속 하이브리드 형상」, 『동북아역사문제』 통권 65호, 동북아역사재단, 16~26쪽.

30 장석호(2009), 「고구려 초기 고분 벽화와 중앙아시아 고대 암각화」, 『문명교류연구』 창간호, 한국문명교류연구소, 113~149쪽.

그림 23 우마차(부분, 덕흥리)

낼 수 있다. 주인공은 언제나 그림의 중심 또는 높은 곳에 배치되어 있고 또 크고 정교하게 그려져 있다. 하나의 그림 속에는 주인공이 늘 제일 크게 그려져 있으며, 나머지 사람들도 신분의 높고 낮음에 따라 그 크기가 각각 다르게 표현되어 있다. 그러니까 주인공을 중심으로 주변의 인물들이 피라미드 꼴을 이루며 도열해 있는 셈이다.

뿐만 아니라 벽화 속 도상 하나하나는 양감의 표현이 이루어져 있다. 화면 속에는 기저선基底線이 암시적으로 표현되어 있고, 특정한 하나의 지점에서 포착하여 그린 형상들이 그 선 위에 나열되어 있다. 그에 따라서 각각의 형상은 정면과 측면의 두 가지 모습을 동시에 드러내 보이고 있다. 그 대표적인 예가 우마차(그림 23)이다. 바로 이와 같은 우마차 형상에서 지적해야 할 또 한 가지는 그것을 끄는 소의 다리 모습이다. 그 이유는 움직임 표현 때문인데, 그것은 앞발 중의 하나는 앞으로 내어딛었고, 다른 하나는 무릎을 구부렸

그림 24 행차도(부분, 안악3호분)

으며, 두 개의 뒷다리는 서로 엇갈리게 하였다.

그런 까닭에 각각의 형상들은 어딘가 다른 곳으로 향하여 이동하고 있음을 보여준다. 이와 같은 표현이 가능할 수 있었던 동인은 지각 방식의 변화였다. 그것은 다름이 아니라 일시점一視點 지각, 즉 원근법의 도입이 이루어졌기 때문에 가능한 일이었다. 당시의 화가들은 대상물을 정면이 아니라 약간 엇비스듬한 각도에서 포착하여 표현하였다. 이와 같이 지각 및 표현 방법이 바뀜에 따라 화면 속에 중심과 주변, 앞과 뒤 등의 공간 개념이 도입되었다. 그리하여 각각의 장면들은 특정한 사건의 전개 과정들이 묘사되기 시작하였다. 이야기가 화면 속에 도입된 것이다.

그와 같은 점을 행렬도(그림 23)나 기마전투도(그림 24), 수렵도 등의 그림을 통해서 확인할 수 있다. 그런데 이와 같은 그림들 속에는 당대 문화와 사

그림 25 기마전투도(삼실총)

그림 26 개마무사(덕흥리)

그림 27 마차행렬도(야마느이 오스, 몽골)

회상황 또한 적나라하게 투영되어 있다. 즉 손에는 장창을 들고 투구와 갑옷으로 중무장한 전사가 마면 및 마갑으로 중무장한 말을 탄 모습이(그림 26) 안악3호분이나 덕흥리 등의 고분벽화 속에 중요한 제재로 등장하였으며, 삼실총 벽화 속에는 두 명의 개마무사가 창을 들고 싸우는 모습(그림 25)이 그려져 있다. 이로써 당시의 사회상황은 전쟁 등으로 매우 불안정하였으며, 창을 든 병사들이 말 위에서 서로 싸우는 기마전투가 빈번하였음을 알 수 있다.

그런데 고구려 초기 고분 벽화의 조형세계에서 보았던 것과 동질의 조형규범 및 시대 상황이 투영된 그림들을 알타이 지역의 고대 미술 속에서도 똑같이 살펴낼 수 있다. 바로 이러한 형상들로써, 스키타이 시대까지의 미술에서는 볼 수 없었던 새로운 조형세계가 알타이를 중심으로 한 광활한 유라시아 대륙에 들불처럼 번져 나가기 시작하였음을 알 수 있다. 흉노시대로 접어들면서 알타이를 중심으로 한 중앙유라시아에는 사회 전반에 새로운 혁신의 바람이 불었던 것으로 보인다. 이 시기에 그려진 암각화 속에는 전 시대의 그것과는 완전히 다른 양식과 모습으로 그려진 마차 형상이 보인다.

그림 28 마차행렬도(도면, 야마느이 오스, 몽골)

이 마차 형상은 몽골의 호브드 아이막 우엔츠Uench 솜과 알타이Altai 솜의 중간 지점에 위치한 야마느이 오스Yaman'i Us(그림 27, 28) 암각화 속에 그려져 있다. 이 암각화의 제일 높은 곳에는 두 개의 마차 행렬도가 그려져 있다. 하나는 야마느이 오스 암각화의 가운데 제일 윗부분에 그려져 있고, 다른 하나는 그로부터 오른쪽 위에 그려져 있다. 가운데에 그려진 마차는 앞과 뒤에 각각 말을 탄 기마병이 가운데 마차를 호위하고 있고, 마차는 세 마리의 말이 끌고 있다. 마차를 끄는 세 마리의 말을 보면, 앞에 있는 한 마리의 말만 온전한 윤곽을 지니고 있다. 뒤에 있는 나머지 두 마리의 말은 머리와 등선만 표현되어 있다.

긴 미술의 역사를 놓고 볼때, 이렇듯 여러 마리의 동물들이 겹쳐 있는 듯한 모습을 형상화 한 것은 바로 이 그림이 처음이었으며, 이를 통하여 고대의 화가는 이차원의 평면 속에 공간의 깊이, 즉 화면 속에 원근감을 구현해 낼 수 있게 되었던 것이다. 또한 마차를 끄는 말뿐만 아니라 앞뒤에서 호위하는 기마병이 탄 말의 다리를 보면, 앞발 중의 하나는 앞으로 뻗었으며, 다른 하나는 무릎을 구부렸다. 또한 뒷다리는 서로 엇갈리게 하였는데, 이렇게 하여 말이 빠르게 걷는듯한 모습을 형상화할 수 있게 되었다. 비로소 화면 가운데

그림 29 천마도(천마총, 경주)

빠르게 걷는 모습, 즉 속도감을 도입할 수 있게 되었다.

바로 이와 유사한 형상들이 고구려 고분 벽화 속에도 그려져 있었음을 확인한 바 있다. 그런데 이런 양식의 말 형상을 고구려 고분벽화뿐만 아니라 신라시대의 천마총에서 출토된 말다래障泥 가운데 그려진 말 형상(그림 29)에서도 살필 수 있다. 학자들은 이 형상을 천마天馬 또는 기린麒麟 등 서로 다르게 보기도 하지만,[31] 필자가 이 형상에서 주목하고자 하는 부분은 바로 다리이다. 이 형상도 역시 앞 다리 중의 하나는 앞으로 뻗었고, 다른 하나는 무릎을 구부렸다. 또한 뒷다리는 서로 엇갈리게 하였는데, 이로써 말이 빠르게 걷는 모습을 형상화할 수 있었다.

그러니까 야마느이 오스 암각화와 고구려 초기 고분 벽화, 그리고 신라 시

31 국립경주박물관(2014), 『天馬, 다시 날다』, 국립경주박물관, 112~123쪽.

그림 30 말르이 바양콜 순록 암각화

대에 축조된 천마총 출토의 말다래 등에 그려진 말 형상은 공간적으로 큰 거리가 있음에도 서로 동일한 양식을 띠고 있었던 것이다. 그런데 이와 같은 양식으로 제작된 말 형상을 보다 넓은 지역에서 확인할 수 있다. 그것은 미누신스크 분지의 타쉬트이크 무덤에서 출토된 나무판의 선 그림이나 투바의 바양콜 암각화 속에 그려진 순록 형상(그림 30) 등 암각화, 그리고 중국 간수甘肅성의 주찬酒泉시 구오양시양果園鄕 딩지아자鄭家閘 5호분에서 출토된 비천도(그림 31), 그리고 동분마[32](그림 32) 등의 예에서 보듯이 그 예를 이루 헤아리기 어렵다.

그 중에서도 특히 신라 시대의 천마총에서 출토된 말다래 속 말 형상(그림 33)은 그 갈기를 톱날처럼 표현하였는데, 이는 투르크 시대에 그려진 말 형상

32 徐光翼 主編(2012), 『中國出土壁畵全集』, 科學出版社, 136쪽.

그림 31 중국 정지야자 비천도

그림 32 동분마

그림 33 천마총 천마도

가운데 가장 대표적인 표식 가운데 하나이다. 갈기를 그와 같이 형상화 그린 말 형상을 넓게는 카자흐스탄나 키르기스스탄 몽골, 산지 알타이, 미누신스크 분지, 레나 강 상류, 그리고 앞에서도 예로 든 중국 북부 지역 등지에서 어렵지 않게 살필 수 있다. 앞다리 가운데 하나는 앞으로 뻗고, 다른 하나는 무릎을 구부렸으며, 뒷다리는 서로 엇갈리도록 하여 빠르게 걷는 모습과 톱날처럼 갈기를 그린 말 형상은 고대 중앙유라시아의 전형적인 시대 양식이라고 할 수 있다.

한국 선사 및 고대 문화의 형성 과정 및 계통성을 밝히려는 연구는 매우 어렵다. 그것은 다양한 문헌 사료와 관련 문헌, 관련 유적과 유물, 신화, 전설, 민속, 그리고 조형예술 등 여러 분야를 종합하여 비교하고 또 분석해서 밝힐 수 있는 것이다. 한국에서 북방 지역의 선사 및 고대 문화에 관심을 갖고 주목하기 시작한 것은 이제 겨우 20년이 지났다. 그러나 짧은 기간이었음에도 다양한 분야의 전문가들이 해외 학계의 연구 성과를 적극적으로 수용하고 또 관련 전문가들과의 교류를 지속하면서 괄목할 만한 성과를 거두고 있는 것도 또한 사실이다.

산지 알타이를 중심으로 한 북방 수렵 및 유목민들의 물질문명과 조형예술의 세계를 검토하면서, 그것들과 한반도의 선사 및 고대 문화와의 상관성을 살펴보았다. 그 결과 알타이를 비롯한 중앙유라시아 청동기와 철기 시대의 문화와 한반도의 그것 사이에 직접적인 상관성을 논하기에는 어려움이 많았다. 그러나 흉노와 선비, 유연, 그리고 투르크 시대의 그것과는 최소한 조형예술의 분야에서는 매우 깊은 친연성이 있었음을 확인할 수 있었다. 따라서 이에 관해서는 보다 깊은 비교 연구가 필요하다.

참고문헌

※본문에 삽입한 참고문헌 중 일부는 지면 관계상 생략하였음

해외 문헌

Абдулганеев М.Т и др., Материалы эпохи бронзы из Горного Алтая // Археология и этнография Алтая. Барнаул: Изд-во Алт. ун-та, 1982.

Абрамова З.А. Ранний палеолит Азиатской части СССР // Палеолит СССР. М.: Наука, 1984.

Абрамова З.А. Палеолит Северной Азии // Палеолит мира: палеолит Кавказа и Северной Азии. Л.: Наука, 1989.

Абдулганеев М.Т., Ларин О.В. О соотношении афанасьевской и майэмирской культур // Проблемы изучения истории и культуры Алтая и сопредельных территорий. Горно-Алтайск: ГАНИИИЯЛ, 1992.

Абдулганеев М.Т и др., Каменные орудия с поселений раннего железного века лесостепного и предгорного Алтая // Культура народов Евразийских степей в древности. Барнаул: Изд-во Алт. ун-та, 1993.

Абдулганеев М.Т. Майэмирские курганы Бойтыгема // Археология Горного. Барнаул: Изд-во Алт. ун-та, 1994.

Абдулганеев М.Т и др., Афанасьевские могильники на р. Ело // Источники по истории Республики Алтай. Горно-Алтайск: ГАНИИИЯЛ, 1997.

Абдулганеев М.Т. Древняя история Красногорского района // Красногорский район: история и современность. Барнаул: Алтайский дом печати, 2008.

Аванесова Н.А. Святилище ранних номадов Зеравшана // Афанасьевский сборник 2. Барнаул: Азбука, 2012.

Адрианов А.В. Выборки из дневников курганных раскопок в Минусинском крае. Минусинск, 1902-1924.

Адрианов А.В. Писаница Боярская // Известия Русского комитета для изучения Средней и Восточной Азии. Вып. 6. СПб, 1906.

Адрианов А.В. Обследование писаниц в Минусинском крае летом 1907 г. // Известия Русского комитета для изучения Средней и Восточной Азии. Вып. 8. СПб, 1908.

Адрианов А.В. К археологии Западного Алтая: Из поездки в Семипалатинскую область в 1911 г. // Известия Археологической комиссии. Пг., 1916.

Акишев К.А. Курган Иссык. М.: Искусство, 1978.

Алексеев А.Ю., Боковенко Н. и др., Евразия в скифскую эпоху. Радиоуглеродная и археологическая хронология. СПб: Теза, 2005.

Алексеев В.П. Палеоантропология Алтая эпохи железа // Советская антропология., 1958.

Алексеев В.П. Новые данные о европеоидной расе в Центральной Азии // Бронзовый и железный век Сибири. Новосибирск: Наука, 1974.

Алексеев В.П. К палеоантропологии Горного Алтая в эпоху раннего железа // Археология Северной и Центральной Азии. Новосибирск: Наука, 1975.

Анисюткин Н.К., Астахов С.Н. К вопросу о древнейших памятниках Алтая // Сибирь и ее соседи в древности. Новосибирск: Наука, 1970.

Анохин А.В. Материалы по шаманству у алтайцев. Горно-Алтайск: Ак Чечек, 1994.

Арриан. Об охоте // В.В. Латышев. Известия древних писателей о Скифии и Кавказе // Вестник древней истории., 1948.

Артамонов М.И. Сокровища саков. М.: Искусство, 1973.

Атлас Tartarica. История татар и народов Евразии. Республика Татарстан вчера и сегодня. М, 2006.

Баркова Л.Л. Погребение коней в кургане Шибе // Археологический сборник ГЭ. Л.: Изд-во ГЭ, 1979.

Баркова Л.Л. Изображение свернувшихся хищников на золотых пластинах из Майэмира // Археологический сборник ГЭ. Вып. 24. Л.: Изд-во ГЭ, 1983.

Баркова Л.Л. Резные изображения животных на саркофаге из 2-го Башадарского кургана // Археологический сборник ГЭ. Вып. 25. Л.: Искусство, 1984.

Баркова Л.Л., Гохман И.И. Происхождение ранних кочевников Алтая в свете данных палеоантропологии и анализа их изображений // Элитные курганы степей Евразии в скифо-сарматскую эпоху. СПб: Фонд фундаментальных исследований РАН, 1994.

Баркова Л.Л. Скотоводы Алтая в скифскую эпоху // Кочевники Евразии на пути к империи: Каталог выставки. СПб: ГЭ, 2012.

Барминцев Ю.Н. Эволюция конских пород в Казахстане. Алма-Ата: Казгосиздат, 1958.

Барминцев Ю.Н. Табунное коневодство в Горном Алтае. Горно-Алтайск: отд. Алт. кн. изд-ва, 1974.

Барышников Г.Я и др., Палеолит Горной Шории. Барнаул: Изд-во Алт. ун-та, 2005.

Богданов Е.С., Слюсаренко И.Ю. Археологические исследования на памятнике Коол-1 в долине р. Актру // Проблемы археологии, этнографии, антропологии Сибири и сопредельных территорий Т. IX. Ч. I. Новосибирск: ИАЭ СО РАН, 2003.

Боковенко Н.А. Ранние формы скифо-сибирской узды // Проблемы скифо-сибирского культурно-исторического единства. Кемерово: КемГУ, 1979.

Боковенко Н.А. Динамика развития конской сбруи в скифское время на Алтае // Преемственность и инновации в развитии древних культур. Л.: ЛОИА АН СССР, 1981.

Боковенко Н.А. Некоторые особенности формирования погребального обряда ранних кочевников Саяно-Алтая и Казахстана // Скифская эпоха Алтая. Барнаул: Алт. гос. ун-т, 1986.

Боковенко Н.А. Новые памятники раннескифского времени в западном Саяне // Задачи советской археологии в свете решений XXVII съезда КПСС. М.: Наука, 1987.

Боковенко Н.А. Проблемы генезис погребального обряда раннекочевнической знати Центральной Азии // Элитные курганы степей Евразии в скифо-сарматскую эпоху. СПб: 1994.

Боковенко Н.А. Новый памятник аржанского этапа в центре Азии // Южная Сибирь в древности. СПб: 1995.

Боковенко Н.А. Наскальное искусство скифской эпохи // Международная конференция по первобытному искусству. Кемерово: САИПИ, 1998.

Боковенко Н.А. Символика элитных воинских захоронений номадов Центральной Азии в I тыс. до н.э. // Евразия сквозь века. СПб: Филол. ф-т СПбГУ, 2001.

Боковенко Н.А. К проблеме локализации племени Сака // Сакская культура Сарыарки в контексте изучения этносоциокультурных процессов степной Евразии. Институт археологии им. А.Х. Маргулана, 2011.

Борисов А.А. Климаты СССР в прошлом, настоящем и будущем. Л.: Ленингр. гос. ун-т, 1975.

Боровкова Л.А. Кушанское царство. М.: Ин-т востоковедения РАН, 2005.

Бородовский А.П. Афанасьевские памятники нижней Кутуни // Погребальные и поселенческие комплексы эпохи бронзы Горного Алтая. Барнаул: Изд-во Алт. ун-та, 2006.

Бородовский А.П. К вопросу о хронологии костяного кольца из афанасьевского погребения на плато Укок // Афанасьевский сборник 2. Барнаул: Азбука, 2012.

Бородовский А.П., Ларичев В.Е. Июсский клад. Новосибирск: ИАЭ СО РАН, 2013.

Быков Н.И и др., Результаты дендрохронологических исследований на юге Западно-Сибирской равнины и Алтае // Проблемы археологии, этнографии, антропологии Сибири и сопредельных территорий. Т. XI. Ч. I. Новосибирск: Изд-во ИАЭ СО РАН, 2005.

Быков Н.И и др., Анатомический анализ древесины изделий из памятников гунно-сарматской эпохи Алтая // Проблемы археологии, этнографии, антропологии Сибири и сопредельных территорий. Т. XIV. Новосибирск: Изд-во ИАЭ СО РАН, 2008.

Ван Вэй. Культуры бронзового века I тыс. до н.э. в северных районах Китая //

≪Terra Scythica≫. Новосибирск: ИАЭ СО РАН, 2011.
Вистингаузен В.К. Спелеоархеология Алтая // Археология и этнография Алтая. Барнаул: Изд-во Алт. ун-та, 1982.
Вербицкий В.И. Алтайские инородцы. Сборник этнографических статей и исследований алтайского миссионера протоиерея В.И. Вербицкого. М., 1893.
Васильев Л.С. Древний Китай. Т. 2: Период Чуньцю (VIII–V вв. до н.э.). М.: Вост. лит., 2000.
Васильев Л.С. Культы, религии, традиции в Китае. М.: Вост. лит., 2001.
Владимиров В.Н., Шульга П.И. Новые материалы по скифской эпохе Горного Алтая // Археология и этнография Южной Сибири. Барнаул, 1984.
Волков В.В. Оленные камни Монголии. Улан-Батор, 1981.
Воробьев М.В. Маньчжурия и Восточная Внутренняя Монголия. Владивосток: Дальнаука, 1994.
Гаврилова А.А. Могильник Кудыргэ как источник по истории алтайских племен. М.; Л.: Наука, 1965.
Гельмель Ю.И., Кунгуров А.Л. Палеолитическое местонахождение на Бурлинском озере // Сохранение и изучение культурного наследия Алтая. Вып. XVI. Барнаул: Изд-во Алт. ун-та, 2007.
Геродот. История в девяти книгах / Пер. и прим. Г.А. Стратановского. Л.: Наука., 1972.
Гинзбург В.В., Трофимова Е.А. Палеоантропология Средней Азии. М.: Наука, 1972.
Горбунов В.В., Тишкин А.А. Комплекс вооружения кочевников Горного Алтая хуннской эпохи // Археология, этнография и антропология Евразии. 2006.
Грантовский Э.А. Ранняя история иранских племен Передней Азии. М.: Вост. лит., 1970.
Грач А.Д. Древние кочевники в центре Азии. М.: Наука, 1980.
Грушин С.П., Кунгуров А.Л. Археологическое обследование долины р. Каменка // Проблемы археологии, этнографии, антропологии Сибири и

сопредельных территорий. Т. XI. Ч. I. Новосибирск: Изд-во ИАЭ СО РАН, 2003.

Грязнов М.П. Древние культуры Алтая // Материалы по изучению Сибири. Новосибирск; Об-во изучения Сибири, 1930.

Грязнов М.П. Ранние кочевники Западной Сибири и Казахстана // История СССР. Т. 1: С древнейших времен до образования древнерусского государства. Ч. I–II. М.; Л.: Изд-во АН СССР, 1939.

Грязнов М.П. Памятники Майэмирского этапа эпохи ранних кочевников на Алтае // КСИИМК., 1947.

Грязнов М.П. Первый Пазырыкский курган. Л.: ГЭ, 1950.

Грязнов М.П. Некоторые вопросы истории сложения и развития ранних кочевых обществ Казахстана и Южной Сибири // КСИЭ., 1955

Грязнов М.П. История древних племен Верхней Оби. М.; Л.: Изд-во АН СССР, 1956.

Грязнов М.П. Древнейшие памятники героического эпоса народов Южной Сибири // Археологический сборник ГЭ. Вып. 3. Л.: Изд-во ГЭ, 1961.

Грязнов М.П. О едином процессе развития скифо-сибирских культур // Проблемы скифо-сибирского культурно-исторического единства. Кемерово: КемГУ, 1979.

Грязнов М.П. Аржан–царский курган раннескифского времени. Л.: Наука, 1980.

Грязнов М.П. Начальная фаза развития скифо-сибирских культур // Археология Южной Сибири. Кемерово: КемГУ, 1983.

Грязнов М.П. Алтай и приалтайская степь // Степная полоса Азиатской части СССР в скифо-сарматское время. М.: Наука, 1992.

Гумилев Л.Н. Хунну. Хунны в Китае. М.: Айрис-пресс, 2003.

Давыдова А.В. Иволгинский археологический комплекс. Т. 1: Иволгинское городище. СПб: Фонд ≪АзиатИКА≫, 1995.

Давыдова А.В. Иволгинский археологический комплекс. Т. 2: Иволгинский могильник. СПб: Центр ≪Петербургское Востоковедение≫, 1996.

Дебец Г.Ф. Палеоантропология СССР. М.; Л.: Изд-во АН СССР, 1948.

Демин М.А. Первооткрыватели древностей. Барнаул: Алт. кн. изд-во, 1989.

Деревянко А.П и др., Палеолит Чуйской котловины. Горный Алтай. Новосибирск: Наука, 1987.

Деревянко А.П., Маркин С.В. Палеолитические памятники бассейна р. Ануй (общий обзор) // Комплексные исследования палеолитических памятников бассейна р. Ануй. Новосибирск: Изд-во ИИФиФ СО АН СССР, 1990.

Деревянко А.П., Маркин С.В. Мустье Горного Алтая. Новосибирск: Наука, 1992.

Деревянко А.П., Петрин В.Т. Исследования многослойного палеолитического памятника открытого типа Кара-Бом // Алтаика., 1992.

Деревянко А.П., Молодин В.И. Денисова пещера. Ч. 1. Новосибирск: Наука, 1994.

Деревянко А.П и др., Древние культуры Бертекской. Новосибирск: Наука, 1994.

Деревянко А.П., Маркин С.В. Палеолит Северо-запада Алтае-Саян // РА., 1998.

Деревянко А.П и др., Археология, геология и палеография плейстоцена и голоцена Горного Алтая. Новосибирск: Изд-во ИАЭ СО РАН, 1998.

Деревянко А.П и др., Проблемы палеоэкологии, геологии и археологии палеолита Алтая. Новосибирск: Изд-во ИАЭ СО РАН, 1998.

Деревянко А.П и др., Палеолитические комплексы стратифицированной части стоянки Кара-Бом. Новосибирск: Изд-во ИАЭ СО РАН, 1998.

Деревянко А.П и др., Характер перехода от мустье к позднему палеолиту на Алтае // Археология, этнография и антропология Евразии., 2000.

Деревянко А.П. Переход от среднего к позднему палеолиту на Алтае // Археология, этнография и антропология Евразии., 2001.

Деревянко А.П., Шуньков М.В. Индустрии с листовидными бифасами в среднем палеолите Горного Алтая // Археология, этнография и антропология Евразии., 2002.

Деревянко А.П и др., Природная среда и человек в палеолите Горного Алтая. Новосибирск: Изд-во ИАЭ СО РАН, 2003.

Деревянко А.П., Шуньков М.В. Результаты пятилетнего изучения раннепалеолитической стоянки Карама // Проблемы археологии, этнографии, антропологии Сибири и сопредельных территорий. Т. XI. Ч. I. Новосибирск: Изд-во ИАЭ СО РАН, 2005.

Деревянко А.П и др., Стоянка раннего палеолита Карама на Алтае. Новосибирск: Изд-во ИАЭ СО РАН, 2005.

Деревянко А.П. Родословная человечества: теории и факты // Наука из первых рук., 2010а.

Деревянко А.П. Три сценария перехода от среднего к верхнему палеолиту // Археология, этнография и антропология Евразии., 2010б.

Деревянко А.П и др., Археология, этнография и антропология Евразии., 2013.

Дьяконова В.П. Религиозные представления алтайцев и тувинцев о природе и человеке // Природа и человек в религиозных представлениях народов Сибири и Севера. Л. Наука, 1976.

Дьяконова В.П. Некоторые этнокультурные параллели в шаманстве тюркоязычных народов Саяно-Алтая // Этнокультурные контакты народов Сибири. Л.: Наука, 1984.

Дэвлет Е.Г., Дэвлет М.А. Мифы в камне: Мир наскального искусства России. М.: Алетейа, 2005.

Дэвлет Е.Г., Дэвлет М.А. Сокровища наскального искусства Северной и Центральной Азии. М.: ИА РАН, 2011. [Электронный ресурс]. URL: http://archaeolog.ru/media/books_2011/Devlet.pdf .

Дэвлет М.А. Сибирские поясные ажурные пластины II в до н.э.–I в. н.э.. М.: Наука, 1980.

Дэвлет М.А. Петроглифы на кочевой тропе. М.: Наука, 1982.

Дэвлет М.А. Каменный ≪компас≫ в Саянском каньоне Енисея. М.: Научный мир, 2004.

Еркинова Р.М., Кубарев Г.В. Граффити Бичикту-Бома // Археология и этнография Алтая. Вып. 2. Горно-Алтайск: Ин-т алтаистики им. С.С. Суразакова, 2004.

Ефремов С.А. Проблемы выделения раннеголоценовых культур на Алтае // Палеоэкология плейстоцена и культуры каменного века Северной Азии и сопредельных территорий. Т. I. Новосибирск: Изд-во ИАЭ СО РАН, 1998.

Ефремов С.А. К вопросу о термине ≪мезолит≫ в Сибирской археологии // Проблемы археологии, этнографии, антропологии Сибири и сопредельных территорий. Новосибирск: Изд-во ИАЭ СО РАН, 1999.

Замоторин Л.М. Относительная хронология Пазырыкских курганов // СА., 1959.

Засецкая И.П. Культура кочевников южнорусских степей в гуннскую. СПб: Эллипс Лтд, 1994.

Захариева Е.И. Археологическое дерево как источник исторической информации: дендрохронология курганов Саяно-Алтая. Автореф. дис. … канд. ист. наук. Л., 1974.

Иванов В.В. Бык // Мифы народов мира. Энциклопедия. Т. 1.М.: Изд-воСов. Энцикл., 1987.

Иванов С.В. Скульптура алтайцев, хакасов и сибирских татар. Л.: Наука, 1979.

Иностранцев К. Хунну и гунны. 2-е изд., доп. Л.: Ленинград. ин-т живых восточных языков, 1926.

Кадиков Б.Х., Лапшин Б.И. Каратурук–новая стоянка каменного века Горного Алтая // Древние культуры Алтая и Западной Сибири. Новосибирск: Наука, 1978.

Каташ С.С. Мифы, легенды Горного Алтая. Горно-Алтайск: Алт. кн. изд-ва, 1978.

Кенин-Лопсан М.Б. Обрядовая практика и фольклор тувинского шаманства. Новосибирск: Наука, 1987.

Киреев С.М и др., Археологические памятники и объекты Майминского района. Горно-Алтайск: АКИН, 2008.

Кирюшин Ю.Ф и др., Местонахождение Соловьиная Лука // Проблемы археологии, этнографии, антропологии Сибири и сопредельных территорий. Т. VI. Новосибирск: Изд-во ИАЭ СО РАН, 2000.

Кирюшин Ю.Ф и др., Древнейшие могильники северных предгорий Алтая. Барнаул: Изд-во Алт. ун-та, 2000.

Кирюшин Ю.Ф и др., Коллекция древних орудий горнорудного дела с Алтая // Труды музея археологии и этнографии Сибири им. В.М. Флоринского. Т. 1. Томск: Изд-во Том. ун-та, 2002.

Кирюшин Ю.Ф. Энеолит и ранняя бронза юга Западной Сибири. Барнаул: Изд-во Алт. ун-та, 2002.

Кирюшин Ю.Ф и др., Погребальный обряд населения эпохи ранней бронзы Верхнего Приобья. Барнаул: Изд-во Алт. ун-та, 2003.

Кирюшин Ю.Ф и др., Неолитический комплекс поселения Тыткескень 6 // Проблемы археологии, этнографии, антропологии Сибири и сопредельных территорий. Т. XII. Ч. I. Новосибирск: Изд-во ИАЭ СО РАН, 2006.

Кирюшин Ю.Ф и др., Завершение работ на погребально-поминальном комплексе Тыткескень-VI // Проблемы археологии, этнографии, антропологии Сибири и сопредельных территорий. Т. XII. Ч. I. Новосибирск: Изд-во ИАЭ СО РАН, 2006.

Кирюшин Ю.Ф., Кирюшин К.Ю. Культурно-хронологические комплексы поселения Тыткескень-2. Барнаул: Изд-во Алт. ун-та, 2008.

Кирюшин Ю.Ф и др., Афанасьевские погребальные комплексы Средней Катуни. Барнаул: Изд-во Алт. ун-та, 2010.

Киселев С.В. Древняя история Южной Сибири М.: Изд-во АН СССР, 1951.

Кляшторный С.Г., Савинов Д.Г. Степные империи древней Евразии. СПб: Филол. ф-т СПбГУ, 2005.

Кляшторный С.Г., Султанов Т.И. Государства и народы Евразийских степей. Древность и средневековье. 2-е изд., испр. и доп. СПб: Петербургское Востоковедение, 2004.

Ковалев А.А. О происхождении хунну // Центральная Азия и Прибайкалье в древности. Улан-Удэ; Чита: Изд-во Бурят. ун-та, 2002.

Ковтун И.В. Фигурные навершия выгнутообушковых ножей сейминско-турбинского типа // Алтай в системе металлургических провинций бронзового века. Барнаул: Изд-во Алт. ун-та, 2006.

Коновалов П.Б. Хунну в Забайкалье. Улан-Удэ: Бурят. кн. изд-во, 1976.

Коновалов П.Б. О происхождении и ранней истории Хунну // 100 лет гуннской археологии. Номадизм: прошлое, настоящее в глобальном контексте и исторической перспективе. Ч. I. Улан-Удэ: Олзон, 1996.

Король Г.Г. Декоративное искусство Саяно-Алтая рубежа I–II тысячелетий н.э.: связь с мифологией и эпосом. Омск: Изд-во ОмГУ, 2004.

Король Г.Г. Искусство средневековых кочевников Евразии. Очерки. М.; Кемерово, 2008.

Королькова Е.Ф. Властители степей. СПб: ГЭ, 2006.

Кочеев В.А. Боевое оружие пазырыкцев // Древности Алтая. Известия лаборатории археологии. Горно-Алтайск, 1999.

Крадин Н.Н. Империя Хунну. 2-е изд., перераб. и доп. М.: Логос, 2001.

Крадин Н.Н и др., Социальная структура хунну Забайкалья. Владивосток: Дальнаука, 2004.

Крылова А.А., Павлюченко И.М. Орудия каменного века в Горном Алтае // КСИА. Вып. 2., 1962.

Кубарев В.Д. Мифологический сюжет ≪женщина и зверь≫ и его эволюция в петроглифах Алтая // Проблемы археологии, этнографии, антропологии Сибири и сопредельных территорий. Т. VI. Новосибирск: Изд-во ИАЭ СО РАН, 2000.

Кубарев В.Д. Бике-I, III: погребальные памятники скифской эпохи Средней Катуни // Древности Алтая. Известия лаборатории археологии. Горно-Алтайск, 2001а.

Кубарев В.Д. Шаманские сюжеты в петроглифах Алтая // Древности Алтая. Известия лаборатории археологии. Горно-Алтайск, 2001б.

Кубарев В.Д. К истокам скифо-сибирского звериного стиля // Древности Алтая. Известия лаборатории археологии. Горно-Алтайск, 2002а.

Кубарев В.Д. Образ оленя в петроглифах Алтая // Степи Евразии в древности и средневековье. Кн. II. Пиотровский. СПб: Изд-во ГЭ, 2002б.

Кубарев В.Д. Наскальное искусство Алтая. Новосибирск: Изд-во ИАЭ СО РАН., 2003.

Кубарев В.Д. Вооружение древних кочевников по петроглифам Алтая // Археология, этнография и антропология Евразии., 2004.

Кубарев В.Д. Диадемы и гривны из курганов древних кочевников Алтая // Археология, этнография и антропология Евразии., 2005.

Кубарев В.Д. Мифы и ритуалы, запечатленные в петроглифах Алтая // Археология, этнография и антропология Евразии., 2006.

Кубарев В.Д. Памятники каракольской культуры Алтая. Новосибирск: Изд-во ИАЭ СО РАН, 2009.

Кубарев В.Д. Петроглифы Калбак-Таша I. Новосибирск: Изд-во ИАЭ СО РАН, 2011.

Кубарев В.Д. Загадочные росписи Каракола. Новосибирск: Изд-во Сиб. Отд. РАН, 2013

Кубарев В.Д и др., Новый памятник каракольской культуры в с. Беш-Озек // Проблемы сохранения, использования и изучения памятников археологии. Горно-Алтайск: Изд-во ГАГУ, 1992.

Кубарев В.Д., Маточкин Е.П. Петроглифы Алтая. Новосибирск: Изд-во ИАЭ СО РАН, 1992.

Кубарев В.Д и др., Обследование петроглифов Алтая // Проблемы археологии, этнографии, антропологии Сибири и сопредельных территорий. Т. IX. Ч. I. Новосибирск: Изд-во ИАЭ СО РАН, 2003.

Кубарев В.Д., Шульга П.И. Пазырыкская культура. Барнаул: Изд-во Алт. ун-та, 2007.

Кубарев Г.В. Гравировки на плитах из раннетюркских оградок в урочище Ак-Кообы на Алтае // Наскальное искусство в современном обществе. К 290-летию научного открытия Томской писаницы. Т. 2. Кемерово: Кузбассвузиздат, 2011.

Куклина И.В. Этногеография Скифии по античным источникам. Л.: Наука, 1985.

Кулькова М.А и др., Развитие археологических культур и климатические изменения в евразийских степях Южной Сибири в голоцене // Чтения, посвящ. 100-летию деятельности Василия Алексеевича Городцова в Государственном Историческом музее. Ч. 1. М.: ГИМ, 2003.

Кунгуров А.Л., Маркин М.М. Каменные индустрии многослойного памятника Камешок 1 // Проблемы изучения древней и средневековой истории. Барнаул: Изд-во Алт. ун-та, 2001.

Кунгуров А.Л., Маркин М.М. Палеолит юго-западного и южного Присалаирья // Проблемы археологии, этнографии, антропологии Сибири и сопредельных территорий. Т. VIII. Новосибирск: Изд-во ИАЭ СО РАН, 2002.

Кунгуров А.Л., Маркин М.М. Палеолитическая стоянка Точка 2 // Сохранение и изучение культурного наследия Алтайского края. Вып. XIII. Барнаул: Изд-во Алт. ун-та, 2003.

Кунгуров А.Л., Онников А.В., Тишкин А.А. Каменная индустрия эпохи неолита с поселения Рубцовское // Проблемы неолита-энеолита юго-западной Сибири. Кемерово: КемГУ, 1998.

Кунгуров А.Л., Степанова Н.Ф. Каменная индустрия афанасьевского поселения Узнезя 1 // Проблемы археологии, этнографии, антропологии Сибири и сопредельных территорий. Т. X. Ч. 1. Новосибирск: Изд-во ИАИЭ СО РАН, 2004.

Кунгуров А.Л., Шульга П.И. Находки каменного века в устье р. Каралька // Древности Алтая. Известия лаборатории археологии. Горно-Алтайск, 1999.

Кунгурова Н.Ю. Древнее поселение в устье Куюма // Материалы к изучению прошлого Горного Алтая . Горно-Алтайск: ГАНИИИЯЛ, 1991.

Кунгурова Н.Ю. Технологические традиции населения большемысской культуры предгорной зоны Алтая // Древности Алтая. Известия лаборатории археологии. Горно-Алтайск, 1998.

Кунгурова Н.Ю. Могильник Солонцы-5. Культура погребенных неолита Алтая. Барнаул: Изд-во Юридического ин-та МВД России, 2005.

Кунгурова Н.Ю., Мамадаков Ю.Т. Каменный ≪утюжок≫ из Горного Алтая // Погребальные и поселенческие комплексы эпохи бронзы Горного Алтая. Барнаул: Изд-во Алт. ун-та, 2006.

Кунгурова Н.Ю., Степанова Н.Ф. Проявление традиций в каменном инвентаре поселения малый Дуган // Древние поселения Алтая. Барнаул: Изд-во Алт. ун-та, 1998.

Кызласов Л.Р. Начало сибирской археологии // Историко-археологический сборник. М.: МГУ, 1962.

Лапшин Б.И. История исследования алтайского палеолита // Археология и этнография Алтая. Барнаул: Изд-во Алт. ун-та, 1982а.

Лапшин Б.И. Каменные орудия из района слияния Бии и Катуни // Археология Северной Азии. Новосибирск: Наука, 1982б.

Лапшин Б.И., Кадиков Б.Х. Позднепалеолитическая стоянка у с. Майма в Горном Алтае (по материалам Бийского краеведческого музея) // Проблемы западносибирской археологи: Эпоха камня и бронзы. Новосибирск: Наука, 1981.

Лапшин Б.И и др., Поселение Лебедь 1 в Горном Алтае // Археология и этнография Алтая. Барнаул: Изд-во Алт. ун-та, 1982.

Ларин О.В. Новые материалы эпохи ранней бронзы из Горного Алтая // Проблемы изучения культуры населения Горного Алтая. Горно-Алтайск: ГАНИИИЯЛ, 1988.

Ларин О.В. Афанасьевская культура Горного Алтая: могильник Сальдяр-1. Барнаул: Изд-во Алт. ун-та, 2005.

Ларичев В.Е. Палеолит Северной, Центральной и Восточной Азии. Ч. 2. Новосибирск: Наука, 1972.

Левина Л.М. Этнокультурная история Восточного Приаралья. I тысячелетие до н.э.–I тысячелетие н.э. М.: Вост. лит., 1996.

Левина Т.П., Орлова Л.А. Климатические ритмы голоцена юга Западной

Сибири // Геология и геофизика., 1993.

Липец Р.С. Образы батыра и его коня в тюрко-монгольском эпосе. М.: Наука, 1984.

Маадай-Кара. Алтайский героический эпос. М.: Наука, 1973.

Майногашева В.Е. Некоторые сюжеты сивого (синего) и черного быков в фольклоре саяно-алтайских тюркоязычных народов // Алтайский фольклор и литература. Горно-Алтайск: Алт. кн. изд-во, 1982.

Мамадаков Ю.Т и др., Новые памятники каменного века Нижней Катуни // Полевые исследования в Верхнем Приобье, Прииртышье и на Алтае. 2011–2012. Барнаул: Изд-во БГПУ, 2013.

Мандельштам А.М и др., Гунно-сарматский период на территории Тувы // Степная полоса азиатской части СССР в скифо-сарматское время. М.: Наука, 1992.

Маркин М.М. Археологический комплекс второго культурного слоя многослойного памятника Ушлеп 6 // Древние поселения Алтая. Барнаул: Изд-во Алт. ун-та, 1998.

Маркин С.В. Неолитическое погребение Северо-Западного Алтая // Археология, этнография и антропология Евразии. № 2 (2)., 2000.

Марсадолов Л.С. Комплекс памятников в Семисарте на Алтае. СПб: ГЭ, 2001.

Марсадолов Л.С. Работы Саяно-Алтайской экспедиции в 2003г.//Археологические экспедицииза2003г.СПб:Изд-воГЭ, 2004.

Марсадолов Л.С. Звездные аспекты сакральных колесниц из Турции, Китая и Алтая // Наскальное искусство в современном обществе. Кемерово: Кузбассвузиздат, 2011.

Марсадолов Л.С и др., Корреляция дендрохронологических и радиоуглеродных определений для больших курганов Саяно-Алтая // Элитные курганы степей Евразии в скифо-сарматскую эпоху. СПб: Фонд фундаментальных исследований РАН, 1994.

Мартынов А.И. О мировоззренческой основе искусства скифо-сибирского мира // Скифо-сибирский мир. Новосибирск: Наука, 1987.

Мартынов А.И и др., Священные горы Каракольской долины. Кемерово: Книга, 2013.

Мартынов А.И и др., Бичикту-Бом–святилище Горного Алтая. Горно-Алтайск: ГАГУ, 2006.

Мартынов А.И и др., Туру-Алты (Карачат). Кемерово: Книга, 2010.

Маточкин Е.П. Петроглифы Зеленого Озера–памятник эпохи бронзы Алтая // Археология, этнография и антропология Евразии., 2000.

Маточкин Е.П. Древние образы в искусстве Горного Алтая // Наскальное искусство в современном обществе. К 290-летию научного открытия Томской писаницы. Т. 2. Кемерово: Кузбассвузиздат, 2011а.

Маточкин Е.П. Красные маралы Сатакулара (Республика Алтай) // Археология, этнография и антропология Евразии., 2011б.

Маточкин Е.П и др, Петроглифы реки Дебелю // Изучение историко-культурного наследия народов Южной Сибири. Вып. 7. Горно-Алтайск: АКИН, 2008.

Медникова М.Б. Локтевая кость представителя рода Homo из Чагырской пещеры на Алтае (морфология и таксономия) // Археология, этнография и антропология Евразии, 2013.

Миклашевич Е.А. К вопросу о времени функционирования ≪святилища≫ Бичикту-Бом // Древние и современные культовые места Алтая. Барнаул: АРТИКА, 2011.

Миклашевич Е.А. Техника гравировки в наскальном искусстве скифского времени // Изобразительные и технологические традиции в искусстве Северной и Центральной Азии. М.; Кемерово: Кузбассвузиздат, 2012.

Миклашевич Е.А., Бове Л.Л. Исследование памятников наскального искусства в Онгудайском районе Республики Алтай в 2009 году // Проблемы археологии, этнографии, антропологии Сибири и сопредельных территорий. Т. XV. Новосибирск: Изд-во ИАЭ СО РАН, 2009.

Миклашевич Е.А., Бове Л.Л. Исследование петроглифов горы Торгун в Онгудайском районе Республики Алтай // Проблемы археологии, этнографии, антропологии Сибири и сопредельных территорий. Т. XVI. Новосибирск: Изд-во ИАЭ СО РАН, 2010.

Миклашевич Е.А., Бове Л.Л. Документирование петроглифов горы Торгун (Горный Алтай) // Проблемы археологии, этнографии, антропологии Сибири и сопредельных территорий. Т. XVII. Новосибирск: Изд-во ИАЭ СО РАН, 2011.

Миклашевич Е.А., Мухарева А.Н. Новые петроглифы Калбак-Таша. К вопросу о расчистке наскальных рисунков от лишайников // Древнее искусство в зеркале археологии. К 70-летию Д. Г. Савинова. Кемерово: Кузбассвузиздат, 2011.

Минасян Р.С. К вопросу о влиянии техники производства на происхождение некоторых особенностей скифо-сибирского звериного стиля // Археологический сборник ГЭ. Вып. 29. Пиотровский. Л.: Искусство, 1988.

Миняев С.С. Дырестуйский могильник. СПб: Фонд ≪АзиатИКА≫, 1998.

Миняев С.С., Сахаровская Л.М. Элитный комплекс захоронений сюнну в пади Царам // РА. 2007.

Михайлов Н.И. Горы Южной Сибири. М., 1961.

Михайлов Н.Н., Редькин А.Г. Плоскогорье в позднеледниковое и послеледниковое время // Феномен алтайских мумий. Новосибирск: ИАЭ СО РАН, 2000.

Михайлов Ю.И. Проблемы хронологии позднеафанасьевских комплексов Горного Алтая // Археолого-этнографический сборник. Кемерово: Изд-во КемГУ, 2003.

Могильников В.А. Курганы Кызыл-Джар I, VIII–памятник пазырыкской культуры Алтая // Вопросы археологии и этнографии Алтая. Горно-Алтайск: ГАНИИИЯЛ, 1983.

Могильников В.А. Некоторые аспекты этнокультурного развития Горного Алтая в раннем железном веке // Материалы по археологии Горного Алтая. Горно-Алтайск: ГАНИИИЯЛ, 1986.

Могильников В.А. Курганы Кер-Кечу // Проблемы изучения культуры населения Горного Алтая. Горно-Алтайск: ГАНИИИЯЛ, 1988.

Могильников В.А. Хунну Забайкалья // Степная полоса азиатской части СССР в скифо-сарматское время. М.: Наука, 1992.

Могильников В.А. Курган 2 могильника Карасу-II и некоторые аспекты внешних контактов населения Алтая второй половины I тыс. до н.э. // Проблемы изучения культурно-исторического наследия Алтая. Горно-Алтайск: ГАНИИИЯЛ, 1994.

Могильников В.А. Население Верхнего Приобья в середине–второй половине I тысячелетия до н.э. М.: ИА РАН, Пущинский научный центр РАН, 1997.

Молодин В.И. Еще раз о датировке Турочакских писаниц: Некоторые проблемы хронологии и культурной принадлежности петроглифов Южной Сибири // Культура древних народов Южной Сибири. Барнаул: Изд-во Алт. ун-та, 1993.

Молодин В.И. Древности плоскогорья Укок: тайны, сенсации, открытия. Научно-популярные очерки. Новосибирск: Инфолио-Пресс, 2000а.

Молодин В.И. Пазырыкская культура: проблемы этногенеза, этнической истории и исторических судеб // Археология, этнография и антропология Евразии, 2000б.

Молодин В.И и др., Мультидисциплинарный анализ носителей пазырыкской культуры // Скифы и сарматы в VII–III вв. до н.э.: палеоэкология, антропология и археология. М.: Наука, 2000.

Молодин В.И. Горный Алтай в эпоху бронзы // История Республики Алтай. Т. 1. Горно-Алтайск: Ин-т алтаистики им. С.С. Суразакова, 2002.

Молодин В.И и др., Археологические памятники плоскогорья Укок. Новосибирск: Изд-во ИАЭ СО РАН, 2004.

Молодин В.И. Каракольская культура // Окуневский сборник 2. СПб: СПбГУ, 2006.

Молодин В.И и др., Культовый комплекс Куйлю (Кучерла I): Преемственность иррационального опыта // Археология, этнография и антропология Евразии., 2008.

Молодин В.И., Алкин С.В. Памятники афанасьевского времени на северо-западе Китая (Синьцзян) // Афанасьевский сборник 2. Барнаул: Изд-во Алт. ун-та, 2012.

Мордвинцева В., Хабарова Н. Древнее золото Поволжья из фондов Волгоградского областного краеведческого музея. Симферополь: Тарпан, 2006.

Новгородова Э.А. Древняя Монголия. М.: Наука, 1989.

Новоженов В.А. Наскальные изображения повозок Средней и Центральной Азии. Алматы: Аргументы и факты, 1994.

Окладников А.П. К вопросу о мезолите и эпипалеолите в азиатской части СССР // У истоков древних культур. М.: Наука, 1966.

Окладников А.П. Улалинка–древнейшее палеолитическое поселение Сибири // МИА. М.: Наука, 1972.

Окладников А.П и др., Первоначальное освоение человеком Сибири и Дальнего Востока // Первобытный человек, его материальная культура и природная среда в плейстоцене и голоцене. М.: Наука, 1974.

Окладников А.П и др., Турочакская писаница // Древние культуры Алтая и Западной Сибири. Новосибирск: Наука, 1978.

Окладников А.П и др., Петроглифы долины реки Елангаш. Новосибирск: Наука, 1979.

Окладников А.П. Палеолитическая стоянка Кара-Бом в Горном Алтае // Палеолит Сибири. Новосибирск: Наука, 1983.

Окладников А.П., Окладникова Е.А. Древние рисунки Кызыл-Кёля. Новосибирск: Наука, 1985.

Окладников А.П и др., Петроглифы Горного Алтая. Новосибирск: Наука, 1980.

Окладников А.П и др., Петроглифы Чанкыр-кёля. Алтай. Елангаш. Новосибирск: Наука, 1981.

Окладников А.П и др., Петроглифы урочища Сары-Сатак. Новосибирск: Наука, 1982.

Окладникова Е.А. Петроглифы Средней Катуни. Новосибирск: Наука, 1984.

Окладникова Е.А. Граффити Кара-Оюка, Восточный Алтай // Материальная и духовная культура народов Сибири. Л.: Наука, 1988.

Окладникова Е.А. Петроглифы урочища Шалкобы // Новое в этнографии: Полевые исследования. М.: Наука, 1989.

Окладникова Е.А. Тропою Когульдея. Л.: Лениздат, 1990.

Окладникова Е.А. Эстетический мир неолитического населения Горного Алтая // Окно в неведомый мир. Сб. статей к 100-летию со дня рождения акад. Новосибирск: Изд-во ИАЭ СО РАН, 2008.

Окладникова Е.А. Решетчатые фигуры Калбак-Таш // Наскальное искусство в современном обществе. К 290-летию научного открытия Томской писаницы. Т. 2. Кемерово: Кузбассвузиздат, 2011а.

Окладникова Е.А. Решетчатые фигуры на горе Калбак-Таш (Горный Алтай) // Археология, этнография и антропология Евразии., 2011б.

Октябрьская И.В и др., Оружие, достойное мужчин // Гуманитарные науки в Сибири., 1999.

Орлова Л.А. Радиоуглеродное датирование археологических памятников Сибири и Дальнего Востока // Методы естественных наук в археологических реконструкциях. Ч. II. Новосибирск: Изд-во ИАЭ СО РАН, 1995.

Палеолит СССР / Ред. Б.А. Рыбаков. М.: Наука, 1984.

Погожева А.П., Кадиков Б.Х. Могильник эпохи бронзы у поселка Озерное на Алтае // Новое в археологии Сибири и Дальнего Востока. Новосибирск: Наука, 1979.

Погожева А.П., Кадиков Б.Х. Раскопки многослойного поселения Кара-Тенеш в 1976 г. // Новое в археологии Сибири и Дальнего Востока. Новосибирск: Наука, 1980.

Погожева А.П., Молодин В.И. Раскопки на поселении Кара-Тенеш (1978г.) // Археологическийпоиск. СевернаяАзия. Новосибирск: Наука, 1980.

Погожева А.Н и др., Эпоха энеолита и бронзы Горного Алтая. Ч. 1. Барнаул: Азбука, 2006.

Полосьмак Н.В. Исследование памятников скифского времени на Укоке // ALTAICA. Вып. 3. Новосибирск, 1993.

Полосьмак Н.В. Пазырыкская культура // Древние культуры Бертекской долины. Новосибирск: Наука, 1994а.

Полосьмак Н.В. ≪Стерегущие золото скифы≫ (Ак-алахинские курганы). Новосибирск: Наука, 1994б.

Полосьмак Н.В. Всадники Укока. Новосибирск: Инфолио-Пресс, 2001.

Полосьмак Н.В., Молодин В.И. Памятники пазырыкской культуры на плоскогорье Укок // Археология этнография и антропология Евразии. Новосибирск, 2000.

Полторацкая В.Н. Могильник Березовка I // Археологический сборник ГЭ. Л.: Изд-во ГЭ, 1961.

Поляков А.В. Памятники афанасьевской культуры на северном берегу озера Итколь // Афанасьевский сборник. Барнаул: Азбука, 2010.

Потапов Л.П. Лук и стрела в шаманстве алтайцев // СЭ., 1934.

Потапов Л.П. Мифы алтае-саянских народов как исторический источник // Вопросы археологии и этнографии Горного Алтая. Горно-Алтайск, 1983.

Потапов Л.П. Алтайский шаманизм. Л.: Наука, 1991.

Руденко С.И. Горноалтайские находки и скифы. М.; Л.: Изд-во АН СССР, 1952.

Руденко С.И. Культура населения Горного Алтая в скифское время. М.; Л.: Изд-во АН СССР, 1953.

Руденко С.И. Культура населения Центрального Алтая в скифское время. М.; Л.: Изд-во АН СССР, 1960а.

Руденко С.И. Усть-Канская пещерная палеолитическая стоянка // МИА. № 79. М.: Наука, 1960б.

Руденко С.И. Сибирская коллекция Петра I. М.;Л.: Изд-во АН СССР, 1969.

Савинов Д.Г. К выделению ранних и поздних элементов в культуре Пазырыкского времени // Ранние кочевники Средней Азии и Казахстана. Л.: Наука, 1975.

Савинов Д.Г. О завершающем этапе культуры ранних кочевников Горного Алтая // КСИА., 1978.

Савинов Д.Г. Погребения скифского времени в долине Узунтал // Материалы по истории и этнографии Горного Алтая. Горно-Алтайск: Горно-Алтайская типография, 1993.

Савинов Д.Г. Ранние кочевники Верхнего Енисея. СПб: Изд-во СПбГУ, 2002.

Савинов Д.Г. Ритуальная сфера в наскальных изображениях эпохи бронзы Саяно-Алтайского нагорья // Мир наскального искусства. М.: ИА РАН. 2005.

Сагалаев А.М. Мифология и верования алтайцев. Новосибирск: Наука, 1984.

Сагалаев А.М. Урало-алтайская мифология. Символ и архетип. Новосибирск: Наука, 1991.

Сагалаев А.М. Алтайцы: старая религия и ≪новая≫ идеология // Народы Сибири: права и возможности. Новосибирск: Изд-во ИАЭ СО РАН, 1997.

Сагалаев А.М. К проблеме ≪вещь≫ и ≪миф≫ в культуре урало-алтайских народов // Пространство культуры в археолого-этнографическом измерении. Томск: Изд-во ТГУ, 2001.

Сагалаев А.М и др., Традиционное мировоззрение тюрков Южной Сибири: Наука, 1990.

Самашев З. Берел. Алматы: Изд. дом ≪Таймас≫, 2011.

Самашев З., Базарбаева Г., Жумабекова Г., Сунгатай С. Берел. Алматы: ИА МОН РК, 2000.

Семенов Вл.А. Неолит и Бронзовый век Тувы. СПб: ЛНИАО, 1992.

Семибратов В.П. Финальномезолитический комплекс поселения Тыткескень 3 // Археология Горного. Барнаул: Изд-во Алт. ун-та, 1994.

Сергеев С.М. Позднепалеолитическая стоянка в окрестностях г. Бийска Алтайского края // Бюллетень Московского Об-ва испытателей природы. Новая серия., 1939.

Сказки и предания алтайских тувинцев / Собраны Э. Таубе. М.: Вост. лит., 1994.

Советова О.С. Изобразительные ≪стандарты≫–эпические ≪метафоры≫ // Изобразительные памятники: стиль, эпоха, композиции. СПб: Ист. ф-т СПбГУ, 2004.

Соенов В.И. Костяные гребни гунно-сарматского времени Горного Алтая // Сохранение и изучение культурного наследия Алтайского края. Вып. IX. Барнаул: Изд-во Алт. ун-та, 1998.

Соенов В.И. Раскопки на могильнике Сары-Бел // Древности Алтая. Известия лаборатории археологии. Горно-Алтайск, 1999.

Соенов В.И. Археологические памятники Горного Алтая гунно-сарматской эпохи. Горно-Алтайск: ГАГУ, 2003.

Соенов В.И. Петроглифы Калбак-Таша // Алтай–сокровище культуры. М.: НИИЦентр, 2004.

Соенов В.И., Ойношев В.П. Археологические памятники и объекты Шебалинского района. Горно-Алтайск: АКИН, 2006.

Соенов В.И., Эбель А.В. Курганы гунно-сарматской эпохи на Верхней Катуни. Горно-Алтайск: Горно-Алт. гос. пединститут, 1992.

Соловьев А.И. Оружие и доспехи. Сибирское вооружение: от каменного века до средневековья. Новосибирск: Инфолио-Пресс, 2003.

Сорокин С.С. Памятники ранних кочевников верховьях реки Бухтармы // Археологический сборник ГЭ. Вып. 8. Л.: Изд-во ГЭ, 1966.

Сорокин С.С. Большой Берельский курган (полное издание раскопок 1965 и 1969 гг. // Труды Гос. Эрмитажа. Т. X. Л.: Сов. художник, 1969а.

Сорокин С.С. Новый памятник VII–VI вв. до н.э. на Южном Алтае // СА., 1969б.

Сорокин С.С. Погребения эпохи великого переселения народов в районе Пазырыка // Археологический сборник ГЭ. Вып. 18. Л., 1977.

Сорокин С.С. Отражение мировоззрения ранних кочевников Азии в памятниках материальной культуры // Культура Востока. Древность и раннее средневековье. Л.: Аврора, 1978.

Сосновский Г.П. Новые палеолитические местонахождения Южной Сибири //

КСИИМК., 1940.

Сосновский Г.П. Палеолитическая стоянка у с. Сростки на р. Катуни // Палеолит и неолит СССР. М.: Изд-во АН СССР, 1941.

Степанова Н.Ф. Куюмский тип памятников VIII–VI вв. до н.э. // Скифская эпоха Алтая. Барнаул: Изд-во Алт. ун-та, 1986.

Степанова Н.Ф. Погребения в каменных ящиках и их датировка // Погребальный обряд древних племен Алтая. Барнаул: Изд-во Алт. ун-та, 1996.

Степанова Н.Ф. Памятники эпохи бронзы Горного Алтая // Древности Алтая. Известия лаборатории археологии. Горно-Алтайск, 2001.

Степанова Н.Ф. К вопросу об адаптации населения афанасьевской культуры Горного Алтая // Культурно-экологические области: взаимодействие традиций и культурогенез. СПб: ИИМК РАН, СПбГУ, 2007.

Степанова Н.Ф. Афанасьевская культура: особенности погребального обряда памятников Горного Алтая и Среднего Енисея // Древние и средневековые кочевники Центральной Азии. Барнаул: Азбука., 2008.

Степанова Н.Ф., Соенов В.И. Археологические памятники и объекты Чемальского района. Горно-Алтайск: АКИН, 2009.

Степанова Н.Ф., Цыб С.В. Погребение эпохи бронзы у с. Кара-Коба // Археология, антропология и этнография Сибири / Ред. Ю.Ф. Кирюшин. Барнаул: Изд-во Алт. ун-та, 1996.

Степная полоса азиатской части СССР в скифо-сарматское время. М.: Наука, 1992.

Суразаков С.С. О проблемах изучения героического эпоса алтайцев // Алтайский фольклор и литература. Горно-Алтайск: Алт. кн. изд-во, 1982.

Суразаков С.С. Алтайский героический эпос. Л.: Наука, 1985.

Суразаков А.С. Раскопки памятников Курота-II и Кор-Кобы-I // Проблемы изучения древней и средневековой истории Горного Алтая. Горно-Алтайск: ГАНИИИЯЛ, 1990.

Суразаков А.С., Тишкин А.А. Археологический комплекс Кызык-Телань-I в

Горном Алтае и результаты его изучения. Барнаул: Азбука, 2007.

Суразаков А.С. Мировоззрение древнего населения Алтая: Методическое пособие. Горно-Алтайск, 2013.

Таиров А.Д. Кочевники Урало-Казахстанских степей в VII–VI вв. до н.э. Челябинск: Изд-во ЮУрГУ, 2007.

Такахама Шу. Происхождение котлов хуннуского типа // Современные решения актуальных проблем евразийской археологии. Барнаул: Изд-во Алт. ун-та, 2013.

Теплоухов С.А. Опыт классификации древних металлических культур Минусинского края // Материалы по этнографии. Т. IV. Вып. 2. СПб: Этнограф. отдел Русского музея, 1929.

Тетерин Ю.В. Гривны гунно-сарматской эпохи Южной Сибири // Древности Алтая. Известия лаборатории археологии. Горно-Алтайск, 2001.

Тишкин А.А. Бийкенское святилище в Горном Алтае // Святилища: археология ритуала и вопросы семантики. СПб: СПбГУ, 2000.

Тишкин А.А. О соотношении бийкенской и майэмирской археологических культур Алтая раннескифского времени // Степи Евразии в древности и средневековье. Кн. II. СПб: ГЭ, 2003.

Тишкин А.А. О необходимости междисциплинарного изучения материалов гунно-сарматского времени Горного Алтая // Комплексные исследования древних и традиционных обществ. Барнаул: Изд-во Алт. ун-та, 2004.

Тишкин А.А. Возможности реконструкции женской одежды хуннуского времени по археологическим материалам из Горного Алтая // Снаряжение кочевников Евразии. Барнаул: Изд-во Алт. ун-та, 2005а.

Тишкин А.А. Керамические сосуды из курганов хуннуского времени могильника Яломан-II // Западная и Южная Сибирь в древности. Барнаул: Изд-во Алт. ун-та, 2005б.

Тишкин А.А. Проблема происхождения бийкенской культуры Алтая раннескифского времени и выделение основных этапов ее развития // Социогенез в Северной Азии. Ч. 1. Иркутск: Изд-во ИрГТУ, 2005в.

Тишкин А.А. Историко-культурное наследие Алтая. Вып. 1: Древности Онгудайского района. Барнаул: Азбука, 2006а.

Тишкин А.А. Китайские зеркала из памятников ранних кочевников Алтая // Россия и АТР., 2006б.

Тишкин А.А. Китайские изделия в материальной культуре кочевников Алтая // Этноистория и археология Северной Евразии. Иркутск; Эдмонтон: Изд-во ИрГТУ, 2007.

Тишкин А.А. Создание периодизационных и культурно-хронологических схем: исторический опыт и современная концепция изучения древних и средневековых народов. Барнаул: Изд-во Алт. ун-та, 2007б.

Тишкин А.А. Алтай в хуннуское время // Изучение историко-культурного наследия Центральной Евразии. Маргулановские чтения–2008. Караганда: Караганд. гос. ун-т им. Е.А. Букетова [и др.], 2009.

Тишкин А.А. Предметы торевтики хуннуского времени из памятника Яломан-II (Центральный Алтай) // Торевтика в древних и средневековых культурах Евразии. Барнаул: Изд-во Алт. ун-та, 2010б.

Тишкин А.А. Бийкенская археологическая культура., 2011б.

Тишкин А.А. Деревянные находки из памятника Яломан-II на Алтае // Теория и практика археологических исследований. Вып. 6. Барнаул: Изд-во Алт. ун-та, 2011в.

Тишэньцзинь А.А и др., Цзиньшу цзин: Аэртай гудай хэ чжуншицзидэ цзыляо: Вэньу чубаньшэ, 2012.

Уваров В.Я. Археология России. Каменный период. М., 1881.

Улагашев Н.У. Малчы-Мерген. Алтайский героический эпос. Ойротское обл. нац. изд-во, 1947.

Феномен алтайских мумий. Новосибирск: Изд-во ИАЭ СО РАН, 2000.

Фролов Я.В. Бронзовый нож финальной бронзы–раннескифского времени из Горного Алтая // Погребальные и поселенческие комплексы эпохи бронзы Горного Алтая. Барнаул: Изд-во Алт. ун-та, 2006.

Хлобыстина М.Д. Древнейшие могильники Горного Алтая // СА., 1975.

Хлопина И.Д. Из мифологии и традиционных религиозных верований шорцев // Этнография народов Алтая и Западной Сибири. Новосибирск: Наука, 1978.

Худяков Ю.С. Хронология могильника Усть-Эдиган // Проблемы хронологии и периодизации археологических памятников Южной Сибири. Барнаул: Изд-во Алт. ун-та, 1991.

Худяков Ю.С. Эволюция сложносоставного лука у кочевников Центральной Азии // Военное дело населения юга Сибири и Дальнего Востока. Новосибирск: Изд-во ИАЭ СО РАН, 1993.

Худяков Ю.С. Вооружение кочевников Горного Алтая хуннского времени // Древности Алтая. Известия лаборатории археологии. Горно-Алтайск, 1997а.

Худяков Ю.С. Новые находки хуннского времени из могильника Усть-Эдиган в Горном Алтае // Источники по истории Республики Алтай. Горно-Алтайск, 1997б.

Худяков Ю.С. Зеркала могильника Усть-Эдиган // Древности Алтая. Горно-Алтайск, 1998а.

Худяков Ю.С. Керамика хуннского времени из долины р. Эдиган // Древние поселения Алтая. Барнаул: Изд-во Алт. ун-та, 1998б.

Худяков Ю.С. Проблема генезиса культуры хуннского времени в Горном Алтае // Древности Алтая. Горно-Алтайск, 1998в.

Цейтлин С.М. Геология палеолита Северной Азии. М.: Наука, 1979.

Цыб С.В. Относительная хронология погребальных памятников афанасьевской культуры Южной Сибири // Хронология и культурная принадлежность памятников каменного и бронзового веков Южной Сибири. Барнаул: Изд-во Алт. ун-та, 1988.

Черемисин Д.В. Петроглифы в устье р. Чуи (Горный Алтай) // Проблемы изучения наскальных изображений в СССР. М.: ИА АН СССР, 1990.

Черемисин Д.В. Исследования петроглифов Южного Алтая в 1996 г. // Новейшие археологические и этнографические открытия в Сибири. Новосибирск: Изд-во ИАЭ СО РАН, 1996.

Черемисин Д.В. Петроглифы левого берега реки Чуи (Горный Алтай) // Наскальное искусство Азии. Вып. 2. Кемерово: Кузбассвузиздат, 1997.

Черемисин Д.В. Исследование наскальных изображений долины Чаганка (Алтай) в 2001 г. // Вестник САИПИ. Кемерово, 2001.

Черемисин Д.В. Наскальная композиция с изображением колесницы и ≪танцоров≫ из Чаганки (Кара-Оюк), Алтай // Археология, этнография и антропология Евразии., 2003.

Черемисин Д.В. К дискуссии об информативности петроглифов и методах их изучения // Археология, этнография и антропология Евразии., 2006.

Черемисин Д.В. Несколько наблюдений над граффити Горного Алтая // Древнее искусство в зеркале археологии. К 70–летию Д.Г. Савинова. Кемерово: Кузбассвузиздат, 2011.

Чикишева Т.А. Вопросы происхождения кочевников Горного Алтая эпохи раннего железа по данным антропологии // Археология, этнография и антропология Евразии., 2000.

Членова Н.Л. Карасукские кинжалы. М.: Наука, 1976.

Чугунов К.В. Аржан–источник // Аржан: Источник в Долине царей. Археологические открытия в Туве. СПб: Славия, 2004.

Шер Я.А. Петроглифы Средней и Центральной Азии. М.: Вост. лит., 1980.

Шер Я.А. Петроглифы – древнейший изобразительный фольклор // Наскальное искусство Азии. Вып. 2. Кемерово: Кузбассвузиздат, 1997.

Шефер А. Опыт реконструкции одного сюжета нартского эпоса на базе археологических материалов кочевников Центральной Азии гунно-сарматского времени // Культуры степной Евразии и их взаимодействие с древними цивилизациями. Кн. 1. СПб: ИИМК РАН, Периферия, 2012.

Шмидт А.В и др., Погребальные комплексы эпохи неолита-энеолита лесостепной и предгорной зоны Алтая // Сохранение и изучение культурного наследия Алтайского края. Барнаул: Изд-во Алт. ун-та, 2009.

Шульга П.И. Снаряжение верховой лошади и воинские пояса на Алтае. Ч. I. Барнаул: Азбука, 2008.

Шульга П.И. Захоронения эпохи энеолита-бронзы из могильников Щучий Лог и Усть-Теплая // Афанасьевский сборник. Барнаул: Азбука, 2010.

Шульга П.И и др., Новотроицкий некрополь. Барнаул: Изд-во Алт. ун-та, 2009.

Шуньков М.В. История изучения палеолита Алтая // Археологические исследования на Алтае. Барнаул: Изд-во Алт. ун-та, 1987.

Шуньков М.В. Мустьерские памятники межгорных котловин Центрального Алтая. Новосибирск: Наука, 1990.

Шуньков М.В. Древнейшая история Алтая., 2013.

Эрдэнэбаатар и др., Хуннское оружие дистанционного боя из могильника Эгин-Гол в Северной Монголии // Вестник НГУ. Серия: История, филология., 2003.

Alekseev A.Yu., Bokovenko N.A., Boltrik Yu., Chugunov K.V., Cook G., Dergachev V.A., Kovaliukh N.N., Possnert G., van der Plicht J., Scott E.M., Sementsov A.A., Skripkin V.V., Vasiliev S.S., Zaitseva G.I. A chronology of the Scythian antiquities of Eurasia based on new archaeological and 14C data // Radiocarbon., 2001.

Barkova L. La cultura dei Nomadi dell'Altaj // Siberia / Eds G. Popesku, A. Alekseev, J. Piotrovskij. SPb: Museo Statale dell'Ermitage; Milano: Electa, 2001.

Célestin-Lhopiteau I. A Testimony of the Present Use of Rock Art by a Bouriat Shaman in Siberia (Russian Federation) // International Newsletter on Rock Art., 2009.

Cheremisin D.V. New Information Concerning Chariot Images in the Altai // International Newsletter on Rock Art., 2008.

Grjasnow M. Südsibirien / Ed. J. Marcadé. Geneva; Paris; Munich: Nagel Publishers, 1970.

Gryaznov M.P. South Siberia / Ed. J. Marcadé. Geneva; Paris; Munich: Nagel Publishers, 1969.

Jettmar K. Die friien Steppenvolker. Baden-Baden, 1964.

Kilian M.R., van der Plicht J., van Geel B. Dating raised bogs: new aspects of AMS

Cwigglematching, areservoireffectandclimaticchange // QuaternaryScienceReviews, 1995.

Kirjushin Y.F., Kungurow A.L. Polylajer Settelment Titkeshen 6 on Middle Katun // Korean Ancient Historical Society, 1995.

Kubarev G., Rozwadowski A., Kubarev V. Recent Rock Art Research in the Altai Mountains (Russia) // International Newsletter on Rock Art, 2004.

Martynov P.A. The Suterloo Sanctuary in the Gorny Altai // International Newsletter on Rock Art, 1995.

Matochkin E.P. Petroglyphs of the Green Lake in the Altai Mountains // International Newsletter on Rock Art, 2004.

Miklashevich E.A. Rock Art Research in Siberia and Central Asia 2000–2004 // NEWS of the World 3. Oxford: Oxbow monographs, 2008.

Rice T. The Scythians. L., 1957.

Rudenko S.I. Frozen Tombs of Siberia: The Pazyryk burials of iron age horsemen / Transl. by M.W. Thomson. Berkeley; Los Angeles: Univ. Calif. Press, 1970.

Seifert M., Sljusarenko I. Dendrochronologische Daten von Graebern der Pazyrik-Kultur (5./4. Jh. v. Chr.) im Altai // Dendrochronologia, 1996.

Sulimirski T. The Sarmatians. L.: Thames and Hudson; N.Y.: Praeger, 1970.

Tcheremissine D. Rock Art Site Prospection in the Valleys of the Tchagan River (Altai): Results of 2002 Studies // International Newsletter on Rock Art., 2003.

Tishkin A.A. Characteristic burials of the xiongnu period at Ialoman-II in the Altai // Xiongnu archaeology. Bonn: Rheinische Friedrich-Wilhelms-Universitat Bonn, 2011.

Zavitukhina M. Quando e dove ando formandosi la collezione Siberiana di Pietro I Grande // Siberia. SPb: Museo Statale dell'Ermitage; Milano: Electa, 2001.

徐光翼 主編(2012), 『中國出土壁畫全集』, 科學出版社.

有光教一 · 西谷正 · 司馬遼太郎 · 大西修也 · 齊藤忠 著, 『韓國 端正なる美』, 新潮社.

국내 문헌

국립경주박물관(2014), 『天馬, 다시 날다』, 국립경주박물관.

국립중앙박물관(1989), 『신암리』Ⅱ, 국립중앙박물관.

국립중앙박물관 편(2008), 『한국미의 태동 구석기 · 신석기』, 통천문화사.

국립진주박물관(1989), 『욕지도』, 국립진주박물관 · 통역군.

김장구 역주(2014), 『역주 몽골황금사』, 동북아역사재단.

동북아역사재단 편(2007), 『중앙아시아의 바위그림』, 동북아역사재단.

동북아역사재단 편(2010), 『역주 중국 정사 외국전 9: 北史 外國傳 譯註 · 下』, 동북아역사재단.

동북아역사재단(2009), 『몽골서북부 지역의 암각화』, 동북아역사재단.

V.I.Molodin(2005), 「서 · 남부 시베리아의 고대주민」, 『시베리아 고대문화 특별전: 초원의 지배자』, 서울대학교박물관.

손보기(2000), 「바위그림 이전의 예술: 이른 옛사람과 지닐 예술품」, 『박물관기요』, 단국대학교 석주선기념박물관.

스기야마 마사아키 지음 · 이경덕 옮김(2013), 『유목민의 눈으로 본 세계사』, 시루.

안휘준, 『고구려 회화』, 효형출판사.

유원수 역주(2004), 『몽골비사』, 사계절.

이숭녕(1955), 「람스테트 박사와 그의 업적」, 『음운론연구』, 민중서관.

이융조 · 우종현 편저(1998), 『선사 유적 발굴도록』, 충북대학교박물관.

장석호(2009), 「고구려 초기 고분 벽화와 중앙아시아 고대 암각화」, 『문명교류연구』 창간호, 한국문명교류연구소.

장석호(2011), 「바위그림 유적지의 공간과 제재의 상징성 연구」, 『역사민속학』 37호, 한국역사민속학회.

장석호(2012), 「덕흥리 고분벽화 속 하이브리드 형상」, 『동북아역사문제』 통권 65호, 동북아역사재단.

장석호(2013), 「알타이 스케치 1 – 몽골 알타이 편」, 동북아역사재단.

장석호(2014), 「선사 및 고대 미술 속 하이브리드 형상 연구」, 『중앙아시아연구』 제19호 제1권, 중앙아시아학회.

전호태(2004), 『벽화여, 고구려를 말하라』, 사계절.

주영헌(1985), 「고구려 고분벽화에 대하여」, 『고구려 고분벽화』, 조선화보사.

홀거 칼바이트 지음 · 오세종 옮김(1994), 『세계의 무당』, 도서출판 문원.

찾아보기

ㄱ

ㄹ

ㅁ

ㅂ

ㅇ

ㅈ

ㅊ

ㅋ

ㅌ

ㅍ

ㅎ

기타

알타이 스케치 2

산지 알타이 편

초판 1쇄 인쇄 2014년 12월 24일
초판 1쇄 발행 2014년 12월 31일

엮은이 동북아역사재단
펴낸이 김학준
펴낸곳 동북아역사재단

등록 제312-2004-050호(2004년 10월 18일)
주소 서울시 서대문구 통일로 81 임광빌딩
전화 02-2012-6065
팩스 02-2012-6189
e-mail book@nahf.or.kr

ISBN 978-89-6187-356-7
978-89-6187-326-0 (세트)

* 이 도서의 국립중앙도서관 출판예정도서목록(CIP)은 서지정보유통지원시스템 홈페이지(http://seoji.nl.go.kr)와 국가자료공동목록시스템(http://www.nl.go.kr/kolisnet)에서 이용하실 수 있습니다.(CIP제어번호 : CIP2014037071)

* 책값은 뒤표지에 있습니다. 잘못된 책은 바꾸어 드립니다.